현대 태국어 문법론

정 환 승 (한국외국어대학교)

SAMJI BOOKS

현대 태국어 문법론

영원 세상의 문턱

머 리 말

　　세계화 시대에 들어서면서 외국어 교육에 대한 중요성이 날로 높아가고 있다. 하지만 하나의 외국어를 따로 익힌다는 것이 그리 쉬운 일이 아니라는 것은 누구나 다 아는 사실이다. 특히 태국어와 같은 특수 외국어는 언어교육의 경험이 다른 언어에 비해 적고 따라서 대학에서 강의용으로 사용하기 위한 교재는 물론 일반 사람들이 사용하기에 적합한 교재가 다양하게 개발되어 있지 못한 실정이다. 이러한 문제점들이 태국어를 배우고자 하는 사람들에게 태국어가 배우기에 까다로운 언어라는 생각을 갖게 할 뿐 아니라 태국어의 학습효과를 저하시키는 중요한 원인이 되고 있다.

　　그동안 태국어를 강의하면서 느낀 점은 태국어의 문법체계가 다른 언어에 비해 비교적 단순함에도 불구하고 학생들은 이에 대해 대단히 복잡하고 까다로울 것이라는 선입견을 가지고 있다는 것이다. 그러나 사실은 태국어가 고립어이고 어형의 변화가 없기 때문에 문장을 구성하는 구성 성분들의 문법적 관계가 대부분 어순에 의해 결정된다. 소리나 단어를 일정한 규칙과 질서에 맞게 나열하여 말하는 이의 의사를 전달하는 것이 문법이라면 단어의 형태 변화가 없다는 사실은 문법을 공부하는데 많은 부담을 덜어줄 수 있다. 이는 그 언어를 배우는 이에게 그만큼 문법체계가 단순하게 느껴지기 때문이다.

　　〈현대 태국어문법론〉은 태국어를 전공하는 학생들이 태국어의 문법체계를 쉽게 이해하고 익힐 수 있게 하기 위하여 쓰여졌다. 또한, 태국어를 배워 실무에 사용하고자 하는 일반인이나 태국어의 언어적 현상을 연구하고자 하는 언어학자들에게도 도움이 될 수 있도록 태국어를 언어학적 틀에 맞추어 체계적으로 기술하였다. 〈현대 태국어문법론〉은 다음과 같은 내용으로 구성되어 있다.

제 1장에서는 태국어와 태국문화에 대해 기초적이고 일반적인 사항을 기술하였다. 태국어와 태국사람 그리고 태국문화간의 상관관계를 간략하게 설명하고 태국어의 전반적인 특징을 살펴볼 수 있도록 하였으며 자모음체계와 표기법을 익힐 수 있도록 하였다.

제 2장에서는 태국어의 음성학과 음운론을 다루었다. 음성학에서는 자음과 모음의 분류를 상세하게 다루고 성조를 유형성조와 무형성조로 나누어 기술하였다. 특히 외국인 학습자에게 비교적 까다롭게 느껴지는 성조 규칙을 간단하고 명료하게 규칙화하여 이를 쉽게 익힐 수 있도록 하였다. 음운론에서는 음소분석과 음성의 결합관계를 살펴보고 음절과 음운규칙에 대해 설명하였으며 강세와 성조 그리고 휴지 등의 운율론에 대해서도 기술하였다.

제 3장에서는 형태론에 대하여 기술하였다. 태국어의 형태소를 설명하고 이를 분류하였으며 단어에 대해서는 단순어와 파생어 그리고 합성어로 나누어 상세하게 설명하고 합성에 의한 어형성법의 특징을 따로 기술하였다.

제 4장에서는 통사론에 관해 다루었다. 우선은 단어 부류를 기술하는데 있어 전통주의 문법과 구조주의 문법의 틀에 따른 품사분류를 따로 나누어 기술하였다. 또한 문장론에서 문장의 종류와 구조를 설명하고 문장의 구성성분을 살펴보았다. 또한 구에 대한 기술에 있어서는 명사구와 동사구 그리고 부사구로 나누어 기술하고 절에 대한 기술에 있어서는 절의 갈래와 기능 그리고 접속소의 위치에 대해서 상세하게 기술하였다.

제 5장에서는 문법범주와 기능에 대해 기술하였다. 명사의 사용범주와 관련하여 태국어에서 성, 수, 격이 어떻게 표현되는가를 살펴보고 동사의 사용범주와 관련하여서는 시제와 상, 서법, 태 그리고 사동표현에 대해서 상세하게 기술하였다.

제 6장에서는 대우법에 대해서 기술하였다. 태국어의 대우법을 일반대우법과 왕실대우법으로 나누어 일반대우법에서는 왕실이나 승려가 아닌 사람들에게 대한 높임말 사용법과 높이말의 형태에 대해서 설명하고 왕실대우법에서는 왕실이나 승려에 대한 대우법이 동사와 명사에 있어 어떻게 사용되는지를 기술하였다.

제 7장에서는 의미론과 화용론에 대해서 다루었다. 의미론에서는 단어의 의미와 문장의 의미로 나누어 기술하고 성분분석에 대하여 설명하였다. 화용론에서는 언어수행에 대해서 비교적 상세하게 설명하였다.

제 8장에서는 역사 비교언어학에 대해서 기술하였다. 우선 언어변화의 원인과 해석에 대해서 설명하고 음성변화와 어휘변화 그리고 문법변화와 의미변화에 대해서 살펴보았다. 비교언어학에서는 대응과 재구에 대해서 살펴보고 재구된 타이조어의 형태에 대해 설명하였다.

〈현대태국어문법론〉이 태국어에 관심을 갖고 공부하는 모든 사람들에게 도움이 되기를 바라마지 않는다. 우선은 태국어를 처음 접하는 학부 학생들이나 일반인에게 이 책을 통해 태국어의 문법체계가 일반적으로 생각하는 것과는 달리 복잡하고 까다로운 것이 아니라 비교적 단순하고 익히기 쉽다는 인식을 심어줄 수 있기를 기대한다. 또한 태국어에 대해 관심을 가지고 깊이 있게 공부하기를 희망하는 대학원생이나 언어학자들에게는 태국어를 언어학적 시각에서 접근하여 보다 과학적이고 체계적으로 분석하거나 학습할 수 있는 길잡이가 되어주기를 바란다.

이 책을 펴내는데 있어 많은 분들의 도움을 받았다. 태국의 씨나크린위롯 대학교의 찐따나 풋타메따(Jintana puttameta) 교수님께서는 태국어의 예문을 수정 보완해주셨으며 동대학교 대학원에서 유학하고 있는 박경은양은 원고의 교정을 맡아 수고를 아끼지 않았다. 이 두 분의 도움으로 이 책의 많은 오류를 덜어낼 수 있었다. 한국외국어 대학교의 차상호 교수님께서는 이 책을 쓸 수 있도록 길을 열어 주셨다. 그리고 아내 권은경은 늘 옆에서 힘이 되어 주었다. 이 지면을 빌어 감사를 드린다. 끝으로 수요가 많지 않은 책을 기꺼이 출판해주신 삼지사의 박세경 사장님과 강현정씨를 비롯한 관계자 여러분께 깊은 감사를 드린다.

지은이 적음

차 례

제 1 장 태국어와 태국문화 ·· 11
1. 태국어, 태국사람, 태국문화 ·· 11
2. 태국어의 특징 ··· 14
3. 문자 체계 ··· 26
   3.1 자음 • 3.2 모음 • 3.3 표기법

제 2 장 음성·음운론 ··· 37
1. 음성학 ·· 37
   1.1 자음의 분류 • 1.2 모음의 분류 • 1.3 성조
2. 음운론 ·· 52
   2.1 음소분석 • 2.2 음성결합 • 2.3 음절 • 2.4 음운규칙 • 2.5 운율론

제 3 장 형태론 ·· 76
1. 형태소 ·· 76
2. 형태소의 분류 ·· 76
3. 단어 ·· 80
   3.1 단순어 • 3.2 파생어 • 3.3 합성어 • 3.4 합성에 의한 어형성법의 특징

제 4 장 통사론 ·· 117
1. 단어 부류 ·· 117
   1.1 전통주의 문법에 따른 품사 분류 • 1.2 구조주의 문법에 따른 단어 부류
2. 문장론 ·· 160
   2.1 문장의 종류와 구조 • 2.2 문장의 구성 성분

3. 구 ·· 175
    3.1 명사구 • 3.2 동사구 • 3.3 문장 부사구 • 3.4 장소부사구 • 3.5 시간부사구
4. 절 ·· 194
    4.1 절의 갈래와 기능 • 4.2 접속소의 위치 • 4.3 접속소의 특성과 기능

제 5 장 　문장범주와 기능 ·· **202**

1. 명사의 사용범주 ··· 202
    1.1 성 • 1.2 수 • 1.3 격
2. 동사의 사용범주 ··· 209
    2.1 시제 • 2.2 상 • 2.3 서법 • 2.4 태 • 2.5 사동 표현

제 6 장 　대우법 ··· **239**

1. 일반 대우법 ·· 239
    1.1 높임말 사용법 • 1.2 높임말의 형태
2. 왕실 대우법 ·· 246
    2.1 명사 • 2.2 동사

제 7 장 　의미 · 화용론 ··· **249**

1. 의미와 의미연구 ··· 249
2. 단어의 의미 ·· 249
    2.1 단일 단어의 의미관계 • 2.2 단어들 사이의 의미관계
3. 성분 분석 ··· 260
4. 문장의 의미 ·· 263
    4.1 양립가능성과 양립불가능성 • 4.2 중의성 • 4.3 환언과 모순 • 4.4 함의와 전제

  5. 언어수행 ··· 269
    5.1 서술발화와 수행발화 • 5.2 언표내적 행위 • 5.3 직접화행과 간접화행

제 8 장 **역사·비교언어학** ·· **278**
  1. 언어변화의 원인과 해석 ··· 278
  2. 음성 변화 ··· 281
    2.1 태국어의 음성변화 분석과 고찰 • 2.2 태국어 음성변화의 종류와 유형
  3. 어휘 변화 ··· 289
    3.1 단어의 소실 • 3.2 단어의 첨가
  4. 문법 변화 ··· 292
    4.1 단어의 기능 변화 • 4.2 통사 변화
  5. 의미 변화 ··· 294
    5.1 의미의 축소 • 5.2 의미의 확대 • 5.3 의미의 변화
  6. 비교언어학 ··· 298
    6.1 대응 • 6.2 재구 • 6.3 타이조어

색인   ·· 312

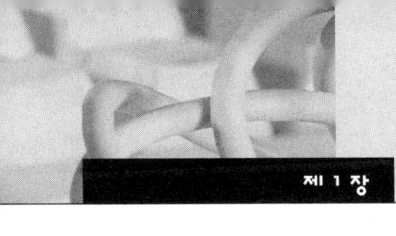

제1장 태국어와 태국문화

 언어와 문화는 상호 밀접한 관계를 맺고 있다. 한 언어는 그 언어를 사용하는 사람들의 문화를 바탕으로 형성되며 일단 형성된 언어는 다시 문화에 영향을 미친다. 그러한 까닭에 언어와 문화는 상대성을 지닌 공동운명체라고 말하는 사람도 있다. 따라서 하나의 언어를 깊고 폭넓게 이해하기 위해서는 그 언어를 사용하는 사람들의 문화를 이해하여야 하며 그 문화를 이해하기 위해서는 그 사람들의 언어를 알아야 한다.
 태국사람들이 사용하는 언어에는 태국문화가 들어 있다. 태국어의 ข้าวปลาอาหาร [khâːwplāːʔāːhǎːn]은 ข้าว/khâːw/(밥)+ปลา/plāː/(생선)+อาหาร/ʔāːhǎːn/(음식)의 세 형태소로 이루어진 합성어이다. 그러나 단어 전체의 의미는 '밥과 생선과 음식'이 아니라 '먹을 것'이라는 의미이다. 또 กินข้าวกินปลา [kīnkhâːwkīnplāː]는 กิน/kīn/(먹다), ข้าว/khâːw/(밥), ปลา/plāː/(생선) 등의 단어가 사용되어 두 개의 절로 이루어진 문장이지만 '밥 먹다'라는 의미를 지닌 한 문장이다. 쌀과 생선을 주식으로 하는 태국의 식생활 문화가 잘 나타나 있다. 또 태국어의 หมูไปไก่มา [mǔːpāj kàjmāː]는 หมู/mǔː/(돼지), ไป/pāj/(가다), ไก่/kàj/(닭), มา/māː/(오다)로 이루어진 문장으로 직역하면 '돼지고기가 가면 닭고기가 온다'는 뜻이지만 우리말의 "가는 정이 있어야 오는 정이 있다"는 속담과 같은 의미를 지닌 말이다. 이 또한 태국사람들의 정서와 식생활 문화의 또 다른 일면을 보여주고 있다.
 이처럼 태국어를 이해하기 위해서는 태국문화를 알아야 하며 태국문화를 알게 되면 태국어를 보다 폭넓게 이해할 수 있다. 본장에서는 태국사람과 태국문화에 대해서 알아 보고 태국어의 특징과 문자체계에 대해 학습하기로 한다.

1. 태국어, 태국사람, 태국문화

 태국어는 현재 인도차이나 반도에 위치한 타일랜드(Kingdom of Thailand)의 국어로 사용되고 있는 언어이다. 일반적으로 태국어를 비롯한 성조어는 대개가 주어-동사-목적어의 어순을 갖는 SVO 형의 구조를 갖고 있으며 음절구성에 있어서는 (C)CV(V)(C) 의 형태를 띠고 있다. Fang-Kuei LI는 타이제어(ภาษาตระกูลไท)를 어휘적 기준(Lexical items)에 근거하여 다음과 같이 세 가지 그룹으로 분류하고 있다.

1) 북부 그룹(Northern group): 중국 남부에 분포되어 있는 언어로 뽀아이어(Po-ai), 우밍어(Wu-ming)등이 이에 속한다.
2) 중부 그룹(Central group) : 중국 남부와 베트남 북부 지방에 분포되어 있는 언어로 룽짜오어(Lung-chow), 토어(Tho) 등이 이에 속한다.
3) 동남부 그룹(Southeastern group) : 미얀마 동부와 라오스 인도의 앗쌈 등에 분포되어 있는 언어로 타이(Thai), 라오(Lao), 산(Shan), 흑타이(Black Tai), 아홈어(Ahom) 등이 이에 속한다.

Fang-Kuei LI의 분류에 따르면 오늘날 태국에서 사용되고 태국어는 동남부 그룹에 속하고 있다. 그러나 William J. Gedeny나 Richard Chamberlain과 같은 일부 학자들은 중부 그룹과 동남부 그룹을 하나로 보고 있다.

또한 어족의 분류에 있어서 Fang-Kuei LI를 비롯한 일부 학자들은 태국어가 중국어와 친족관계가 깊다고 보고 중국어와 같이 시노-타이어(Sino-Tai)족으로 분류하고 있다. 그러나 Paul K. Benedict 등의 다른 학자들은 태국어가 까다이어(Kadai)와 인도네시아어와 친족관계가 깊다고 보고 오스트로-타이어(Austro-Tai)에 속하는 타이-까다이-인도네시아어(Tai-Kadai-Indonesian) 그룹으로 보고 있다.

태국어를 사용하고 있는 타이족은 본래 중국 남쪽의 황하강과 양자강 유역에 살고 있었던 것으로 전해진다. 이때 북부지방의 만리장성 부근 황하강 상류지역에 살던 타이족을 룽(ลุง)이라고 불렀으며 남쪽의 사천성 부근에 살던 타이족을 빠(ปา)라고 불렀다. 5000년 전 중국인들이 동쪽으로 이동함에 따라 타이족을 침략하게 되고 타이족들은 다시 남쪽으로 내려오게 되었다. 타이족들은 운남성, 귀주성, 광서성, 광동성 등에 흩어져 여러 독립국가를 건설하였는데 이들을 아이라우(อ้ายลาว)라고 불렀다.

이러한 타이족의 남하는 일시에 이루어진 것이 아니었다. 여러 집단으로 나뉘어 조금씩 그리고 서서히 이루어졌다. 현실 상황에 만족하는 집단은 남고 자유를 원하는 집단은 이동하다가 적당한 장소라 생각되면 그 자리에 정착했다. 이렇게 타이족이 오늘날 인도차이나 반도까지 이동하는데 두가지 경로가 있었다.

첫째 경로는 남서쪽으로 이동한 타이인들이 오늘날 미얀마에 위치해있는 쌀라윈강(แม่น้ำสาละวิน) 유역으로 들어왔는데 이들을 타이야이(ไทยใหญ่) 또는 랏찬(รัฐฉาน)이라고 불렀다. 또 북서쪽으로 이동하여 현재의 앗쌈지역으로 들어간 타이족이 있었는데 이들을 타이아홈(ไทยอาหม)이라 불렀다.

둘째 경로는 남쪽으로 이동하여 현재 베트남과 라오스 북부지방의 콩강(แม่น้ำโขง)유역으로 들어 왔는데 이들을 타이너이(ไทยน้อย)라고 불렀다. 이들이 후에 태국 북부의 란나국(ลานนา)으로 들어 왔으며 그 세력을 점차 넓혀 짜오프라야강 유역과 그 아래 지방은 물론 말레이 반도에까지 이르는 광활한 영토를 갖게 되었다. 이들 타이너이족이 바로 오늘날 태국인의 조상이다.

오늘날 우리가 이야기하는 태국문화가 그 모습을 갖추게 된 것은 13세기 후반이라고 볼수 있다. 캄푸차국의 소멸로 이 지역의 타이족들은 부족국가 형태에서 고대국가 형태로 성장하게 되었으며 짜오프라야강 유역의 새로운 권력중심을 형성하게 되었는데 그것이 바로 쑤코타이 왕국이었다. 쑤코타이는 람캄행대왕 시대(1279-1299)에 이르러 정치적 번영을 누렸으며 후에 짜오프라야강 하류에 있던 쑤완나품과 아요타야를 합쳐 아유타야에 새로운 권력중심지로 성장하게 되었다. 타이족들이 새로운 권력을 형성하면서 이들이 가지고 있던 문화적 독창성이 그 모습을 나타내게 되었다. 쑤코타이국은 여러 면에서 타이문화를 창출해냈는데 이시대에 생겨난 중요한 타이문화로는 불교와 타이문자 그리고 타이예술 등을 들 수 있다.

태국의 불교는 오늘날 소승불교라 일컬어지는 힌나얀(หินยาน)으로 인도의 랑까사상과 연관이 깊다. 동남아에 랑까사상이 전파된 것은 이곳의 승려들이 인도의 남부로 유학하고 귀국하여 포교활동을 펴는 데서 이루어졌다. 랑까사상이 들어오기 전의 불교는 오늘날의 대승불교에 해당하는 마하얀(มหายาน)으로 당시에 주로 왕실에 기반을 두고 있었는데 일반 대중에까지는 확산되지 못했다. 람캄행대왕은 힌나얀을 받아들임으로써 불교를 발전시키는 한편 불교사상을 기초로 국가 통치의 기반을 마련하고 자연스럽게 사회질서를 확립해 나갔다. 이러한 과정에서 생겨난 불교문화들, 이를테면 사원과 불상 그리고 불교의 계율과 덕목, 사회규범과 풍습등은 상류층 문화와 하류층의 문화격차를 줄이는데 큰 공헌을 하게 되었다. 이러한 상하 문화의 복합성은 태국의 사회와 문화의 중요한 특성이 되었다.

타이문자는 쑤코타이 시대에 생겨난 또 다른 타이문화 중의 하나이다. 타이문자는 1283년에 람캄행대왕에 의해 만들어졌다. 람캄행대왕은 캄문자의 흘림체를 모방하여 타이문자로 만들었는데 여기에 성조부호를 첨가하여 문자로 표기한 문장을 읽을 때의 발음이 실제 말할 때의 성조와 일치하게 되었다. 이밖에도 자음과 모음을 한줄에 병기하도록 하여 필기에 편리함을 도모하였다. 이러한 타이문자의 우수성으로 인하여 타이문자는 인근 지역에까지 널리 사용되게 되었다. 타이문자는 타이문화의 창조와 전파에도 이바지하였는데 특히 상류층과 승려계층에서 문학작품은 물론 법률과 역사를 기록하는데 사용되었다.

예술에 있어서도 쑤코타이시대에 타이문화의 독창성이 형성되었다. 이러한 독창성은 불상과 불탑에서 잘 나타나 있으며 특히 지붕이 여러 층으로 이루어진 법당 건축물은 타이문화의 진수를 지니고 있는 것으로 평가된다. 쑤코타이시대 예술의 새로운 양상은 부드러움과 섬세함인데 이러한 특징들은 란나타이와 아유타야 등에게까지 전파되었다. 그리하여 종래의 거칠고 날카로운 캄예술은 새로운 타이예술로 대체되기에 이르렀다.

이처럼 13세기에 모습을 드러낸 타이문화는 14세기에 아유타야가 이를 계승하므로써 타이문화가 짜오프라야강 유역과 인근지역에 영향을 미치게 되었다.

2. 태국어의 특징

지구상에는 수 천개의 언어가 사용되고 있다. 이들 언어들간에는 공통점이 존재하며 각 언어마다 다른 언어에는 없는 특성을 가지고 있기도 하다. 오늘날 태국인이 국어로 사용하고 있는 태국어는 차이나 티벳트어(Sino-Tibet)

족에 속하는 언어로 중국어나 미얀마어와 같이 고립어(Isolating Language)의 성격을 가지고 있다. 태국어의 특성을 간략하게 살펴 보면 다음과 같다.

(1) 태국어는 자신의 고유한 문자를 가지고 있다. 태국어를 표기하는데 사용되고 있는 타이문자는 1283년 쑤코타이 왕조의 람캄행대왕에 의해 고안되었다. 당시에는 자음 44자 모음이 32자였으나 현재에는 자음 42자와 모음 32자가 사용되고 있다. 이러한 자모음 체계에서 자음 음소는 21개의 음소 그리고 모음 음소가 21개의 음소를 갖는다. 또한 5개의 성조 음소가 더 있다. 타이문자는 문자위에 성조를 표시하는 4개의 성조 부호가 있어 쓰여진 대로 읽으면 성조가 실제로 말할 때의 성조와 일치한다.

(2) 태국어는 성조어이다. 따라서 낱말의 형태는 같더라도 음의 높이에 따라 의미가 달라진다. 언어에 성조가 있는 것은 제한된 양의 기호로 많은 의미를 나타내기 위한 방법 중의 하나이다.

เขา	เข่า	เข้า
[khǎw]	[khàw]	[khâw]
그	무릎	들어가다

ขาว	ข่าว	ข้าว
[khǎ:w]	[khà:w]	[khâ:w]
희다	뉴스	밥

(3) 태국어는 고립어로서 어형의 변화가 없다. 태국어에서 동사나 형용사는 문장 안에서의 다른 성분들과 문법적 관계를 나타내기 위한 어형의 변화가 없다. 따라서 시제(กาล)나 상(กาลลักษณะ) 또는 격(การก)과 수(พจน์) 그리고 법(มาลา)과 태(วาจก) 등에 관련된 문법관계는 어순과 특정한 조동사에 의하여 표시된다.

พ่อ	ไป	กรุงเทพฯ
phɔ̂:	pāj	krūŋthê:p
아버지	가다	방콕

아버지는 방콕에 가신다.

คุณแดง	จะ	ไป	กรุงเทพฯ	ไหม
khūndē:ŋ	càʔ	pāj	krūŋthê:p	mǎj
댕씨	〔미래〕	가다	방콕	〔의문〕

댕씨 방콕에 가시겠습니까?

เขา	ถูก	ส่ง	ไป	กรุงเทพฯ
khǎw	thù:k	sòŋ	pāj	krūŋthê:p
그	〔수동〕	보내다	가다	방콕

그는 방콕으로 보내졌다.

ให้	เขา	ไป	กรุงเทพฯ
hâj	khǎw	pāj	krūŋthê:p
〔사동〕	그	가다	방콕

그를 방콕으로 가게 해라.

(4) 태국어는 어순에 따라서 문장의 각 구성 성분의 기능이 달라진다. 태국어에는 격표지가 없기 때문에 문장 안에서 단어의 위치와 순서가 곧 기능을 나타낸다. 따라서 어순이 달라지게 되면 구성 성분들의 기능이 달라지기 때문에 문장의 의미도 달라진다.

แม่	ให้	เงิน	ลูก
mê:	hâj	ŋɤ̄:n	lû:k
엄마	주다	돈	자식

어머니가 아이에게 돈을 주신다.

ลูก	ให้	เงิน	แม่
lû:k	hâj	ŋɤ̆:n	mê:
자식	주다	돈	엄마

아이가 어머니에게 돈을 준다.

แม่	ทำ	อาหาร	ให้	พ่อ
mê:	thām	ʔāhǎ:n	hâj	phɔ̂:
어머니	만들다	음식	〔부동사〕	아버지

어머니는 아버지께 음식을 만들어 주신다.

แม่	ทำ	อาหาร	ให้	พ่อ	ทาน
mê:	thām	ʔāhǎ:n	hâj	phɔ̂:	thā:n
어머니	만들다	음식	〔보문소〕	아버지	잡수시다

어머니는 아버지께 음식을 만들어 잡수시게 하신다.

(5) 순수 태국어는 단음절로 되어 있다. 따라서 다음절로 된 외래어의 경우에 음절수를 줄여서 사용하는 경향이 강하다.

1) 친인척의 호칭 및 지칭

พ่อ	แม่	พี่	น้อง
[phɔ̂:]	[mê:]	[phî:]	[nɔ́:ŋ]
아버지	어머니	형	동생

2) 동물 이름

หมา	ควาย	หนู	นก
[mǎ:]	[khwā:j]	[nǔ:]	[nók]
개	물소	쥐	새

3) 사물 이름

เสื้อ	ข้าว	บ้าน	ยา
[sûa]	[khâ:w]	[bâ:n]	[jā:]
옷	밥	집	약

4) 동작 동사

นอน	นั่ง	ไป	มา
[nɔ̄:n]	[nâŋ]	[pāj]	[mā:]
눕다	앉다	가다	오다

5) 신체부위를 나타내는 말

หัว	ตา	ปาก	หน้า
[hǔa]	[tā:]	[pà:k]	[nâ:]
머리	눈	입	얼굴

(6) 순수 태국어에서 어말자음으로 사용되는 자음은 8개 자음으로 한정되어 있다.

순수 태국어		외래어	
ก	ข	ค	ฆ
มาก	เลข	โรค	เมฆ
[mâ:k]	[lê:k]	[rô:k]	[mê:k]
매우	숫자	병	구름

ง
ของ
[khɔ̌:ŋ]
물건

ด	จ	ช	ซ	ฎ	ฐ
ขาด	กิจ	ราช	ก๊าซ	ชัฎ	รัฐ
[khà:t]	[kìt]	[râ:t]	[ká:t]	[chát]	[rát]
찢어지다	일	왕	가스	밀림	정부

	ฑ	ฒ	ต	ถ
	ครุฑ	วัฒนา	พิฆาต	รถ
	[khrút]	[wátánā:]	[phíkhâ:t]	[rót]
	새, 문장	발달하다	죽이다	차

	ท	ธ
	บาท	พุธ
	[bà:t]	[phút]
	발	수요일

น	ณ	ญ	ร	ล	ฬ
ฉัน	คุณ	บุญ	การ	กาล	กาฬ
[chǎn]	[khūn]	[būn]	[kā:n]	[kā:n]	[kā:n]
나	당신	공덕	일	시간	검다

บ	ป	พ	ฟ	ภ
พบ	รูป	ภาพ	ปรู๊ฟ	ลาภ
[phóp]	[rû:p]	[phâ:p]	[prú:p]	[lâ:p]
만나다	그림	그림	증명하다	욕심

ม
ขม
[khǒm]
(맛)쓰다

ย
โรย
[rō:j]
뿌리다

ว
ข้าว
[khâ:w]
쌀

(7) 태국어는 조어법이 발달되어 있다. 고립어인 태국어는 어형변화 없이 단어의 반복이나 합성을 통한 뛰어난 조어력을 가지고 있다.

ดี ๆ	ขาว ๆ	เด็ก ๆ	ลูก ๆ
[dīdī:]	[khǎwkhǎw]	[dèkdèk]	[lûklû:k]
좋은	하얀	아이들	자녀들

บ้านเรือน	ดูแล	เสื่อสาด	กลิ่นอาย
[bâ:nrɯan]	[dū:lɛ̄:]	[sùasà:t]	[klìnʔā:j]
주택	돌보다	자리	냄새

รุ่งโรจน์	สูญหาย	ยกเลิก	ชัยชนะ
[rûŋrô:t]	[sǔ:nhǎ:j]	[jóklɤ̀:k]	[chājcháná?]
발전하다	사라지다	취소하다	승리하다

มีดโกน	เดินทาง	สอบถาม	ไฟฟ้า
[mî:tkō:n]	[dɤ̌:nthā:ŋ]	[sɔ̀:pthǎ:m]	[fājfá:]
면도칼	여행하다	문의하다	전기

(8) 태국어에는 형태사가 발달되어 있다. 태국어의 형태사는 단순한 단위

로서의 기능 뿐만 아니라 그 물건의 형태를 드러내주는 역할을 한다.

ผ้า ๒ ผืน	ผ้า ๒ ม้วน	ผ้า ๒ พับ
[phâ:sǒ:ŋphǔ:n]	[phâ:sǒ:ŋmúan]	[phâ:sǒ:ŋpháp]
천 두 장	천 두 두루말이	천 두 필

(9) 태국어에서는 특별한 경우를 제외하고는 수식어가 피수식어의 뒤에 위치한다.

ฉัน	ต้องการ	ปูไข่	ไม่ใช่	ไข่ปู
chǎn	tô:ŋkā:n	pū:khàj	mâjchâj	khàjpū:
나	원하다	알밴 게	아니	게알

내가 원하는 것은 알밴 게이지 게알이 아니다.

ใน	ห้องเรียนนี้	มี	เด็กชาย	๑๐	คน
nāj	hô:ŋrīannī:	mī:	dèkchāj	sìp	khōn
안에	이 교실	있다	남자아이	열	사람

이 교실에는 남자 아이 10명이 있다.

(10) 태국어에서는 지정사와 일부 전치사의 생략이 가능하다.

นี่	บ้าน	เรา
nî:	bâ:n	rāw
이	집	우리

이것은 우리집이다.

หนังสือ	สอง	เล่มนี้	ของ	ใคร
nāŋsǔ:	sǒ:ŋ	lê:mní:	khǒ:ŋ	khrāj
책	둘	권-이	의	누구

이 책 두 권은 누구의 것입니까?

ฉัน	ไป	โรงเรียน
chǎn	pāj	rō:ŋrīan
나	가다	학교

나는 학교에 간다.

เขา	อยู่	บ้าน
khǎw	jù:	bâ:n
그	있다	집

그는 집에 있다.

(11) 태국어에서는 사회적 지위와 신분에 따라 어법을 달리하는 대우법이 발달되어 있다.

นิด	ชอบ	กิน	ขนม
nít	chɔ̂:p	kīn	khànǒm
닛	좋아하다	먹다	과자

닛은 과자를 즐겨 먹는다.

พ่อ	ทาน	ข้าว	อยู่
phɔ̂:	thā:n	khâ:w	jù:
아버지	먹다	밥	있다

아버지는 식사를 하고 계신다.

พระ	ฉัน	อาหาร	หลัง	เที่ยง	ไม่ได้
phráʔ	chǎn	ʔā:hǎ:n	lǎŋ	thîaŋ	mâjdâj
승려	먹다	음식	후	정오	-수 없다

승려는 정오 이후에 식사를 할 수 없다.

(12) 태국어에는 동음이의어와 동형이의어가 비교적 많다.

การ	กาล	การณ์
[kā:n]	[kā:n]	[kā:n]
일	시간	원인

กาฬ	กานต์	กานท์
[kā:n]	[kā:n]	[kā:n]
검은	사랑받는	시

ค่า	ฆ่า	ข้า
[khâ:]	[khâ:]	[khâ:]
가치	죽이다	나

เพลา	เพลา	가벼운, 다리
	[phlāo]	
	เพ-ลา	시간
	[phē:-lā:]	

ตากลม	ตา-กลม	눈이 동그랗다
	[tā:-klōm]	
	ตาก-ลม	바람을 쐬다
	[tà:k-lōm]	

ขอบอกขอบใจ	ขอ-บอก-ขอบใจ	고맙다고 해야겠구나.
	[khɔ̆:-bɔ̀:k-khɔ̀:pcāj]	
	ขอบ-อก-ขอบใจ	고맙다.
	[khɔ̀:p-ʔòk-khɔ̀:pcāj]	

(13) 태국어에는 어조사가 발달되어 있다.

นั่ง   สิ
nâŋ   sìʔ
앉다   〔어조〕
앉아요.

ไม่เป็นไร   ไป   เถิด
mâjpēnrāj   pāj   thɤ̀:t
괜찮다   가다   〔어조〕
괜찮아요. 가세요.

ไม่เอา   น่า
mâjʔāw   nâ:
싫다   〔어조〕
그러지 마세요.

แม่   จ๋า
mê: cǎ:
엄마!   〔어조〕
엄마

อากาศ   ร้อน   นะ
ʔa:kà:t   rɔ́:n   náʔ
날씨   덥다   〔어조〕
날씨가 덥죠?

(14) 태국어에서 일부 단어는 기능에 따라 강세가 달라진다.

กาแฟ   เย็น   หมด   แล้ว
[kāfɛ̄:]   [jēn]   [mòt]   [lɛ́:w]
커피   차다   전부   완료
커피가 다 식었습니다.

24 현대 태국어 문법론

กาแฟ	เย็น	หมด	แล้ว
[kāfɛ̄:]	[jēn]	mòt	lɛ́:w
커피	차다	전부	완료

냉커피가 다 떨어졌어요.

(15) 태국어에서 존재사가 문장 앞에 오면서 무주어 문장이 생겨날 수 있다.

มี	ต้นไม้	ใน	สวนหย่อม
mī:	tônmá:j	nāj	sǔanjɔ̀:m
있다	나무	안	정원

정원에 나무가 있다.

ใน	น้ำ	มี	ปลา	ใน	นา	มี	ข้าว
nāj	ná:m	mī:	plā	nāj	nā	mī:	khâ:w
-에	물	있다	생선	에	논	있다	벼

논에는 벼가 있고 물에는 고기가 있다.

มี	คน	เดิน	มา	แล้ว
mī:	khōn	dɤ̌:n	mā:	lá:w
있다	사람	걷다	오다	[완료]

걸어 오는 사람이 있다.

(16) 태국어에서는 동사가 없는 문장이 가능하다. 이 때에는 특정한 명사가 술어 역할을 한다.

คุณ	อายุ	เท่าไร
khūn	ʔā:jú?	thâwrāj
당신	나이	얼마

당신은 나이가 얼마입니까?

เธอ	ชื่อ	สมหญิง
thɤ̌:	chûu:	sǒmjǐŋ
그녀	이름	쏨잉

그녀 이름은 쏨잉이다.

3. 문자 체계

태국어에서 사용하는 문자는 타이문자로 서기 1283년에 쑤코타이 왕국의 람캄행대왕에 의해 고안되었다. 타이문자는 크메르 문자를 비롯한 여러 문자를 바탕으로 하여 고안된 것으로 자음 44자와 모음 32자로 이루어져 있다. 모음은 표기법에 따라 자음의 앞과 뒤, 위와 아래에 올 수 있으며 성조부호는 어두자음 위에 쓴다. 만일 어두 자음 위에 모음이 오는 경우에는 그 모음 위에 표기한다.

3.1 자음

태국어의 자음은 모두 44자이다. 이중에서 현재 실제로 사용하는 자음은 42자이다. 태국어의 자음은 여러 가지 기준에 의해 분류될 수 있다.

3.1.1 기본자음

자음은 모두 44자로 같은 음가를 가진 자음이 여러 개 있을 수 있다. 자음은 자신의 이름을 가지고 있는데 자음의 이름은 각 자음의 음가와 그 자음이 사용되는 대표 단어가 결합된 형태로 되어 있다.

자음	음가	명칭	대표단어	자음	음가	명칭	대표단어
ก	/k/	ก - ไก่	닭	ข	/kh/	ข - ไข่	알
ฃ	/kh/	ฃ - ขวด	병	ค	/kh/	ค - ควาย	물소
ฅ	/kh/	ฅ - คน	사람	ฆ	/kh/	ฆ - ระฆัง	종
ง	/ŋ/	ง - งู	뱀	จ	/c/	จ - จาน	접시
ฉ	/ch/	ฉ - ฉิ่ง	징	ช	/ch/	ช - ช้าง	코끼리
ซ	/s/	ซ - โซ่	쇠사슬	ฌ	/ch/	ฌ - เฌอ	나무이름
ญ	/j/	ญ - หญิง	여자	ฎ	/d/	ฎ - ชฎา	무용용관
ฏ	/t/	ฏ - ปฏัก	장대	ฐ	/th/	ฐ - ฐาน	받침대
ฑ	/th/	ฑ - นางมณโฑ	여자이름	ฒ	/th/	ฒ - ผู้เฒ่า	노인
ณ	/n/	ณ - เณร	수련승	ด	/d/	ด - เด็ก	어린이
ต	/t/	ต - เต่า	거북이	ถ	/th/	ถ - ถุง	자루, 봉지
ท	/th/	ท - ทหาร	군인	ธ	/th/	ธ - ธง	기, 깃발
น	/n/	น - หนู	쥐	บ	/b/	บ - ใบไม้	나뭇잎
ป	/p/	ป - ปลา	물고기	ผ	/ph/	ผ - ผึ้ง	벌
ฝ	/f/	ฝ - ฝา	마개, 뚜껑	พ	/ph/	พ - พาน	쟁반
ฟ	/f/	ฟ - ฟัน	이	ภ	/ph/	ภ - สำเภา	돛단배
ม	/m/	ม - ม้า	말	ย	/j/	ย - ยักษ์	도깨비
ร	/r/	ร - เรือ	배	ล	/l/	ล - ลิง	원숭이
ว	/w/	ว - แหวน	반지	ศ	/s/	ศ - ศาลา	정자
ษ	/s/	ษ - ฤๅษี	도사	ส	/s/	ส - เสือ	호랑이
ห	/h/	ห - หีบ	상자	ฬ	/l/	ฬ - จุฬา	연이름
อ	/ʔ/	อ - อ่าง	대야	ฮ	/h/	ฮ - นกฮูก	부엉이

3.1.2 표기목적에 따른 분류

태국어의 44개의 자음은 표기 목적에 따라 다음과 같이 세 가지 종류로 나누어질 수 있다.

(1) 중간자음(**พยัญชนะกลาง**): 태국어 뿐만 아니라 팔리어 산스크리트어를 비롯한 외래어들을 표기하는데 두루 사용되는 21개의 자음을 말한다.

ก ข ค ง จ ฉ ช ต ถ ท น ป ผ
พ ม ย ร ล ว ส ห

(2) 원유자음(**พยัญชนะเดิม**): 팔리어와 산스크리트어 그리고 일부 유럽 언어에서 차용된 말을 표기하기 위해서 사용되는 13개의 자음으로 일반 태국어 표기에는 사용되지 않는다.

ฌ ฎ ญ ฏ ฐ ฑ ฒ ณ ธ ภ ศ ษ ฬ

(3) 보충자음(**พยัญชนะเติม**): 태국어의 어조에 맞게 표기하기 위해 고안된 자음으로 태국어와 외래어에서 태국어화 된 말을 두루 표기할 수 있도록 추가한 10개의 자음을 말한다.

ฃ ส ซ ฐ ด บ ฝ ฟ อ ฮ

3.1.3 성조에 따른 분류

태국어의 성조와 관련하여 다음과 같이 세 가지로 분류(**ไตรยางศ์**)할 수 있다.

(1) 중자음(**อักษรกลาง**): 9 자

ก จ ด ต ฎ ฏ บ ป อ

(2) 고자음(**อักษรสูง**) : 11자

ข ฃ ฉ ฐ ถ ผ ฝ ศ ษ ส ห

(3) 저자음(**อักษรต่ำ**) : 24 자

ค ฅ ฆ ง ช ซ ฌ ญ ฑ ฒ ณ ท
ธ น พ ฟ ภ ม ย ร ล ว ฬ ฮ

저자음은 고자음과 소리가 같은 음이 있는 짝음자음(**อักษรต่ำคู่**)과 같은 음이 없는 홀음자음(**อักษรต่ำเดียว**)으로 양분할 수 있다. 이를 도표로 나타내 보면 다음과같다.

중자음	고자음	저자음	
		짝음 자음	홀음 자음
ก	ข ฃ	ค ฅ ฆ	ง
จ	ฉ	ช ซ ฌ	ญ
ฎ ฏ	ฐ	ฑ ฒ	ณ
ด ต	ถ	ท ธ	น
บ ป	ผ ฝ	พ ฟ ภ	ม
อ	ศ ษ ส ห	ฮ	ย ร ล ว ฬ

위의 도표에서 보는 바와 같이 홀음저자음은 ง ญ ณ น ม ย ร ล ว ฬ 의 10자 가 있다. 이들 홀음자음은 고자음과 중자음 뒤에 바로 나타나는 경우에 고자음화 되거나 중자음화 되는 등의 여러가지 음운변화를 일으킨다.

3.1.4 자음의 변화

(1) ห [hɔ̌ːhìːp]에 의한 고자음화(ห นำหน้า)

ห이 홀음자음 앞에 오면 홀음자음은 고자음화 되고 ห은 발음되지 않는다.

หงาย	[ŋǎːj]	배를 위로 향하다	หญิง	[jǐŋ]	여자
หนู	[nǔː]	쥐	หย่า	[jàː]	이혼하다
หลวง	[lǔaŋ]	국가의, 공공의	แหวน	[wěːn]	반지

(2) 기타 고자음에 의한 홀음자음의 고자음화

ห이 아닌 기타 고자음이 홀음자음 앞에 오면 홀음자음은 고자음화되고 앞에 있는 고자음은 무형모음 ◌ะ와 결합하여 첫음절을 이룬다.

ขนุน	[khàʔnǔn]	과일명	เสมอ	[sàʔmə̌ː]	항상
สง่า	[sàʔŋàː]	우아하다	ขยัน	[khàʔjǎn]	부지런하다
สลวย	[sàʔlǔaj]	수려하다	ขยะ	[khàʔjàʔ]	쓰레기

(3) อ [ʔɔː.ʔàːŋ]에 의한 중자음화(อ นำหน้า)

อ이 홀음자음 앞에 오면 홀음자음은 중자음화 되고 อ은 발음되지 않는다.

อยู่	อย่า	อย่าง	อยาก
[jùː]	[jàː]	[jàːŋ]	[jàːk]
있다	~마라	~처럼	~고 싶다

(4) 기타 중자음에 의한 홀음자음의 중자음화

อ이 아닌 기타 중자음이 홀음자음 앞에 오면 홀음자음은 중자음화되고 앞에 있는 중자음은 무형모음 ◌ะ와 결합하여 첫음절을 이룬다.

จมูก	จรวด	ตลาด
[càʔmùːk]	[càʔrùat]	[tàʔlàːt]
코	로켓트	시장

그러나 중자음 중에서 **ป ต ก**가 **ร ล ว** 등과 같이 어두 자음군으로 나타나는 경우에는 이들 자음이 직접 모음과 결합하지 못하므로 별도의 음절을 구성하지 못하고 뒤에 오는 홀음자음과 더불어 어두자음의 기능을 갖게 된다 (2.2.1항 참조).

ประเทศ	กล้า	ตรวจ
[prātê:t]	[klâ:]	[trùat]
나라	모	조사하다

ปลา	กว่า	ตรา
[plā:]	[kwà:]	[trā:]
물고기	~보다	상표

3.2 모음

태국어의 모음은 형태를 가지고 있는 기본 모음과 형태없이 나타나는 무형모음이 있다. 기본모음은 32자이며 무형모음은 형태가 드러나지 않으면서 자음과 결합하여 음절을 형성하는 모음이다.

3.2.1 기본모음

태국어의 기본 모음은 32자이다. **ฤ ฤๅ ฦ ฦๅ**를 제외하고는 모두 홀로 사용될 수 없으며 모음 앞에 어두자음이 없는 경우에 "**อ**" [tua ʔɔ:]가 어두자음으로 함께 사용되어야 한다.

อะ	/a/	อา	/a:/
อิ	/i/	อี	/i:/
อึ	/ɯ/	อื	/ɯ:/

อุ	/u/	อู	/u:/
เอะ	/e/	เอ	/e:/
แอะ	/ɛ/	แอ	/ɛ:/
โอะ	/o/	โอ	/o:/
เอาะ	/ə/	ออ	/ə:/
เออะ	/ɤ/	เออ	/ɤ:/
เอียะ	/ia/	เอีย	/ia:/
เอือะ	/ɯa/	เอือ	/ɯa:/
อัวะ	/ua/	อัว	/ua:/
ฤ	/ri/	ฤๅ	/ri:/
ฦ	/ra/	ฦๅ	/ra:/
อำ	/am/	ใอ	/aj/
ไอ	/aj/	เอา	/aw/

3.2.2 무형모음

태국어에서 형태상 두 개의 자음만으로 이루어진 음절이 있다. 이러한 경우에는 단모음 โอะ /o/가 생략된 것으로 본다. 또, 한 단어에서 뒤에서 형성된 음절 앞에 하나의 자음이 남아 있는 형태로 되어 있는 경우가 있는데 이러한 경우에는 그 자음 뒤에 단모음 อะ /a/가 생략된 것으로 본다. 이처럼 실제로 형태가 드러나 있지는 않지만 이웃하는 자음과 결합하여 음절을 형성하는 모음을 무형모음이라고 한다. 그 예를 들어보면 다음과 같다.

คน	มด	กด	สน
[khōn]	[mót]	[kòt]	[sǒn]
사람	개미	누르다	솔

ขนม	จราจร	ผสม	ทหาร
[khàʔnǒm]	[càʔrā:cɔ̄:n]	[phàʔsǒm]	[tháʔhǎ:n]
과자.	교통	혼합하다	군인

3.3 표기법

태국어의 표기법은 비교적 까다롭다. 모음이 자음의 앞과 뒤 그리고 위와 아래에 모두 올 수 있기 때문이다. 이를 세분하여 살펴보면 다음과 같다.

(1) 모음 เ_ แ_ ใ_ ไ_ โ_는 자음의 앞에 표기한다.

เ_ :
เจ	เส	เพล	เกเร
[cē:]	[sě:]	[pē:n]	[kē:rē:]
채소음식	발뺌을 하다	점심시간	불량하다

แ_ :
แม่	แต่	แก	แล
[mɛ̂:]	[tɛ̀:]	[kɛ̄:]	[lɛ̄:]
어머니	그러나	너, 그	보다

ใ_ :
ให้	ใคร	ใส่	ใจ
[hâj]	[krāj]	[sàj]	[cāj]
주다	누구	넣다	마음

ไ_ :
ได้	ไป	ไหน	ไม่
[dâj]	[pāj]	[nǎj]	[mâj]
〔가능〕	가다	어느	아니

โ_ :
โมโห	โทโส	โกโก้	โต๊ะ
[mō:hǒ:]	[thō:sǒ:]	[kō:kô:]	[tóʔ]
화내다	화냄	코코아	탁자

(2) 모음 _ะ _า _ฤ _ย _ร _ว 와 _อ 는 자음의 뒤에 표기한다.

_ะ :	กระทะ	ชนะ	ฐานะ
	[kràʔtháʔ]	[chánáʔ]	[thǎːnáʔ]
	후라이팬	승리하다	지위

_า :	กา	นา	พา	หา	มา
	[kāː]	[nāː]	[phāː]	[hǎː]	[māː]
	까마귀	논	데리고 가다	찾다	오다

_ฤ :	ทฤษฎี	กฤษณา
	[thrítsàdīː]	[krìtsànǎː]
	이론	침향나무

_ย :	เมีย	เตี้ย	เสีย
	[mīa]	[tîa]	[sǐa]
	마누라	키가 작다	상하다

_ร :	สรร	จร	กรรม	สรรพ
	[sǎn]	[cɔ̄ːn]	[kām]	[sàp]
	선발하다	운행하다	업보	온갖

_ว :	ผัว	หัว	ทั่ว
	[phǔa]	[hǔa]	[thûa]
	남편	머리	온

_อ :	เธอ	เบื่อ	เผลอ
	[thɤ̄ː]	[bùa]	[phlɤ̌ʔ]
	그녀	싫증나다	깜빡하다

(3) 모음 ◌ُ ◌ِ ◌ี ◌ึ ◌ื ◌ำ 은 자음의 위에 표기한다.

◌ُ : **ผัว**   **รั่ว**   **ชั่ว**
      [phǔa]   [rûa]   [chûa]
      남편   새다   나쁜

◌ิ : **กิตติ**   **นิติ**   **ชิชิ**
      [kìtti↗]   [ní↗tì↗]   [chí↗chí↗]
      찬사   법   쯧쯧

◌ี : **มี**   **ขี่**   **ปลี**
      [mī:]   [khì:]   [plī:]
      있다   타다   바나나의 꽃봉오리

◌ึ : **กึ่ง**   **ดึง**   **ผึ้ง**
      [kùŋ]   [dūŋ]   [phûŋ]
      반   당기다   벌

◌ื : **ยืน**   **ถือ**   **ปืน**   **หรือ**
      [jūːn]   [thǔː]   [pūːn]   [rǔː]
      서다   들다   총   또는

◌ำ : **ดำ**   **ขำ**   **ต่ำ**   **น้ำ**
      [dām]   [khǎm]   [tàm]   [nám]
      검은   우스운   낮은   물

(4) 모음 ◌ุ ◌ู 은 자음의 아래에 표기한다.

◌ุ : **ฉุ**   **ดุ**   **กุ**
      [chù↗]   [dù↗]   [khù↗]
      물렁물렁하다   꾸짖다   뉴스를 날조하다

◌ ׃	ถู	ดู	ปู	หู
	[thǔː]	[dūː]	[pūː]	[hǔː]
	문지르다	보다	깔다	귀

(5) 모음 ฤ ฤๅ ฦ ฦๅ 는 홀로 사용한다.

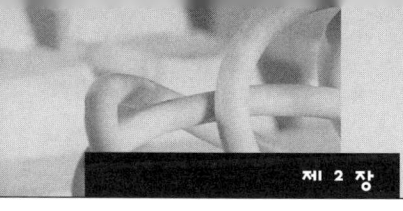

제 2 장 음성·음운론

1. 음성학

음성학은 인간언어에 사용되는 모든 음성을 분석하고 기술하는 학문이다. 일반적으로 언어음성은 자음과 모음으로 분류한다. 자음(consonant)은 공기가 입안이나 코안을 통해 배출되면서 특정한 위치에서 방해를 받는 음성이다. 이에 비해 모음(vowel)은 아무런 방해도 받지 않고 성대진동을 통해 생겨나는 음성이다. 일반적으로 모음은 자음보다 돋들리며 강세, 높이, 길이 등의 운율적 성질을 갖게 된다. 이중에서 음의 높이는 태국어에서 매우 중요하다. 이는 태국어가 음의 높낮이에 따라 뜻이 구별되는 성조어이기 때문이다. 본장에서는 태국어의 자음과 모음을 기술하고 성조와 성조규칙에 대해서 알아보기로 한다.

1.1 자음의 분류

일반적으로 자음은 조음위치(place of articulation)와 조음방식(manner of articulation)에 따라 분류한다. 태국어의 자음을 두 가지 방식에 따라 분류하면 다음과 같다.

(1) 조음위치에 따른 분류
- 양순음 : 양입술로 내는 음성으로 [บ], [ป], [พ], [ภ], [ม] 등이 있다. 한국어에는 〔ㅂ〕, 〔ㅃ〕, 〔ㅍ〕, 〔ㅁ〕 등이 있다.
- 순치음 : 아랫입술과 윗니를 접촉시켜서 내는 소리로 [ฟ]가 이에 속한다. 한국어에는 없는 소리이다.
- 치음 : 혀끝을 윗니에 대고 내는 음성으로 [ด], [ต] 등이 있으며 한국어에는 〔ㄸ〕, 〔ㅌ〕 등이 있다.
- 치조음 : 혀끝을 윗니 뒤에 붙이거나 접근시켜 내는 소리로 [ด],

[ช], [ซ], [ร], [ล] 등이 있으며 한국어에는 [ㄴ], [ㄷ], [ㄹ], [ㅅ] 등이 있다.
- 경구개음 : 혀의 중앙부를 경구개에 대고 내는 음성이다. [จ], [ช] 등이 있으며 한국어의 [ㅎ] 가 모음 [i] 앞에서 발음될 때 이에 속한다.
- 연구개음 : 혀의 뒷부분이 연구개에 닿거나 접근하여 내는 음성으로 [ก], [ค], [ง] 등이 있으며 한국어에는 [ㄱ], [ㅋ] 등이 있으며 이 응이 어말자음으로 발음될 때 이에 속한다.
- 성문음 : 성문이 폐쇄되거나 마찰되어 내는 음성이다. [อ], [ฮ]가 있으며 한국어에는 [ㅎ]가 있다.

(2) 조음방식에 따른 분류
- 성대의 진동유무에 따라 유성음과 무성음으로 나뉜다. 발음될 때 성대가 진동하는 유성음에는 [บ], [ม], [ง], [ด], [น], [ร], [ล], [ย], [ว] 등이 있으며 성대의 진동을 수반하지 않는 무성음에는 [พ], [ป], [ฟ], [ต], [ท], [ช], [จ], [ฉ], [ก], [ค], [อ], [ฮ] 등이 있다.
- 공기의 유무에 따라 유기음과 무기음으로 나뉜다. 발음할 때 성문사이가 개방되면서 뒤이어 공기가 배출되는 음성을 유기음이라 하고 배출되는 공기가 없는 음성을 무기음이라고 한다. 유기음에는 [พ], [ท], [ช], [ค] 등이 있고 무기음에는 [บ], [ป], [ต], [ด], [จ], [ก], [อ] 등이 있다.
- 공기통로에 따라 구강음과 비강음으로 나뉜다. 발음시에 공기가 빠져나가는 통로가 입안이면 구강음이고 코안이면 비강음이 된다. 비강음에는 [ม], [น], [ง]가 있고 나머지는 모두 구강음이다.

(3) 조음시에 입안의 특정 부분이 완전히 폐쇄되는지 혹은 불완전히 폐쇄되면서 마찰이 일어나지는지의 여부에 따라서, 그리고 입안의 어떤 부분이 방해를 받아 조음되는지에 따라서 분류한다.
- 폐쇄음 : 조음기관의 특정 부분이 폐쇄되었다 파열되면서 나는 소리

로 [บ], [ป], [พ], [ต], [ท], [ด], [จ], [ช], [ก], [ค], [อ]
가 있다.
- 마찰음 : 발음기관 사이가 좁혀진 상태에서 마찰되어 나는 소리로 [ฟ], [ซ], [ฮ]가 있다.
- 유음 : 물 흐르는 소리 같다고 하여 유음이라고 한다. [ร], [ล]이 있다. [ล]은 설측음이라고도 한다.
- 활음 : 한 모음에서 다른 모음으로 미끄러지면서 조음점이 아주 높아져 나는 소리이다. [ว], [ย]가 있다. 이러한 활음을 반모음이라고도 한다.

자음의 명칭은 공기의 유무 또는 공기통로, 성대의 진동 유무, 조음의 위치, 조음방식 등의 순서로 적는다. 이러한 방식에 따라 태국어의 자음을 정리해보면 다음과 같다.

자음	표기 자음	자음 명칭
[b]	บ	무기 – 양순 – 파열음
[p]	ป	유기 – 양순 – 파열음 – 된소리
[ph]	พ ภ	유기 – 양순 – 파열음 – 거센소리
[d]	ด ฎ	무기 – 치조음 – 파열음
[t]	ฏ ต	유기 – 치음 – 파열음 – 된소리
[th]	ฐ ฑ ฒ ถ ท ธ	유기 – 치음 – 파열음 – 거센소리
[c]	จ	유기 – 경구개 – 파열음 – 된소리
[k]	ก	유기 – 연구개 – 파열음 – 된소리
[kh]	ข ค ฆ	유기 – 연구개 – 파열음 – 거센소리
[ʔ]	อ	무기 – 성문 – 파열음
[ch]	ฉ ช ฌ	유기 – 경구개 – 파찰음 – 된소리
[f]	ฝ ฟ	유기 – 순치음 – 마찰음
[s]	ซ ศ ษ ส	유기 – 치조음 – 마찰음
[h]	ห ฮ	유기 – 성문 – 마찰음
[m]	ม	비음 – 양순 – 파열음

[n]	ณ น	비음 – 양순 – 파열음
[ŋ]	ง	비음 – 연구개
[l]	ฬ ล	설측음 – 치조음
[r]	ร	유음 – 치조음
[w]	ว	반모음 – 양순음
[j]	ย	반모음 –경구개음

앞에서 설명한 자음을 도표로 나타내면 다음과 같다.

조음위치	양순음		순치음		치음		치조음		경구개		연구개		성문	
유성성	vd	vl	vd	vl	vd	vl	vd	vl	vd	vl	vd	vl	vd	vl
무기 파열음	b บ	p ป			d ด	t ฏ ต		c จ			k ก		? อ	
유기 파열음		ph พ ภ				th ฐ ฑ ฒ ถ ธ		ch ฉ ช ฌ				kh ข ค ฆ		
마찰음				f ฝ ฟ		s ซ ศ ษ ส								h ห ฮ
비음	m ม				n ณ น						ŋ ง			
설측음					l ฬ ล									
유음					r ร									
반모음	w ว								j ญ ย					

1.2 모음의 분류

일반적으로 모음은 발음할 때 입안이 벌어지는 정도와 혀의 정점의 위치, 그리고 입술의 원순성 등의 기준에 의해 분류된다. 태국어의 단모음(monophthong)을 이와 같은 기준에 의거하여 분류해 보면 다음과 같다.

(1) 입안의 벌어짐의 정도에 따라 고모음과 저모음으로 분류한다. [i], [i:], [ɯ], [ɯ:], [u], [u:]는 고모음이고 [e], [e:], [ɤ], [ɤ:], [o], [o:]는 중모음이며 [ɛ], [ɛ:], [a], [a:], [ɔ], [ɔ:]는 저모음이다.
(2) 혀의 정점의 위치가 혀의 앞부분이면 전설모음, 뒷부분이면 후설모음이다. [i], [i:], [e], [e:], [ɛ], [ɛ:]는 전설모음이고 [ɯ], [ɯ:], [ɤ], [ɤ:], [a], [a:]는 중설모음이며 [u], [u:], [o], [o:], [ɔ], [ɔ:]는 후설모음이다.
(3) 입술의 원순성의 정도에 따라 원순모음과 평순모음으로 나눈다. [u], [u:], [o], [o:], [ɔ], [ɔ:]는 원순모음이고 [i], [i:], [e], [e:], [ɛ], [ɛ:], [ɯ], [ɯ:], [ɤ], [ɤ:], [a], [a:]는 평순모음이다.

위에서 살펴본 태국어의 모음분류를 정리하여 나타내면 다음과 같다.

[i]	◌ิ	전설 – 고모음 – 단모음	평순모음
[i:]	◌ี	전설 – 고모음 – 장모음	평순모음
[e]	เ◌ะ	전설 – 중모음 – 단모음	평순모음
[e:]	เ◌	전설 – 중모음 – 장모음	평순모음
[ɛ]	แ◌ะ	전설 – 저모음 – 단모음	평순모음
[ɛ:]	แ◌	전설 – 저모음 – 장모음	평순모음
[ɯ]	◌ึ	중설 – 고모음 – 단모음	평순모음
[ɯ:]	◌ื	중설 – 고모음 – 장모음	평순모음
[ɤ]	เ◌อะ	중설 – 중모음 – 단모음	평순모음
[ɤ:]	เ◌อ	중설 – 중모음 – 장모음	평순모음
[a]	◌ะ	중설 – 저모음 – 단모음	평순모음
[a:]	◌า	중설 – 저모음 – 장모음	평순모음

[u]	ู	후설 – 고모음 – 단모음	원순모음
[u:]	ู	후설 – 고모음 – 장모음	원순모음
[o]	โ_ะ	후설 – 중모음 – 단모음	원순모음
[o:]	โ_	후설 – 중모음 – 장모음	원순모음
[ɔ]	เ_าะ	후설 – 저모음 – 단모음	원순모음
[ɔ:]	_อ	후설 – 저모음 – 장모음	원순모음

이를 도표로 만들어 나타내면 다음과 같다.

혀의 위치	전설		중설		후설	
원순성	평순		평순		원순	
혀의 높이 \ 길이	단	장	단	장	단	장
고	i	i:	ɯ	ɯ:	u	u:
중	e	e:	ɤ	ɤ:	o	o:
저	ɛ	ɛ:	a	a:	ɔ	ɔ:

이러한 단모음 외에 이중모음(diphthong)이 있다. 단모음은 아무리 길게 소리를 내더라도 그 소리를 발음하는 도중에 입술이나 혀의 모양이 변하지 않고 하나의 음이 한 음절을 구성하는 반면에 이중모음은 첫음의 조음과 끝음의 조음이 다른 두 모음이 결합하여 하나의 음절을 구성한다. 이를 도시하여 나타내면 다음과 같다.

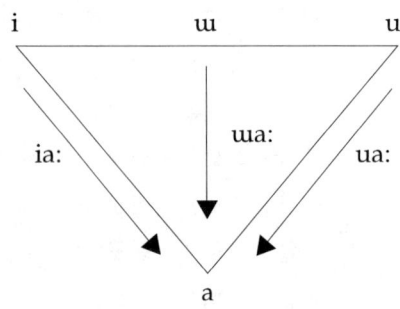

태국어의 이중모음을 정리하여보면 다음과 같다.

모음 [ia]   : 모음 [i] 로 시작하여 모음 [a]로 끝나는 모음
모음 [i:a:] : 모음 [i:]로 시작하여 모음 [a:]로 끝나는 모음
모음 [ɯa]   : 모음 [ɯ]로 시작하여 모음 [a]로 끝나는 모음
모음 [ɯ:a:] : 모음 [ɯ:]로 시작하여 모음 [a:]로 끝나는 모음
모음 [ua]   : 모음 [u]로 시작하여 모음 [a]로 끝나는 모음
모음 [u:a:] : 모음 [u:]로 시작하여 모음 [a:]로 끝나는 모음

1.3 성조

태국어는 음의 높낮이에 따라 뜻이 달라지는 성조어이다. 태국어의 성조(2.5.1 참조)는 모두 다섯 가지가 있으며 다음과 같이 두 부류로 나눌 수 있다.

(1) 소리의 높이가 일정한 성조로 다음과 같이 세 가지가 있다.

  1) 1성 : 소리의 높이 120Hz에서 시작하여 110Hz까지 서서히 떨어지는 소리로 부호 ˋ를 사용하여 나타낸다.
  2) 평성 : 소리의 높이가 120Hz에서 시작하여 그 높이를 유지하다가 끝머리에 가서 110Hz로 떨어지는 소리로 부호 ˉ를 사용하여 나타낸다.
  3) 3성 : 소리의 높이가 125Hz에서 시작하여 135-140Hz까지 서서히 올라가는 소리로 부호 ˊ를 사용하여 나타낸다.

(2) 소리의 높이가 일정하지 않은 성조로 다음과 같이 두 가지가 있다.

  1) 2성 : 소리의 높이가 140Hz에서 시작하여 1/4정도까지 그 높이를 유지하다가 100Hz이하로 떨어지는 소리로 부호 ˆ를 사용하여 나타낸다.
  2) 4성 : 소리의 높이가 110Hz에서 시작하여 조금 떨어지다가 140까지 급격히 높아지는 소리로 부호 ˇ를 사용하여 나타낸다.

Arthur S. Abramson이 분석한 태국어의 5개 성조의 소리 높이를 비교하여 도표로 표시하면 다음과 같다.

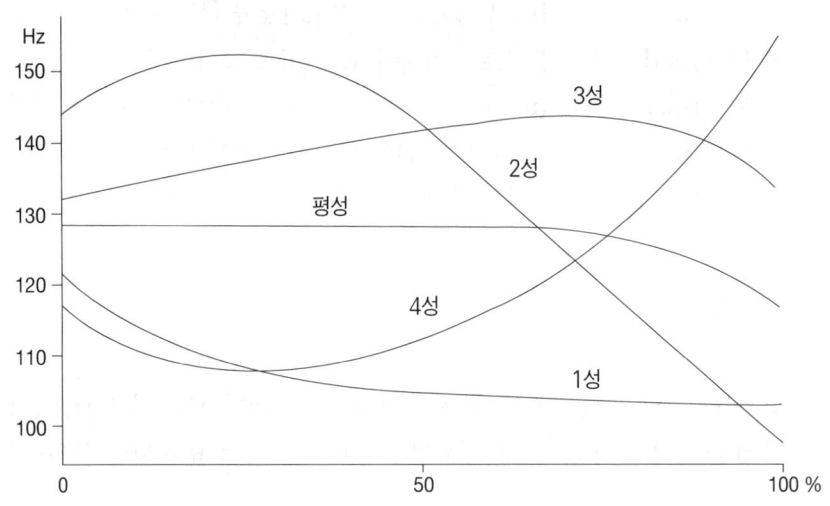

태국어 성조의 예

평성	มี	ดิน	จริง	อา
	[mī:]	[dīn]	[cīŋ]	[ʔā:]
	있다	땅	정말	삼촌
1성	ป่า	กฎ	อบ	กัด
	[pà:]	[kòt]	[ʔòp]	[kàt]
	숲	규칙	찌다	물다
2성	อ้า	หน้า	ค่า	ห้า
	[ʔâ:]	[nâ:]	[khâ:]	[hâ:]
	벌리다	앞/얼굴	값어치	다섯
3성	ร้าน	ค้า	โต๊ะ	ม้า
	[rá:n]	[khá:]	[tó?]	[má:]
	가게	상(商)	탁자	말

4성	จ๋า	หนา	ฉาย	หาย
	[cǎ:]	[nǎ:]	[chǎ:j]	[hǎ:j]
	준위	두꺼운	상영하다	사라지다

위에서 보는 바와 같이 태국어의 성조는 성조부호를 사용하여 나타내는 유형성조와 자모음의 결합형태에 따라 나타나는 무형성조가 있다.

1.3.1 유형성조

유형성조는 성조부호를 사용하여 나타나는 성조이다. 태국어의 성조부호는 1성부호 ไม้เอก(่) 2성부호 ไม้โท(้) 3성부호 ไม้ตรี(๊) 4성부호 ไม้จัตวา(๋)가 있으며 성조부호가 사용되는 음절의 어두자음의 종류와 관련하여 성조가 다르게 나타난다. 이를 자세히 살펴보면 다음과 같다.

1) 고자음 : 1성부호와 2성부호만 사용되며 1성부호가 사용되면 1성으로 발음되고 2성부호가 사용되면 2성으로 발음된다.

ข่า	ผ่าน	เสื้อ	ข้า
[khà:]	[phà:n]	[sûa]	[khâ:]
종족명	통과하다	윗옷	나, 저
ถั่ว	สี่	ข้าม	ให้
[thùa]	[sì:]	[khâ:m]	[hâj]
콩	넷	건너다	주다

2) 중자음 : 4개의 성조부호 모두가 올 수 있으며 사용되는 성조부호와 실제의 성조가 동일하게 발음된다.

ป่า	ป้า	ก๊ก	ก๋วยเตี๋ยว
[pà:]	[pâ:]	[kók]	[kǔajtiǎw]
숲	큰어머니	국가	쌀국수

กว่า	กว้าง	โจ๊ก	แจ๋ว
[kwàː]	[kwâːŋ]	[cóːk]	[cěw]
~보다	넓다	죽	맑고 깨끗하다

3) 저자음 : 1성부호와 2성부호가 사용되며 1성부호가 사용되면 2성으로 발음되고 2성부호가 사용되면 3성으로 발음된다.

พ่อ	แม่	น้อง	ช้อน
[phɔ̂ː]	[mɛ̂ː]	[nɔ́ːŋ]	[chɔ́ːn]
아버지	어머니	동생	숟가락

ค่า	โซ่	ซื้อ	ล้าง
[khâː]	[sôː]	[sɯ́ː]	[láːŋ]
값어치	쇠사슬	사다	씻다

위에서 살펴본 바를 도표로 나타내면 다음과 같이 된다.

자음종류 \ 부호	1성부호	2성부호	3성부호	4성부호
고자음	1성	2성		
중자음	1성	2성	3성	4성
저자음	2성	3성		

성조부호는 어두자음 위에 표기하며 어두자음 위에 모음이 오게 되면 그 모음 위에 표기한다. 어두자음의 선도 자음이 형태만 있고 소리가 나지 않는 경우에는 실제 발음이 되는 두 번 째 자음의 위에 표기하고 그 자음 위에 모음이 오게 되면 그 모음 위에 표기한다. 또, 어두자음이 자음군으로 오는 경우에도 두 번 째 자음의 위에 표기하고 그 자음 위에 모음이 오게 되면 그 모음 위에 표기한다.

อยู่	หน้า	หนึ่ง	เปลื้อง
[ʔjùː]	[nâː]	[nùŋ]	[plûaŋ]
살다, 있다	앞	하나	벗다

บ้าน	ช่อง	กว่า	ครั้ง
[bâːn]	[chɔ̂ːŋ]	[kwàː]	[khráŋ]
집	틈	~보다	번, 회

1.3.2 무형성조

무형성조는 성조부호의 사용없이 어두자음의 종류와 모음의 길이 그리고 어말자음의 유무와 어말자음의 종류 등에 따라 나타나는 성조이다. 태국어에서 음절을 생음과 사음으로 구분하는데 이는 태국어서 무형성조를 결정하는데 밀접한 연관성을 갖는다. 생음과 사음에 대해서 간단히 설명하면 다음과 같다(음절구조를 나타내는 기호에 대해서는 2.3항 참조).

1) 생음이란 어두자음과 장모음 그리고 성조로 구성되는 $C(C)VV^{0\text{-}4}$ 의 구조를 갖거나 어두자음과 단모음 그리고 어말자음이 /-m/, /-n/, /-ŋ/ 등의 비음, 또는 /-j/, /-w/ 등의 반모음이 와서 $C(C)V(V)N^{0\text{-}4}$ 의 구조를 갖는 음절을 말한다.
2) 사음이란 어두자음과 어말자음 없이 단모음으로 구성되어 $C(C)V^{0}$ 의 구조를 갖거나 어두자음과 단모음 또는 장모음 그리고 어말자음이 /-k/, /-t/, /-p/ 등의 폐쇄음으로 구성되어 $C(C)VS^{1,3}$ 또는 $C(C)VVS^{1,2}$의 구조를 갖는 음절을 말한다.

(1) 어두자음이 고자음일 때 그 음절이 생음이면 4성이 되고 사음이면 1성이 된다.

> 1) **고자음 + 생음 = 4성** : 고자음이 어두자음인 경우 생음이 되는 조건은 다음과 같다

① 고자음 + 장모음

ขา	หา	ฝา	ขอ	หู
[khǎː]	[hǎː]	[fǎː]	[khɔ̌ː]	[hǔː]
다리	찾다	덮개	요구하다	귀

② 고자음 + 장모음 + 비음/반모음

ผอม	สอน	หาง	หาย	สาว
[phɔ̌ːm]	[sɔ̌ːn]	[hǎːŋ]	[hǎːj]	[sǎːw]
홀쭉하다	가르치다	꼬리	사라지다	처녀

③ 고자음 + 단모음 + 비음/반모음

สัมพันธ์	หัน	ฝัง	สงสัย	หิว
[sǎmphān]	[hǎn]	[fǎŋ]	[sǒŋsǎj]	[hǐw]
관계되다	향하다	묻다	의심하다	배고프다

2) **고자음 + 사음 = 1성** : 고자음이 어두자음인 경우 사음이 되는 조건은 다음과 같다.

① 고자음 + 장모음 + 폐쇄음

หาบ	ขาด	สาบ	ขูด	ฝาก
[hàːp]	[khàːt]	[sàːp]	[khùːt]	[fàːk]
(짐을) 메다	찢어지다	악취	긁어내다	맡기다

② 고자음 + 단모음 + 폐쇄음

หัก	ผัก	ขับ	หัด	สุก
[hàk]	[phàk]	[khàp]	[hàt]	[sùk]
부러지다	채소	운전하다	연습하다	익다

③ 고자음 + 단모음

เถอะ	สระ	สุ	สิ	ผุ
[thɤ̀ʔ]	[sàʔ]	[sùʔ]	[sìʔ]	[phùʔ]
〔어조〕	연못	과숙하다	〔어조〕	낡다

(2) 어두자음이 중자음일 때 그 음절이 생음이면 평성이되고 사음이면 1성이 된다.

1) **중자음 + 생음 = 평성** : 중자음이 어두자음인 경우 생음이 되는 조건은 다음과 같다.

① 중자음 + 장모음

กา	ตา	อา	กู	ดู
[kāː]	[tāː]	[ʔāː]	[kūː]	[dūː]
까마귀	외조부	삼촌	나	보다

② 중자음 + 장모음 + 비음/반모음

ตาม	บาน	กาย	ดอง	จอง
[tāːm]	[bāːn]	[kāːj]	[dɔ̄ːŋ]	[cɔ̄ːŋ]
~을 따라	피다	몸	절이다	예약하다

③ 중자음 + 단모음 + 비음/반모음

ปุย	ใจ	ดัน	ติว	กัน
[pūj]	[cāj]	[dān]	[tīw]	[kān]
솜털	마음	누르다	개인교습하다	막다

2) **중자음 + 사음 = 1성** : 중자음이 어두자음인 경우 사음이 되는 조건은 다음과 같다.

① 중자음 + 장모음 + 폐쇄음

กาก	ดูด	จอด	บาป	ปอด
[kà:k]	[dù:t]	[cɔ̀:t]	[bà:p]	[pɔ̀:t]
찌꺼기	빨아들이다	주차하다	죄	폐

② 중자음 + 단모음 + 폐쇄음

ดับ	ตัก	จัด	ปัด	ปัก
[dàp]	[tàk]	[càt]	[pàt]	[pàk]
끄다	무릎	정리하다	털다	박다

③ 중자음 + 단모음

ดุ	จะ	ปะ	เบาะ	เกาะ
[dùʔ]	[càʔ]	[pàʔ]	[bɔ̀ʔ]	[kɔ̀ʔ]
꾸짖다	〔미래〕	붙이다	방석	섬

(3) 어두자음이 저자음일 때 그 음절이 생음이면 평성이 된다. 그리고 장모음에 폐쇄음이 오면 2성이 되고 단모음으로 끝나거나 단모음에 폐쇄음이 오면 3성이 된다.

1) **저자음 + 생음 = 평성** : 저자음이 어두자음인 경우 생음이 되는 조건은 다음과 같다.

① 저자음 + 장모음

นา	รู	คอ	พอ	ลา
[nā:]	[rū:]	[khɔ̄:]	[phɔ̄:]	[lā:]
논	구멍	목	충분하다	당나귀

② 저자음 + 장모음 + 비음/반모음

นาย	คอย	โมง	ยาว	ลืม
[nāːj]	[khɔ̄ːj]	[mōːŋ]	[jāːw]	[lūːm]
주인	기다리다	시	길다	잊다

③ 저자음 + 단모음 + 비음/반모음

ยัง	วัน	ลม	คม	ชม
[jāŋ]	[wān]	[lōm]	[khōm]	[chōm]
아직	날	공기	칼날	구경하다

2) 저자음 + 장모음 + 폐쇄음 = 2성

คาบ	ซาก	รอบ	ฟาด	พูด
[khâːp]	[sâːk]	[rɔ̂ːp]	[fâːt]	[phûːt]
물다	시체, 흔적	주위	내려치다	말하다

3) 저자음 + 단모음 + (폐쇄음) = 3성

① 저자음 + 단모음

นะ	แยะ	ซะ	และ	มิ
[náʔ]	[jɛ́ʔ]	[sáʔ]	[lɛ́ʔ]	[míʔ]
〔어조〕	많다	〔어조〕	그리고	〔부정〕

② 저자음 + 단모음 + 폐쇄음

คัด	คบ	นัด	พับ	รัก
[khát]	[khóp]	[nát]	[pháp]	[rák]
뽑다	사귀다	약속하다	접다	사랑하다

지금까지 살펴본 무형성조 규칙을 도표로 나타내면 다음과 같다.

자음종류	음절의 종류	성조
고자음	생음	4성
	사음	1성
중자음	생음	평성
	사음	1성
저자음	생음	평성
	장모음 + 폐쇄음	2성
	단모음 + 폐쇄음	3성

2. 음운론

음운론은 언어음성이 언어체계내에서 갖는 기능 및 체계에 대해서 연구하는 학문이다. 본장에서는 태국어의 음소의 분석방법과 음성결합, 음절, 음운규칙 그리고 운율론에 대해서 알아보기로 한다.

2.1 음소분석

한 언어에서 사용되는 음성들 모두가 언어적으로 유의미한 기능을 가지는 것은 아니다. 언어적으로 유의미한 기능을 지닌 단위 즉, 단어의 의미를 분화시키는 가장 작은 단위를 음소라고 한다. 지금부터 이러한 음소를 판별하는 방법과 절차에 대해서 알아보기로 하자.

태국어의 두 단어 มา 와 ปา를 비교해 보면 이 두 단어는 각각 [mā:] 와 [pā:]로 발음된다. 여기에서 공통된 환경(environment) [_a:]를 추출해낼 수 있다. 그런데 어두자음 위치에서 [m]와 [p]는 교체가 가능하다. 그리고 이 어두위치에서 [m]를 [p]로 환치시켜보면 단어의 의미가 '오다' 에서 '숲' 으로 바뀌어 별개의 단어가 되는 것을 알 수 있다. 따라서 [m]와 [p]는 언어적으로 유의미한 변별적 기능을 갖는 음소가 된다. 이처럼 오직 한 음소의 차이로 단어의 형태와 뜻이 구별되는 단어쌍을 최소대립쌍(minimal pair)이라고 한다. 이러한 과정을 거쳐 태국어의 자음음소를 분석해보면 모두 21개의 음소가 있다.

태국어에서는 모음의 길이가 변별적 기능을 할 수가 있다. 태국어의 **คุณ**과 **คูณ**은 각각 [khūn]과 [khū:n]으로 발음된다. 그러나 [khūn]은 '당신'의 의미를 갖는 반면에 [khū:n]은 '곱하다'의 의미를 갖는다. 이처럼 태국어의 단모음(短母音)과 장모음(長母音)은 별개의 음소로 분석된다. 이러한 방법으로 태국어의 단모음(單母音)을 분석해보면 모두 18개의 음소가 된다. 여기에다 태국어의 이중모음 [ia], [ua], [ua]를 길이에 따라 다시 단모음과 장모음으로 나누게 되면 모두 6개의 음소가 되지만 이중모음의 경우 그 길이에 따라 의미가 달라지는 단어가 매우 적으므로 장단음을 구분하지 않고 3개의 음소로 취급한다. 따라서 태국어의 모음음소를 분석해 보면 모두 21개의 음소가 있다.

태국어는 또한 성조어이므로 성조에 따라 의미가 달라진다. 태국어의 **สวย**와 **ซวย**는 각각 [sŭaj]와 [sūaj]로 발음된다. 그러나 [sŭaj]는 4성으로 '예쁘다'의 의미를 갖는 반면에 [sūaj]는 평성으로 '재수없다'의 의미이다. 두 단어의 의미분화는 성조의 차이에서 생겨나는 것이다. 태국어의 성조에 따른 음소를 분석해 보면 모두 5개의 음소가 있다.

2.2 음성결합

음성들이 결합하여 만들어내는 가장 작은 분할체를 음절(syllable)이라고 한다. 음절은 하나의 모음과 하나 또는 그 이상의 자음으로 구성된다. 태국어에서 음성들이 결합하여 음절을 이룰 때 일정한 제약이 있다.

2.2.1 자음의 위치

자음은 음절의 첫머리에 오는 어두자음과 끝머리에 오는 어말자음이 있다. 태국어의 자음 21개 모두가 어두자음의 위치에 나타날 수 있다. 그리고 일부는 어두자음의 위치에 자음이 결합하여 자음군으로 나타난다. 한편 어말자음의 위치에 나타날 수 있는 자음은 9개의 음으로 제한되어 있다. 이를 자세히 살펴보면 다음과 같다.

(1) 어두자음군 : 음절 구성에 있어서 두개의 자음이 몇 개 결합하여 어두 자음군을 형성할 때 결합상의 제약이 나타난다. 이를 자세히 살펴보면 다음과 같다.

   1) /p/ 와 /ph/ 다음에 /l/ 또는 /r/가 결합하여 나타날 수 있다. 이에 대한 예를 들면 다음과 같다.

ปลา	[plā:]	물고기	แปร	[prē]	변하다
ปลิง	[plīŋ]	거머리	ปรง	[prōŋ]	나무명
พลู	[phlū:]	빈랑나무	พรู	[phrū:]	후두둑
พลาง	[phlā:ŋ]	~하면서	พฤษภา	[phrútsàphā:]	오월

   2) /t/ 와 /th/ 다음에 /r/ 가 결합하여 나타날 수 있다. 이에 대한 예를 들면 다음과 같다.

ตรา	[trā:]	상표	ตรง	[trōŋ]	반듯하다
อินทรา	[ʔinthra:]	인드라신	จันทรา	[cānthrā:]	달

   3) /k/ 와 /kh/ 다음에 /l/ 와 /r/ 그리고 /w/가 결합하여 나타날 수 있다. 이에 대한 예를 들면 다음과 같다.

กล้า	[klâ:]	모	กลาง	[klā:ŋ]	가운데
กรง	[krōŋ]	새장	กฤษณา	[krìtsànǎ:]	침향나무
กว่า	[kwà:]	~보다	กวาง	[kwā:ŋ]	사슴
คลุม	[khlūm]	덮다	คลัง	[khlā:ŋ]	창고
ครัว	[khrūa]	부엌	ขลาด	[khlà:t]	겁장이이다
ขวัญ	[khwǎn]	영혼	ควัน	[khwān]	연기

어두자음의 위치에 나타나는 자음군의 제약을 도식화하면 다음과 같이 된다.

1) $\begin{matrix} p \\ ph \end{matrix}$ + $\begin{matrix} l \\ r \end{matrix}$ ⟶ /pl-, pr-, phl-, phr-/

2) $\begin{matrix} t \\ th \end{matrix}$ + r ⟶ /tr-, thr-/

3) $\begin{matrix} k \\ kh \end{matrix}$ + $\begin{matrix} l \\ r \\ w \end{matrix}$ ⟶ /kl-, kr-, kw-, khl-, khr-, khw-/

(2) 어말자음 : 태국어에서 어말자음의 위치에 나타날 수 있는 자음은 모두 9개 음이다. 이를 자세히 살펴보면 다음과 같다.

1) 폐쇄음 /-p/, /-t/, /-k/ 그리고 /-ʔ/가 어말자음 위치에 올 수 있다. 그 예를 보면 다음과 같다.

กับ [kàp] ~와 กัด [kàt] 물다
กัก [kàk] 억류하다 กะ [kàʔ] 짐작하다

2) 비음 /-m/, /-n/ 그리고 /ŋ/가 어말자음 위치에 올 수 있다. 그 예를 보면 다음과 같다.

สาม [sǎ:m] 셋 กาล [kā:n] 시간
ยาง [jā:ŋ] 고무 สั่ง [sàŋ] 명령하다

3) 반모음 /j/와 /w/가 어말자음 위치에 올 수 있다. 그 예를 보면 다음과 같다.

| ข้าว | [kâːw] | 밥 | | เดียว | [diāw] | 하나 |
| สวย | [sǔaj] | 예쁘다 | | ยาย | [jāːj] | 외할머니 |

앞에서 설명한 어말자음을 도표로 나타내면 다음과 같다.

조음위치	양순음		순치음		치음		치조음		경구개		연구개		성문	
유성성	vd	vl	vd	vl	vd	vl	vd	vl	vd	vl	vd	vl	vd	vl
폐쇄음		-p		-t								-k		ʔ
비음	-m						-n				-ŋ			
반모음									-j		-w			

2.2.2 모음의 위치

태국어의 모음이 어두자음 21개와 어말자음 9개와 어우러져 결합하는 경우에는 다음과 같은 제약을 받는다(음절구조를 나타내는 기호에 대해서는 2.3항 참조).

(1) 모음 /i/는 C(C) V{N/S}ᵀ 구조를 가진 음절에서 나타나며 어두자음 /kw-/와 어말자음 /-j/와는 결합하지 못한다. 그 예를 들어보면 다음과 같다.

| ดิน | [dīn] | 땅 | | สิ่ง | [sìŋ] | 물건 |
| กิน | [kīn] | 먹다 | | ผิว | [phǐw] | 표면 |

(2) 모음 /iː/는 C(C)VV{N/S}ᵀ 구조를 가진 음절에서 나타나며 어두자음 /phr-/, /kw-/, /khr-/와 어말자음 /-j/, /-w/, /-ʔ/ 그리고 /-ŋ/와는 결합하지 못한다. 그 예를 들어보면 다음과 같다.

| งีบ | [ŋîːp] | 잠시동안 | | กรีด | [krìːt] | 칼로 긋다 |
| ตี | [tīː] | 때리다 | | รีบ | [rîːp] | 서두르다 |

(3) 모음 /e/는 C(C) V{N/S}ᵀ 구조를 가진 음절에서 나타나며 어두자음 /phr-/, /kw-/, /khw-/와 어말자음 /-j/와는 결합하지 못한다. 그 예를 들어보면 다음과 같다.

เจ็บ [cèp]   아프다   **เย็บ** [jép]   꿰매다
เส้น [sên]   줄   **เผละ** [phlɛ́ʔ] 철벅, 철썩

이 때 어두자음 /th-/ /tr-/는 2음절어에서만 나타나며 어말자음 /-ŋ/는 차용어에서만 나타난다.

(4) 모음 /e:/는 C(C) VV{N/S}ᵀ 구조를 가진 음절에서 나타나며 어두자음 /f-/, /kl-/, /kw-/와 어말자음 /-ʔ/, /-j/와는 결합하지 못한다. 그 예를 들어보면 다음과 같다.

เกเร [kē:rē:]   불량하다   **เฉก** [chè:k]   ~와 같다
โงนเงน [ŋō:ŋēn]   비틀비틀하다   **เด่น** [dè:n]   두드러지다

이 때 어두자음 /t-/는 2음절어에서만 나타난다.

(5) 모음 /ɛ/는 C(C) V{N/S}ᵀ 구조를 가진 음절에서 나타나며 어말자음 /-j/와는 결합하지 못한다. 그 예를 들어보면 다음과 같다.

แพะ [phɛ́ʔ]   염소   **แฉะ** [chɛ̀ʔ]   질퍽하다
และ [lɛ́ʔ]   그리고   **แกะ** [kɛ̀ʔ]   양

이 때 어두자음 /pl-/는 차용어에서만 나타난다.

(6) 모음 /ɛ:/는 C(C) VV{N/S}ᵀ 구조를 가진 음절에서 나타나며 어두자음 /kw-/와 어말자음 /-ʔ/, /-j/와는 결합하지 못한다. 그 예를 들어보면 다음과 같다.

แจก	[cɛ̀:k]	나누어주다	แผ่น	[phɛ̀:n]	(종이)장
แตร	[trɛ̄:]	나팔	แก่น	[kɛ̀:n]	심재

(7) 모음 /ɯ/는 C(C) V{N/S}ᵀ 구조를 가진 음절에서 나타나며 어두자음 /w-/, /pl-/, /ph-/, /kw-/, /khw-/와 어말자음 /-w/, /-j/ 와는 결합하지 못한다. 그 예를 들어보면 다음과 같다.

ซึม	[sūm]	흡수하다	ยึด	[jút]	꽉 붙잡다
พึ่ง	[phûŋ]	기대다	กึ่ง	[kùŋ]	반

(8) 모음 /ɯ:/는 C(C) VV{N/S}ᵀ 구조를 가진 음절에서 나타나며 어두자음 /ŋ-/, /tr-/, /kr-/, /phl-/, /kw-/, /khw-/와 어말자음 /-ŋ/, /-j/, /-w/, /-k/ 와는 결합하지 못한다. 그 예를 들어보면 다음과 같다.

ดื่ม	[dɯ̀:m]	마시다	กลืน	[klɯ̄:n]	삼키다
ยืม	[jɯ̄:m]	빌리다	สืบ	[sɯ̀:p]	계승하다

이때 어두자음 /k-/는 2음절어에서만 나타난다.

(9) 모음 /ɤ/는 C(C) VNᵀ 구조를 가진 음절에서 나타나며 어두자음 /k-/, /ch-/, /m-/, /r-/, /h-/ 와 어말자음 /-m/, /-p/, /-t/, /-k/, /-j/, /-w/ 와는 결합하지 못한다. 그 예를 들어보면 다음과 같다.

เพิ่ง	[phɤ̂:ŋ]	막 ~하다	เถอะ	[thɤ́ʔ]	[어조]
เยิ่น	[jɤ̂:n]	장구하다	เยอะ	[jɤ́ʔ]	많다

(10) 모음 /ɤ:/는 C(C) VV{N/S}ᵀ 구조를 가진 음절에서 나타나며 어두자음 /pl-/, /tr-/, /khr-/, /kw-/, /khw-/ 와 어말자음 /-ʔ/, /-w/ 와는 결합하지 못한다. 그 예를 들어보면 다음과 같다.

เลิก	[lɤ̂:k]	끝나다	**เอ่ย**	[ʔɤ̀j]	말을 시작하다	
เปิด	[pɤ̀:t]	열다	**เฉย**	[chɤ̌:j]	가만히 있다	

(11) 모음 /a/는 C(C) V{N/S}ᵀ 구조를 가진 음절에서 나타날 수 있다. 그 예를 들어보면 다음과 같다.

งัด	[ŋát]	비틀어 열다	**สับ**	[sàp]	잘게 다지다
ปรับ	[pràp]	조절하다	**กัน**	[kān]	막다

(12) 모음 /a:/는 C(C) VV{N/S}ᵀ 구조를 가진 음절에서 나타나며 어말자음 /-ʔ/와는 결합하지 못한다. 그 예를 들어보면 다음과 같다.

สาย	[sǎ:j]	늦다	**นาง**	[nā:ŋ]	(여성) 접두사
คลาย	[khlā:j]	풀다	**ปาก**	[pà:k]	입

(13) 모음 /u/는 C(C) V{N/S}ᵀ 구조를 가진 음절에서 나타나며 어두자음 /kw-/, /khw-/와 어말자음 /-w/와는 결합하지 못한다. 그 예를 들어보면 다음과 같다.

มุม	[mūm]	구석	**หยุด**	[jùt]	멈추다
สุก	[sùk]	익다	**ลุย**	[lūj]	(강을)건너다

(14) 모음 /u:/는 C(C) VV{N/S}ᵀ 구조를 가진 음절에서 나타나며 어두자음 /kw-/, /khw-/와 어말자음 /-ŋ/, /-w/, /-j/와는 결합하지 못한다. 그 예를 들어보면 다음과 같다.

ตู้	[tû:]	(옷)장	**สูบ**	[sù:p]	빨아들이다
ถูก	[thù:k]	맞다	**ขูด**	[khù:t]	긁어내다

(15) 모음 /o/는 C(C) V{N/S}ᵀ 구조를 가진 음절에서 나타나며 어두자음 /kw-/, /khl-/와 어말자음 /-j/, /-w/와는 결합하지 못한다. 그 예를 들어보면 다음과 같다.

จบ   [còp]   끝나다   คบ   [khóp]   사귀다
งง   [ŋōŋ]   어리둥절하다   ร่ม   [rôm]   우산

(16) 모음 /o:/는 C(C) VV{N/S}ᵀ 구조를 가진 음절에서 나타나며 어두자음 /f-/, /kw-/, /khw-/와 어말자음 /-ʔ/, /-w/와는 결합하지 못한다. 그 예를 들어보면 다음과 같다.

โกน   [kō:n]   깎다   โน่น   [nô:n]   저
โสม   [sǒ:m]   인삼   โมง   [mō:ŋ]   시

(17) 모음 /ɔ/는 C(C) V{N/S}ᵀ 구조를 가진 음절에서 나타나며 어두자음 /tr-/, /kw-/, /khw-/와 어말자음 /-p/, /-t/, /-k/, /-w/와는 결합하지 못한다. 그 예를 들어보면 다음과 같다.

เพาะ   [phɔ́ʔ]   재배하다   เกาะ   [kɔ̀ʔ]   섬
เงาะ   [ŋɔ́ʔ]   과일명   เลาะ   [lɔ́ʔ]   가장자리를 잘라내다

(18) 모음 /ɔ:/는 C(C) VV{N/S}ᵀ 구조를 가진 음절에서 나타나며 어두자음 /kw-/, /khw-/와 어말자음 /-ʔ/, /-w/와는 결합하지 못한다. 그 예를 들어보면 다음과 같다.

กอด   [kɔ̀:t]   안다   สอด   [sɔ̀:t]   삽입하다
ก้อน   [kɔ̂:n]   덩어리   ตอก   [tɔ̀:k]   박다

(19) 모음 /ia/는 C(C) VV{N/S}ᵀ 구조를 가진 음절에서 나타나며 어말자음 /-j/와는 결합하지 못한다. 그 예를 들어보면 다음과 같다.

| เปียก | [pìak] | 젖다 | เหนียว | [nǐaw] | 끈적끈적하다 |
| เสีย | [sǐa] | 상하다 | เครียด | [khrîat] | 긴장하다 |

(20) 모음 /ɯa/는 C(C) VV{N/S}ᵀ 구조를 가진 음절에서 나타나며 어두자음 /w-/, /phl-/, /tr-/, /kr-/, /kw-/, /khw-/와 어말자음 /-ʔ/, /-w/와는 결합하지 못한다. 그 예를 들어보면 다음과 같다.

| เพื่อน | [phɯ̂an] | 친구 | เกือบ | [kɯ̀ap] | 거의 |
| เทือก | [thɯ̂ak] | 행, 열 | เครื่อง | [khrɯ̂aŋ] | 기계 |

(21) 모음 /ua/는 C(C) VV{N/S}ᵀ 구조를 가진 음절에서 나타나며 어두자음 /-f/, /kw-/, /khw-/와 어말자음 /-ʔ/, /-w/와는 결합하지 못한다. 그 예를 들어보면 다음과 같다.

| วัว | [ʔūa] | 소 | ขั้ว | [khûa] | 극 |
| ขวด | [khùat] | 병 | ป่วย | [pùaj] | 아프다 |

이때 어두자음 /pr-/는 2음절어에서만 나타난다.

2.3 음절

음성들이 결합하여 만들어내는 가장 작은 분할체인 음절은 하나의 모음과 하나 또는 그 이상의 자음으로 구성된다. 태국어에서 음절을 이루기 위해서는 최소한 다음과 같은 세 가지의 구성요소를 갖추어야 한다.

1) 어두자음 : 단자음인 경우에 C 로 표기하고 자음군으로 나타나는 경우에는 CC 로 표기한다.
2) 모음 : 단모음은 경우에는 V로 표기하고 장모음인 경우에는 VV로 표기한다.

3) 성조 : T로 표기하고 숫자로 나타낸다.

음절에 따라서는 어말자음이 나타나는 경우도 있다. 어말자음은 모음을 나타내는 V 다음에 S 또는 N으로 표기한다. S는 폐쇄음 /-k/, /-t/, /-p/를 말하며 N은 비음 /-m/, /-n/, /-ŋ/ 또는 반모음 /-j/, /-w/를 말한다.

음절은 음의 특성에 따라 생음과 사음으로 나눌 수 있다. 생음은 길게 소리낼 수 있는 반면에 사음은 길게 소리내지 못하는 특성이 있다. 생음과 사음의 구조를 자세히 살펴보면 다음과 같다.

(1) 생음 : 어두자음과 장모음 그리고 성조로 구성되어 C(C)VV[0-4] 의 구조를 갖거나 어두자음과 단모음 그리고 어말자음이 /-m/, /-n/, /-ŋ/ 또는 /-j/, /-w/ 등이 와서 C(C)V(V)N[0-4]의 구조를 갖는다.

ตา	[tāː]	눈	ข้าม	[khâːm]	건너다
สอง	[sɔ̌ːŋ]	둘	หาย	[hǎːj]	사라지다
กาว	[kāːw]	접착제	ใคร	[khrāj]	누구
สวย	[sǔaj]	예쁘다	โกน	[kōːn]	깎다
บาง	[bāːŋ]	얇다	หิว	[hǐw]	배고프다

(2) 사음 : 어두자음과 어말자음 없이 단모음으로 구성되어 C(C)V[0] 의 구조를 갖거나 어두자음과 단모음 또는 장모음 그리고 어말자음이 폐쇄음 /-k/, /-t/, /-p/ 중의 하나로 구성되어 C(C)VS[1,3] 또는 C(C)VVS[1,2]의 구조를 갖는다.

แตะ	[tɛ̀ʔ]	차다	ซะ	[sáʔ]	[어조]
กาก	[kàːk]	찌꺼기	ชอบ	[chôːp]	좋아하다
สาด	[sàːt]	내던지다	สระ	[sàʔ]	연못
สด	[sòt]	신선하다	ภาพ	[phâːp]	그림
ขวด	[khùat]	병	ลวก	[lûak]	데치다

2.4 음운규칙

태국어에서 강세나 길이 등의 운율적 요소가 음운구조에 작용하면서 이웃하는 소리에 여러 가지 영향을 미치는 경우가 있다. 이러한 작용은 일정한 음운적 조건과 관련하여 특정한 패턴을 갖게 되는데 이를 다음과 같은 규칙으로 정리할 수 있다.

2.4.1 합성어와 차용어 허용을 위한 첫 음절 제약규칙

태국어에는 이미 오래 전부터 차용하여 사용해온 팔리어와 산스크리트어 계통의 외래어가 많다. 이들이 차용되는 과정에서 음운구조가 태국어와 마찰을 일으킬 경우에 외래어의 음운이 태국어 음운구조에 맞게 변화된다. 이를 세분해서 살펴보면 다음과 같다.

(1) 첫음절 장모음의 단모음화 규칙

본래 첫 음절에 장모음이 있는 외국어가 태국어로 차용되면서 첫음절에 강세가 허용되지 않는 제약(2.5.2 참조)에 따라 이들 장모음이 단모음으로 되면서 기존의 강세를 잃게 된다.

ตาวัน	[tāːwān]	→ ตะวัน	[tàʔwān]	태양
ตัวขาบ	[tūaːkhàːp]	→ ตะขาบ	[tàʔkhàːp]	지네
ตาปู	[tāːpū]	→ ตะปู	[tàʔpūː]	못
ตัวเข็บ	[tūaːkhèp]	→ ตะเข็บ	[tàʔkhèp]	이음매
สาวใภ้	[sǎːwpháːj]	→ สะใภ้	[sàʔpháːj]	며느리

(2) 첫음절 모음의 변화 및 어말자음 삭제규칙

본래 첫음절에 장모음 또는 단모음이 있고 어말자음이 있는 외국어가 태국어로 차용되면서 첫 음절에 강세가 허용되지 않는 제약에 따라 이들 장모음이 단모음으로 되고 어말자음은 소실된다.

หมากพร้าว	[màːkphráw]	→	มะพร้าว	[máphráw]	야자
ตองเกียบ	[tɔ̄ːŋkìap]	→	ตะเกียบ	[tàʔkìap]	젓가락
ฉันนั้น	[chǎnnán]	→	ฉะนั้น	[chànán]	그렇다면
อันไร	[ānrāj]	→	อะไร	[àʔrāj]	무엇

2.4.2 합성어와 차용어 허용을 위한 끝음절 제약규칙

본래 끝음절이 단모음으로 끝나는 외국어가 태국어로 차용되면서 맨 끝음절에 강세를 두는 태국어의 음운구조에 맞추기 위하여 그 단모음이 장모음으로 바뀌거나 발음을 하지 않게 된다. 또, 경우에 따라서 그 음절 전체가 소실되기도 한다.

(1) 끝음절 단모음의 장모음화 규칙

단모음으로 끝나는 외국어가 태국어로 차용되면서 강세를 갖기 위해 단모음이 장모음으로 변화한다.

อนุช	[ʔànúchá]	→	อนุชา	[ʔànútchāː]	아우
กาญจน	[kāːncàʔnà]	→	กาญจนา	[kāːncàʔnāː]	금
รวิ	[ráʔwí]	→	รวี	[ráʔwīː]	태양
ธนุ	[tháʔnú]	→	ธนู	[tháʔnūː]	활

(2) 끝음절의 단모음 삭제규칙

단모음으로 끝나는 외국어가 태국어로 차용되면서 단모음이 발음되지 않는다.

| ธาตุ | [thāːtùʔ] | → | ธาตุ | [thâːt] | 성분 |

ชาติ [chā:tì]	→	ชาติ [châ:t]	국가
เหตุ [hě:tù?]	→	เหตุ [hè:t]	원인
ปาท [pā:thá?]	→	บาท [bà:t]	발

(3) 묵음부호에 의한 끝음절 단모음 삭제규칙

단모음으로 끝나는 외국어가 태국어로 차용되면서 그 음절 자체가 발음되지 않고 소실되어 버린다.

สวสดิ [sàwàtdì?]	→	สวัสดี์ [sàwàt]	안녕
สิทธิ [sìtthí?]	→	สิทธิ์ [sìt]	권리
ฤทธิ [rítthí?]	→	ฤทธิ์ [rít]	초자연적 힘
วิจารณ [wí?cā:ránā]	→	วิจารณ์ [wí?cā:n]	분석하다

(4) 끝음절의 어말자음군 축약규칙

태국어에서 팔리어나 산스크리트어계의 차용어에서는 자음군이 어말자음의 위치에 올 수 있다. 그러나 태국어의 음운구조에서는 이것이 허용되지 않기 때문에 끝음절의 어말자음으로 오는 자음군 전체 또는 자음군의 맨 뒷자음이 삭제되면서 축약되는 현상이 일어난다.

| สัตว [sàttàwá?] | → | สัตว์ [sàt] | 짐승 |
| จันทร [cāntrá?] | → | จันทร์ [cān] | 달 |

2.4.3 반복 합성어의 음운규칙

태국어에서 반복 합성어는 주로 상태성 동사에서 일어난다. 낱말을 반복해서 사용하는 경우 모음의 길이나 성조가 변화되는데 반복하는 이유는 뜻을 강조하기 위한 것이지만 태국어에서는 경우에 따라 그뜻이 오히려 약화되는 경우도 있다.

(1) 반복 합성어의 모음길이 변화규칙

같은 말이 반복될 경우 앞에서는 모음의 길이가 짧게 발음되고 뒤에서는 본래대로 길게 발음된다.

1) 반복하여 뜻이 강조되는 경우

    สวย [sǔa:j] 예쁜 → สวย ๆ [sǔajsǔa:j] 아주 예쁜
    มาก [mâ:k] 많이 → มาก ๆ [mâkmâ:k] 아주 많이

2) 반복하여 뜻이 약화되는 경우

    แดง [dǣ:ŋ] 빨간 → แดง ๆ [dæŋd:ǣ:ŋ] 붉그레한
    บาง [bā:ŋ] 얇은 → บาง ๆ [bāŋbā:ŋ] 얄팍한

(2) 반복 합성어의 성조변화규칙

같은 말이 반복될 경우 앞에서는 성조가 3성으로 변화되고 뒤에서는 본래의 성조대로 발음된다. 이때 의미는 본래의 의미보다 강조된다.

    สวย [sǔa:j] 예쁜 → ส๊วยสวย [súajsuǎ:j] 아주 예쁜
    เสมอ [sàmɤ̌:] 항상 → เส๊มอเสมอ [sàmɤ́sàmɤ̌:] 늘상
    แดง [dǣ:ŋ] 빨간 → แด๊งแดง [dǽŋd:ǣ:ŋ] 새빨간
    บาง [bā:ŋ] 얇은 → บ๊างบาง [báŋbā:ŋ] 아주 얇은

2.4.4 이화규칙(dissimilation)

본래 한 음절로 이루어진 낱말에서 그 음절의 모음과 조음형태나 조음점이 비슷한 모음이 반복되어 앞 혹은 뒤에 한 음절이 더해지는 것으로 새로 더해진 음절은 의미가 없다. 태국어의 이화에는 다음과 같이 두가지가 있다.

(1) 순행이화(progressive dissimilation)

본래의 음절이 앞에 오고 그 음절의 모음과 유사한 모음으로 반복되는 음절이 뒤에 온다.

ท้อ [thó:] → ท้อแท้ [thó:thέ:] 낙담하다
เคร่ง [khrê:ŋ] → เคร่งครัด [khrê:ŋkhrát] 엄격히

(2) 역행이화(regressive dissimilation)

본래의 음절이 뒤에 오고 그 음절의 모음과 유사한 모음으로 반복되는 음절이 앞에 온다.

เหนื่อย [nùɯaj] → เหน็ดเหนื่อย [nètnɯàj] 피곤하다
ระวัง [ráʔwāŋ] → ระมัดระวัง [ráʔmátráwāŋ] 조심하다

2.4.5 음소의 소실(Loss of phonemes)

한 음절 안에서 하나 혹은 그 이상의 음소가 삭제되는 것으로 삭제되는 음소는 대부분이 자음이 된다. 이때 삭제되고 난 후에도 의미의 변화가 없어 삭제되기 전 단어의 이형태(free variation)가 된다.

กระจับ [kràʔcàp] → กะจับ [kàʔcàp] 마름(수생식물)
กระโจน [kràʔcō:n] → กะโจน [kàʔcō:n] 천막
กระโดด [kràʔdò:t] → กะโดด [kàʔdò:t] 점프하다

2.5 운율론

언어는 음성의 연쇄체이다. 음성연쇄체의 분할음이 결합되면서 동시적으

로 실현되는 음의 높이(amplitude), 세기(stress), 길이(length)가 한 언어 체계내에서 의사전달에 유의미한 기능을 가질 때 이 단위들을 운율소(prosodeme)라 하고 이를 연구하는 분야를 운율론(prosody)이라 한다. 태국어에서 음의 높이는 성조와 억양으로 작용하며 세기와 길이 등도 중요한 운율소로 기능한다. 이러한 운율소는 음절이나 단어 등에서 뿐만 아니라 통사구와 문장 전체의 문법구조나 의미를 드러내 주는 데 관여하기도 한다.

2.5.1 성조

높이는 발음할 때 근육의 긴장도가 높아지면서 일어나는 현상으로 음향적으로 주파수가 많아지면 높은 음으로 들리고 주파수가 낮아지면 낮은 음으로 들린다. 이러한 음성의 높낮이의 변조가 음절 단위에서 일어나 단어의 뜻을 분화시키는 것이 성조(tone)이다. 태국어는 5개의 성조를 가지고 있는 성조어이다. 태국어에 나타나는 성조(1.3항 참조)의 음절구조를 살펴보면 다음과 같다.

(1) 평성 : 태국어의 평성은 다음과 같은 음절구조에서 나타날 수 있다.

1) 어두자음과 장모음으로 구성된 C(C)VV의 음절구조에서 나타난다.

| โก | [kō:] | 형 | แล | [lɛ̄:] | 보다 |
| ตา | [tā:] | 눈 | รู | [rū:] | 구멍 |

2) 어두자음과 단모음 또는 장모음 그리고 어말자음이 반모음이나 비음으로 나타는 C(C)V(V)N의 음절구조에서 나타난다.

| เป็น | [pēn] | ~이다 | โยม | [jō:m] | 시주 |
| ดำ | [dām] | 검다 | กาง | [kā:ŋ] | (우산) 펴다 |

그러나 어두자음과 단모음 또는 장모음 그리고 어말자음이 폐쇄음인

C(C)V(V)S의 음절구조에서는 나타나지 않는다.

(2) 1성 : 태국어의 1성은 다음과 같은 음절구조에서 나타날 수 있다.

1) 어두자음과 단모음 또는 장모음 그리고 어말자음이 폐쇄음인 C(C)V(V)S 의 음절구조에서 나타난다.

| แกะ | [kɛ̀ː] | 양 | เกือบ | [kùap] | 거의 |
| สาด | [sàːt] | 대단하다 | กลับ | [klàp] | 뒤집다 |

2) 어두자음과 장모음으로 구성된 C(C)VV의 음절구조에서 나타난다.

| แผ่ | [phɛ̀ː] | 확산하다 | เตร่ | [trɛ̀ː] | 싸다니다 |
| ห่อ | [hɔ̀ː] | 포장하다 | ขู่ | [khùː] | 위협하다 |

3) 어두자음과 단모음 또는 장모음 그리고 어말자음이 반모음이나 비음으로 나타는 C(C)V(V)N의 음절구조에서 나타난다.

| ส่วน | [sùan] | 부분 | ป่วย | [pùaj] | 아프다 |
| ห่วง | [hùaŋ] | 걱정하다 | ฝุ่น | [fùn] | 먼지 |

(3) 2성 : 태국어의 2성은 다음과 같은 음절구조에서 나타날 수 있다.

1) 어두자음과 장모음으로 구성된 C(C)VV의 음절구조에서 나타난다.

| ฆ่า | [khâː] | 죽이다 | กู้ | [kûː] | 꾸다 |
| พ่อ | [phɔ̂ː] | 아버지 | แพร่ | [prɛ̂ː] | 퍼지다 |

2) 어두자음과 단모음 또는 장모음 그리고 어말자음이 반모음이나 비음으로 나타는 C(C)V(V)N의 음절구조에서 나타난다.

| ช่าง | [châːŋ] | 기술자 | สั้น | [sân] | 짧다 |
| พรุ่ง | [prûŋ] | 내일 | ช่วย | [chûaj] | 돕다 |

3) 어두자음과 단모음 또는 장모음 그리고 어말자음이 폐쇄음으로 나타는 C(C)VV S 의 음절구조에서 나타난다.

| ชาติ | [châːt] | 국가 | คาด | [khâːt] | 예측하다 |
| พลาด | [plâːt] | 놓치다 | ญาติ | [jâːt] | 친척 |

어두자음과 단모음 그리고 어말자음이 폐쇄음으로 나타나는 C(C)VS 의 음절구조에서 2성으로 발음되는 단어는 거개가 의성어이거나 차용어이다.

คึ่กคั่ก	[khûk-khâk]	횡횡, 씽씽
พลั่ก	[plák]	콸콸, 부글부글
โฟกัส	[fōːkàt]	초점
แตรตรัมเปต	[trēːtrāmpèt]	트럼펫

(4) 3성 : 태국어의 3성은 다음과 같은 음절구조에서 나타날 수 있다.

1) 어두자음과 단모음 그리고 어말자음이 폐쇄음인 C(C)VS 의 음절구조에서 나타난다.

| พลิก | [plík] | 뒤집다 | ลึก | [lúk] | 깊다 |
| ยึด | [jút] | 꽉 붙잡다 | คุก | [khúk] | 감옥 |

어두자음과 단모음 또는 장모음 그리고 어말자음이 폐쇄음인 C(C)VV S 의 음절구조에서 3성으로 발음되는 단어는 모두 차용어이다.

| เชิ้ต | [chɣ́ːt] | โน้ต | [nóːt] | กราฟ | [kráːp] |
| 셔츠 | | 노트 | | 그래프 | |

2) 어두자음과 장모음으로 구성된 C(C)VV의 음절구조에서 나타난다.

ค้า [khá:] 장사하다　　พร้า [prá:] 칼
ช้า [chá:] 느리다　　น้า [ná:] 이모

3) 어두자음과 단모음 또는 장모음 그리고 어말자음이 반모음이나 비음으로 나타는 C(C)V(V)N의 음절구조에서 나타난다.

ครั้ง [khráŋ] 번, 회　　ล้าง [lá:ŋ] 씻다
ชิ้น [chín] 조각　　เคี้ยว [khía:w] 씹다

(5) 4성 : 태국어의 4성은 다음과 같은 음절구조에서 나타날 수 있다.

1) 어두자음과 장모음으로 구성된 C(C)VV의 음절구조에서 나타난다.

ถือ [thǔ:] 들다　　แผล [phlě:] 상처
ขอ [khɔ̌:] 요구하다　　หู [hǔ:] 귀

2) 어두자음과 단모음 또는 장모음 그리고 어말자음이 반모음이나 비음으로 나타는 C(C)V(V)N의 음절구조에서 나타난다.

สอน [sɔ̌:n] 가르치다　　ขวาง [kwǎ:ŋ] 가로막다
ฉวย [chǔaj] 나꿔채다　　สิน [sǐn] 재산

2.5.2 강세

음성의 세기는 날숨의 증가로 인해 생겨난다. 음향적으로 소리의 진폭(amplitude)이 크면 귀에 더 돋들리게 되며 진폭이 약하면 상대적으로 약하게 들린다. 이러한 음성의 세기를 강세(stress)라고 한다. 태국어의 강세는 영어에서의 강세와는 달리 두드러지게 나타나는 것은 아니며 단지 단어내에서

한 음절이 다른 음절보다 상대적으로 강하게 발음되는 것을 말한다. 태국어의 2음절로 된 단어는 진성 2음절어와 의사 2음절어로 나눌 수있다. 이러한 단어에서의 강세는 대개 끝음절에 있다. 태국어의 2음절어와 3음절어 그리고 3음절 이상의 단어에서 나타나는 강세를 살펴보면 다음과 같다.

(1) **진성 2음절어** : 음절구조가 다른 두 음절로 이루어져 서로 강세가 다르다. 진성 2음절어의 첫음절은 어두자음과 단모음으로 구성되며 대개는 어말자음이 오지 않는다. 이때 어두자음이 자음군으로 나타나는 경우에 뒷자음은 ร만이 올 수 있다. 그리고 대부분 1성의 성조를 갖게 되고 약하게 발음된다. 반면에 끝음절은 어두자음과 모음으로 구성되며 어말자음이 올 수도 있다. 그리고 성조는 평성에서 부터 4성까지 모두 나타날 수 있으며 강세는 첫음절보다 끝음절이 상대적으로 강하게 발음된다. 따라서 진성 2음절어에서는 끝음절에 강세가 오게 되는데 이러한 원칙은 태국어 전반에 걸쳐 적용된다.

ตะกร้า   [tàkrâ:]   바구니
ประชุม   [pràchūm]   회의

순수 태국어에서 진성 2음절어의 첫음절에는 모음이 /a/ 만 올 수 있지만 팔리어와 산스크리트어 계통의 외래어에서는 /i/, /u/도 올 수가 있다. 또 순수 태국어에서 첫음절의 성조는 대개 1성이지만 팔리어와 산스크리트어 계통의 외래어에서는 1성과 3성의 성조가 모두 나타날 수 있다.

วิชา   [wíchā:]   과목
สุเมธ   [sùmê:t]   영특한

(2) **의사 2음절어** : 단음절어의 음절과 서로 구조가 같은 두 개의 음절로 구성되어 있으며 각 음절은 자립형태소일 수도 있고 의존형태소일 수도 있다. 의사 2음절어는 두 음절 모두가 각기 단음절어의 음절과 동일한

구조를 가지고 있지만 첫음절 보다 끝음절을 강하게 발음한다. 따라서 의사 2음절어의 강세도 진성 2음절어의 강세와 같은 형태를 띠게 된다.

รองเท้า   [rɔ̄:ŋtá:w]   신발
คนสวย   [khōnsǔaj]   미인

(3) 3음절 이상으로 이루어진 단어 : 음절수가 3음절 이상으로 구성된 단어는 끝음절에 강세를 둔다.

รองเท้าแตะ [rɔ̄:ŋtáwtɛ̀ʔ]   슬리퍼
ผู้จัดการ   [phûːcàtkā:n]   매니저

중간음절은 경우에 따라서 강세가 있을 수도 있고 없을 수도 있다. 강세가 없는 음절이 연속될 경우에는 발음되지 않고 묵음화 되는 경우가 있다.

เพชรบุรี   [phêtchábùrī]   →   [phêtbùrī]   펫부리현

또, 강세가 없는 중간음절이 경우에 따라서 삭제 될 수도 있다.

โรงพยาบาล   [rō:ŋpáyā:bā:n]   →   [rō:ŋbā:n]   병원
มหาวิทยาลัย [máhâ:wítáyā:lāj]→   [máhǎ:lāj]   대학교

(4) 강세는 주로 단어 차원에서 작용하지만 그것이 문장과 관련하여 문장의 의미를 달라지게 하는 경우도 있다. 다음은 강세에 따라 의미가 전혀 달라지는 태국어 문장의 예들이다.

กาแฟ<u>เย็น</u>หมดแล้ว   냉커피가 다 떨어졌습니다.
<u>กาแฟเย็น</u>หมดแล้ว   커피가 다 식었습니다.

<u>หย่า</u>กันดีกว่า	이혼하는 것이 낫다.
อย่า<u>กัน</u>ดีกว่า	막지 않는 것이 낫다.
<u>ข้าว</u>เหนียว	밥이 질다.
ข้าว<u>เหนียว</u>	찹쌀밥
ผมเป็นคนใช้<u>ของ</u>เขา	내가 그의 물건을 썼다.
ผมเป็นคน<u>ใช้</u>ของเขา	나는 그의 하인이다.
<u>แกง</u>จืด	국이 싱겁다.
แกง<u>จืด</u>	(맛이 싱거운)국의 일종
น้ำ<u>มัน</u>ไม่มี	기름이 없다.
<u>น้ำ</u>มันไม่มี	물이 없다.
ไก่<u>ตาย</u>หมดแล้ว	죽은 닭은 다 떨어졌다.
<u>ไก่</u>ตายหมดแล้ว	닭이 모두 죽었다.
แป้ง<u>เปียก</u>หมด	아교가 다 떨어졌다.
<u>แป้ง</u>เปียกหมด	가루가 다 젖었다.

2.5.3 휴지

휴지(pause)란 언어음성의 발화 중에 잠시 멈추는 부분을 말한다. 이러한 휴지는 문장의 발화에 있어 리듬을 만들어낸다. 태국어에서 휴지는 문장의 의미를 달라지게 할 수 있다. 다음은 휴지로 인하여 문장의 의미가 달라지는 예들이다.

รถบรรทุกของ + ไปตลาด	화물차가 시장에 갔다.
รถ + บรรทุกของไปตลาด	차가 물건을 싣고 시장에 갔다.

อย่าร้องไห้ + คนได้ยิน	울지 마라! 사람들이 듣는다.
อย่าร้อง + ให้คนได้ยิน	다른 사람에게 들리게 노래하지 마라.
ลูก + น้องไปไหน	애야! 동생은 어디 갔니?
ลูกน้อง + ไปไหน	부하 직원 어디 갔어?
ข้าวเหนียว + ดำหมดแล้ว	찹쌀이 전부 까맣게 됐어요.
ข้าวเหนียวดำ + หมดแล้ว	검은 찹쌀이 다 떨어졌어요.
อาบน้ำ + เย็นสบาย	목욕을 하니까 참 시원해요.
อาบน้ำเย็น + สบาย	찬물에 목욕하니까 개운해요.
แม่ + หนูกินข้าว	엄마! 저 식사할래요.
แม่หนู + กินข้าว	어미쥐가 밥을 먹는다.
ทำแผน + ที่ประเทศไทย	태국에서 계획을 짠다.
ทำแผนที่ + ประเทศไทย	태국지도를 만든다.
ดื่มน้ำ + ร้อนดี	물을 마시니까 몸이 더워서 좋다.
ดื่มน้ำร้อน + ดี	뜨거운 물을 마시니까 참 좋다.
ตากลม + เย็นดี	바람을 쐬니까 시원해서 좋다.
ตากลมเย็น + ดี	시원한 바람을 쐬니까 좋다.

제 3 장 형태론

형태론(morphology)은 최소 유의미 단위(minimal significative)로 정의 되는 형태소(morpheme)와 이 형태소로 구성되는 단어의 구조를 연구하는 학문이다. 본장에서는 태국어에서 형태소를 분석하는 방법과 절차를 알아보고 태국어의 단어의 구성원리를 파악하여 이들을 유형에 따라 분류해보기로 한다.

1. 형태소

형태소는 의미를 지닌 최소의 단위이다. 형태소가 음소와 다른 점은 음소는 그 차체에 의미가 없고 변별적인 기능만을 갖는 반면에 형태소는 일정한 의미와 문법적 기능을 갖는다는 것이다. 한국어의 "나는 학생이다" 라는 문장은 /나/, /-는/, /학생/, /이/, /-다/ 등의 다섯 개의 형태소로 이루어진 문장이다. 같은 의미를 지닌 태국어의 ฉันเป็นนักศึกษา는 /ฉัน/, /เป็น/, /นัก-/, /ศึกษา/ 등의 네개의 형태소로 이루어진 문장이다. /ศึกษา/는 2음절로 /ศึก/과 /ษา/로 분리될 수 있지만 /ศึก/이나 /ษา/에 의미가 없으므로 형태소가 될 수 없다. 한국어의 /-는/과 /-다/는 일정한 의미는 없지만 문법적 기능을 갖는 문법형태소이다. 또, 태국어의 /นัก-/은 홀로 사용될 수 없는 의존형태소이다. 형태소는 이처럼 여러 가지 종류로 나눌 수 있다.

2. 형태소의 분류

형태소는 분포, 문법적 기능, 그리고 의미의 세 가지 기준에 따라 분류할 수 있다. 이를 자세히 살펴보면 다음과 같다.

(1) 분포적 기준에 따라 자립형태소(free morpheme)와 의존형태소(bound

morpheme)로 나눌 수 있다. 홀로 사용할 수있는 형태소를 자립형태소라 하고 홀로 사용하지는 못하고 반드시 다른 형태소와 결합하여 사용하여야 하는 형태소를 의존형태소라고 한다. 한국어의 "나는 학교에 간다"에서 /나/와 /학교/는 자립형태소이고 /-는/, /-에/, /가-/, /-ㄴ/, /-다/ 등은 의존형태소이다. 태국어의 **ฉันไปโรงเรียน**에서 /ฉัน/, /ไป/, /เรียน/은 자립형태소이고 /โรง/은 의존형태소이다.

(2) 의미적 기준에 따라 어휘형태소(lexical morpheme)와 문법형태소(grammatical morpheme)로 나눌 수 있다. 형태소 자체로 충분한 의미가 있는 형태소를 어휘형태소라고 하고 발화체내에서 형태소나 단어의 문법적 관계만을 지시해 주는 형태소를 문법형태소라고 한다. 한국어 예문 "나는 학교에 간다"에서 /나/, /학교/, /가-/ 등은 어휘형태소이고 /-는/, /-에/, /-ㄴ/, /-다/ 등은 문법형태소이다. 태국어의 **ฉันไปสู่โรงเรียน**에서 /ฉัน/, /ไป/, /โรง/, /เรียน/은 모두 어휘형태소이고 /สู่/는 문법형태소이다. 태국어의 전치사나 접속사 등은 문법형태소이다. 태국어는 고립어라서 문법적 관계가 대부분 어순(word order)에 의해 지시되므로 문법형태소는 비교적 적은 편이다.

(3) 2개 이상의 형태소가 결합하는 경우 그 단어의 주된 의미가 있는 형태소를 어근형태소(base morpheme)라고 하고 이 어근과 결합하는 부차적인 형태소를 접사형태소(affix) 라고 한다. 태국어에서 어근형태소와 접사형태소의 예를 들어보면 다음과같다.

  1) 어근형태소 : 2개 이상의 형태소가 결합하여 단어를 이루는 경우에 반드시 주된 의미를 갖고 있는 하나의 형태소가 있는데 이를 어근이라고 한다. 태국어의 단어 **โรงเรียน นักศึกษา ชาวเกาหลี**에서 /โรง-/, /นัก-/, /ชาว-/ 등이 어근이다.

    ① /**โรง-**/은 '건물' 을 나타내는 것으로 **โรงเรียน**은 '공부하는 건물' 즉, '학교' 를 뜻한다. 어근형태소 **โรง-**은 다른 형태소와 결합하여 여러

가지 새로운 단어를 만들어낼 수 있다.

โรง + รถ	= โรงรถ	주차장
โรง + อาหาร	= โรงอาหาร	구내식당
โรง + พยาบาล	= โรงพยาบาล	병원

② /**นัก-**/은 '전문적인 지식이나 기술을 가진 사람'을 나타내며 **นักศึกษา**는 '대학생'의 의미이다. 어근형태소 **นัก-**은 다른 형태소와 결합하여 새로운 단어를 만들어낸다.

นัก + เรียน	= นักเรียน	학생
นัก + วิจารณ์	= นักวิจารณ์	비평가
นัก + ข่าว	= นักข่าว	기자

③ /**ชาว-**/는 '종족', '주민'을 나타내며 **ชาวเกาหลี**는 '한국사람'을 뜻한다. 어근형태소 **ชาว-**는 다른 형태소와 결합하여 새로운 단어를 만들어낼 수 있다.

ชาว + นา	= ชาวนา	농부
ชาว + ไทย	= ชาวไทย	태국인
ชาว + ประมง	= ชาวประมง	어부

2) 접사형태소 : 어근과 결합하여 단어를 이루는 부차적인 형태소를 말한다. 접사형태소는 접두사(prefix)와 접요사(infix) 그리고 접미사(sufffix)가 있다. 이를 상세하게 살펴보면 다음과 같다.

① 접두사 : 어근형태소 앞에 오는 부차적인 형태소를 말한다. 예를 들면 다음과 같은 것들이 있다.

| /ป-/ | -게 하다 | + | /ลุก/ | 일어나다 | → | **ปลุก** | 깨우다 |
| /ปร-/ | 반대 | + | /ปักษ์/ | 편 | → | **ปรปักษ์** | 반대편 |

② 접요사 : 어근형태소의 사이에 삽입되는 부차적인 형태소를 말한다. 예를 들면 다음과 같은 것들이 있다.

/-ง-/　-게 하다 : 어근형태소 /เสวย/ 등의 중간에 삽입한다.
　　　　เสวย 먹다, 얻다 → สังเวย 먹게 하다, 받게 하다, 경배하다

/-ำ-/　-게 하다 : 어근형태소 /ทลาย/ 등의 중간에 삽입한다.
　　　　ทลาย 부서지다 → ทำลาย 파괴하다

/-ำร-/　-게 하다 : 어근형태소 /เสร็จ/ 등의 중간에 삽입한다.
　　　　เสร็จ 끝나다 → สำเร็จ 끝내다

/-ำน-/　-게 하다 : 어근형태소 /เกิด/ 등의 중간에 삽입한다.
　　　　เกิด 생겨나다 → กำเนิด 탄생시키다, 발생시키다

/-ำน-/　사람 : 어근형태소 /กัน/ 등의 중간에 삽입한다.
　　　　กัน 막다 → กำนัน 보호자

③ 접미사 : 어근형태소의 뒤에 오는 부차적인 형태소를 말한다. 예를 들면 다음과 같은 것들이 있다.

/-ก/　행위자 : 어근형태소 /การ/ 등의 뒤에 온다.
　　　การ 일, 업무 → การก 행위자 담당자

/-ช/　어근형태소 /สโร/ 등의 뒤에 온다.
　　　สโร 진창 → สโรช 진창에서 생겨나다 = (연꽃)

/-ี/　갖춘자 : 어근형태소 /โยค/ 등의 뒤에 온다.
　　　โยค 근면 → โยคี 근면한 사람

/-ากร/　발생하다, 운집하다 : 어근형태소 /ทรัพย์/ 등의 뒤에 온다.
　　　　ทรัพย์ 재산 → ทรัพยากร 자원

/-กร/　행위자 : 어근형태소 /พิธี/ 등의 뒤에 온다.
　　　พิธี 의식 → พิธีกร 사회자

/-อิก/ 실행자 : 어근형태소 /ธรรม/ 뒤에 온다.

ธรรม 불법 → ธรรมิก 불법을 행하는 사람

/-มัย/ 온통 ~인 : 어근형태소 /ตฤณ/ 뒤에 온다.

ตฤณ 풀 → ตฤณมัย 풀이 무성한

/-ภาพ/ ~인 : 어근형태소 /อิสร/ 뒤에 온다.

อิสระ 자유로운 → อิสรภาพ 자유

3. 단어

단어란 하나 이상의 형태소로 구성된 기본적인 언어단위를 말한다. 단어 중에서 하나의 자립형태소로 이루어진 단어를 단순어라고 하고 두 개 이상의 형태소가 결합하여 이루어진 단어를 복합어라고 한다. 복합어를 만드는 방법에는 파생과 합성 그리고 반복이 있다. 지금부터 태국어의 단어의 유형과 구조에 대해서 알아 보기로 한다.

3.1 단순어

단순어는 하나의 자립형태소로 이루어진 단어를 말한다. 순수 태국어에서 단순어는 대개가 한 음절로 되어 있다. 이들은 거개가 기초어휘들이다. 예를 들어 보면 다음과 같다.

① 대명사

ฉัน	กู	มึง	เขา	แก
1인칭	1인칭	2인칭	3인칭	2, 3인칭

② 수사

หนึ่ง	สอง	สาม	สี่	ห้า
1	2	3	4	5

หก	เจ็ด	แปด	เก้า	สิบ
6	7	8	9	10

③ 친인척의 호칭 및 지칭

พ่อ	แม่	พี่	น้อง	ปู่
아버지	어머니	형/오빠	동생	할아버지
ย่า	ตา	ยาย	ลุง	ป้า
할머니	외할아버지	외할머니	큰아버지	큰어머니

④ 신체부위의 명칭

หัว	ตา	หู	ปาก	ลิ้น
머리	눈	귀	입	혀
ฟัน	แขน	ขา	เท้า	ก้น
이	팔	다리	발	엉덩이

⑤ 자연물의 명칭

ดิน	ฟ้า	น้ำ	ลม	ไฟ
땅	하늘	물	바람	불

⑥ 가재도구의 이름

หม้อ	ไห	ถ้วย	จาน	จอก
솥	옹기	사발	접시	바가지

⑦ 일상 생활용품의 명칭

มีด	ขวาน	จอบ	เสียม	เรือ
칼	도끼	괭이	가래/삽	배

⑧ 가축이나 가금의 이름

หมา	เป็ด	ไก่	ควาย	ช้าง
개	오리	닭	물소	코끼리

⑨ 기초 동작성 동사류

กิน	นอน	นั่ง	ยืน	พูด
먹다	자다	앉다	서다	말하다

⑩ 기초 상태성 동사류

สูง	ต่ำ	อ้วน	ผอม	เร็ว
높다	낮다	뚱뚱하다	홀쭉하다	빠르다
ช้า	สวย	งาม	หนัก	เบา
느리다	예쁘다	아름답다	무겁다	가볍다

3.2 파생어

파생어(complex word)는 하나의 의존형태소와 하나 이상의 자립형태소가 결합된 단어 또는 의존형태소로만 결합된 단어를 말한다.

3.2.1 파생어의 형태

태국어의 파생어는 구성성분의 성격에 따라서 다음과 같이 진성파생어와 의사파생어로 나눌 수 있다.

(1) **진성파생어** : 단어의 구성에 있어 의존형태소만으로 구성된 파생어를 말한다. 예를 들면 다음과 같은 것들이 있다.

ชด + เชย = ชดเชย 보상하다
ร่า + เริง = ร่าเริง 쾌활한
นัก + เลง = นักเลง 깡패

(2) **의사파생어** : 단어의 구성에 있어 의존형태소인 접사와 자립형태소인 어기 (語基 base)로 구성된 파생어를 말한다. 의사파생어에는 접두파생어와 접요파생어 그리고 접미파생어가 있다.

1) 접두파생어 : 의존형태소인 접두사가 자립형태소인 어기 앞에 오는 형태로 이루어지는 파생어이다. 예를 들면 다음과 같은 것들이 있다.

ชาว + เมือง = ชาวเมือง   도시인
นัก + กีฬา = นักกีฬา   운동선수
ผู้ + ดี   = ผู้ดี   양반, 예의범절이 바른 사람
วิ + เทศ   = วิเทศ   외국

2) 접요파생어 : 의존형태소인 접요사가 자립형태소인 어기 중간에 삽입되는 형태로 이루어지는 파생어이다. 예를 들면 다음과 같은 것들이 있다.

ทลาย + /-ำ-/ -게 하다 = ทำลาย   파괴하다
ชัก + /-ะง-/ -게 하다   = ชะงัก   중단시키다
ตัก + /-ะว-/ 도구   = ตวัก   국자
จด + /-ะร-/ -게 하다   = จรด   도달하게 하다
กัน + /-ำน-/ 사람   = กำนัน   보호자

3) 접미파생어 : 의존형태소인 접미사가 자립형태소인 어기 뒤에 첨가되는 형태로 이루어지는 파생어이다. 예를 들면 다음과 같은 것들이 있다.

กรรม + /-กร/ 행위자   = กรรมกร   일꾼, 노동자
ตฤณ + /-มัย/ ~ 로 되어 있는 = ตฤณมัย   풀이 무성한

อิสร + /-ภาพ-/ 항정의 상태 = อิสรภาพ 자유
บุคคล + /-ากร-/ 집단 = บุคลากร 같이 일하는 사람들
ธรรม + /-อิก-/ 실행자 = ธรรมิก 불법(佛法)을 행하는 사람

3.2.2 파생어의 의미

파생어는 어기와 결합하는 접사의 성격에 따라 여러 가지 의미적 특성을 지닌다. 파생어를 구성하는 접사의 의미적 특성에 따라 태국어의 파생어를 다음과 같이 다섯 가지로 분류할 수 있다.

(1) 접사의 의미가 어기의 의미를 반의어로 만드는 파생어

/อ-/ 아니 + ธรรม 정의 = อธรรม 불의
/ปรา-/ 아니 + ชัย 승리하다 = ปราชัย 패하다
/อป/ ~없는 + มงคล 길상 = อปมงคล 흉조
/วิ-/ 아니 + เคราะห์ 잡다 = วิเคราะห์ 분리하다

(2) 접사의 의미가 어기의 의미를 수식해 주는 파생어

/สุ-/ 선한 + คติ 길 = สุคติ 천국으로 가는 길
/สุว-/ 선한 + คนธ์ 냄새 = สุวคนธ์ 향기
/เสาว-/ 선한 + ภาคย์ 운 = เสาวภาคย์ 행운
/อภิ-/ 특별한 + ธรรม 불법 = อภิธรรม 논장(論藏)
/-กร/ 행위자 + ฆาต 죽이다 = ฆาตกร 살인자
/-ภาพ/ 항정의 상태 + เสถียร 강한 = เสถียรภาพ 안정

(3) 접사의 의미가 어기를 행하는 사람이나 그와 관련된 의미를 나타내는 파생어

/ชาว-/ 종족 주민 + วัง 왕궁 = ชาววัง 왕궁에 있는 사람
/นัก-/ 전문가 + วิจัย 연구하다 = นักวิจัย 연구자

/ฝี-/	힘 + จักร 기계	=	ฝีจักร	동력
/-ำ/	담당자 + ตรวจ 조사하다	=	ตำรวจ	경찰
/-กร/	행위자 + เกษตร 농사	=	เกษตรกร	농부
/-ิก/	행위자 + สถาปนา 설립하다	=	สถาปนิก	설계자
/-ิน/	만드는 사람 + ศิลป 예술	=	ศิลปิน	예술가

(4) 접사의 의미가 장소나 도구의 이름을 나타내는 파생어

/กะ-/	부분 + พอง 팽창하다	=	กะพอง	코끼리 머리의 양쪽 돌출부
/ระ-/	부분 + วาง 놓다	=	ระวาง	배의 짐칸
/-ะงห-/	~용 + ฉัน 공양하다	=	จังหัน	승려용 음식
/-ะบ/	부분 + เรียง 배열하다	=	ระเบียง	베란다
/-ะว-/	도구 + ตัก 뜨다	=	ตวัก	국자

(5) 접사의 의미가 어기의 사동의 의미를 나타나는 파생어

/ก-/	กราบ 엎드려 절하다	กราด 박아넣다, 길들이다	
/ถะ-/	ถล่ม 무너지다	ถลำ (도랑 등에)빠지다	ถลอก 벗기다
/บํ-/	บังเกิด 발생시키다	บำเพ็ญ 완성시키다	บันเดิน 걷게 하다
/ผะ-/ /ผ-/	ผจง 좋게하다	ผสาน 섞다	
/ประ-/	ประชุม 회의하다	ประชิด 다가붙다	
/สํ-/	สำนึก 인식하다/깨닫다	สำทับ 중복하다	

/-ะง-/	ชะงัก	ผงก
	돌연 멈추다	고개를 끄덕이다
/-ะน-/	ผนวก	ขนาน
	부가하다	명명하다
/-ะว-/	เฉวียง	
	기울다	
/-ํา-/	บำรุง	ดำรง
	북돋우다	지내다
/-ําน-/	จำนน	อำนวย
	패하다	제공하다
/-ําร-/	ชำระ	สำเร็จ
	지불하다	끝내다

3.3 합성어

합성어는 두 개 이상의 자립형태소가 결합하여 새롭게 만들어지는 단어를 말한다. 합성어는 이를 구성하는 구성성분들의 형태와 의미적인 기준에 따라 일반 합성어(คำประสม)와 동의 합성어(คำซ้อน) 그리고 반복 합성어(คำซ้ำ) 로 나눌 수 있다.

3.3.1 일반 합성어

일반 합성어는 두 개 이상의 자립형태소를 결합하여 새로운 단어로 만드는 어형성법으로 두 개의 형태소는 의미가 같거나 유사하지 않아야 한다. 그리고 두 개의 자립형태소가 결합했을 때 생겨나는 의미는 이를 구성하는 각각의 형태소와 연관성이 있어야 한다. 예컨대 **ถ้วย**(사발)와 **ชาม**(대접)이라는 자립 형태소가 결합하여 **ถ้วยชาม**(식기)라는 합성어가 된다. 이 때 **ถ้วย**(사발)와

ชาม(대접)은 의미가 같거나 유사하지 않지만 이들이 결합했을 때 생겨나는 '식기' (ถ้วยชาม)의 의미는 이들 각각의 의미와 연관성이 있다.

(1) 일반 합성어의 형태.

일반 합성어는 두 개 이상의 자립형태소로 이루어지는 형태를 갖고 있다. 합성어를 이루는 성분들이 결합되면 의미적으로 융합되어 구문론적으로는 한 단위로 다루어지게 된다. 만약 한 단위로 다루어지지 않고 두 단위로 다루어진다면 구(이은말 phrase)로 여겨지게 된다. 따라서 태국어의 일반 합성어는 단순어와 같이 하나의 단위로 다루어지므로 자율성과 이동 가능성 그리고 분리 불가능성의 성격을 갖게 된다.

1) 자율성 : 합성어는 그 자체로서 하나의 발화체를 구성할 수 있고 문장내에서 자유로이 반복적으로 나타날 수 있어야 한다.

- **คุณทานอะไร**   - 무엇을 드셨습니까?
- **ส้มเขียวหวาน**   - 오렌지!
- **ส้มเขียวหวาน ฉันกินแล้ว** - 오렌지, 나는 먹었어요.

위의 문장에서 **ส้ม**(오렌지) + **เขียว**(푸른) + **หวาน**(맛이 단)으로 이루어진 **ส้มเขียวหวาน**(오렌지의 일종)은 하나의 발화체를 구성하면서 단독으로 자유로이 사용되는 것을 볼 수 있다. 이처럼 합성어는 자율성을 가지고 있다.

2) 이동 가능성 : 합성어는 하나의 단어로 다루어지기 때문에 문장내에서 위치를 바꿀 수 있어야 한다.

ครูใช้กระดานดำทุกชั่วโมง 선생님은 매 시간 칠판을 사용하신다.
กระดานดำ ครูไม่ใช้แล้ว 칠판을 선생님께서는 사용하지 않으신다.
ครูไม่ใช้แล้ว กระดานดำ 선생님은 사용하지 않으신다, 칠판을.

위의 문장에서 **กระดาน**(나무판) + **ดำ**(검은)으로 이루어진 **กระดานดำ**(칠판)은 문장의 앞머리와 중간 그리고 끝머리로 자유로이 이동할 수 있다. 이는 **กระดานดำ**이 합성어이기 때문이다.

3) 분리 불가능성 : 합성어는 분리될 수 없다. 따라서 합성어의 구성성분 사이에 다른 요소를 삽입시킬 수 없다.

เขารับปากแล้ว	그는 언약했다.
*ปาก เขารับแล้ว	*입을 그는 받았다.
เขาอยู่ตึก	그는 부유하다.
เขาอยู่บนตึก	그는 건물위에 있다.

위의 문장에서 **รับ**(받다) + **ปาก**(입)으로 이루어진 **รับปาก**은 '말한 바 대로 실행할 것을 약속하다' 의 의미를 지닌 합성어이다. 따라서 **รับ** 과 **ปาก** 을 분리하여 문장을 구성하면 비문이 된다. 또 **อยู่**(살다) + **ตึก**(건물)으로 이루어진 **อยู่ตึก** 은 '부유하다' 는 의미를 가진 합성어이다. 따라서 이를 분리하여 그 사이에 다른 요소를 삽입할 경우에는 전혀 의미가 다른 별개의 문장이 된다. 이처럼 합성어는 분리 불가능성의 특성을 지니고 있다. 그러나 구의 경우에는 분리가 가능하다.

แดงได้รับจดหมายแล้ว	댕은 편지를 받았다.
จดหมาย แดงได้รับแล้ว	편지를 댕은 받았다.

위의 문장에서 **รับ**(받다) + **จดหมาย**(편지)로 이루어진 **รับจดหมาย**는 '편지를 받다' 는 의미를 지닌 구이기 때문에 **รับ** 과 **จดหมาย**를 분리하더라도 정문이 된다. 이는 **รับจดหมาย**가 합성어가 아니므로 두 개의 구문론적 단위로 다루어지기 때문이다.

(2) 일반 합성어의 의미

일반 합성어는 두 개의 성분이 결합하면서 의미적으로는 융합되어 새로운 의미가 생겨나게 된다. 이때 합성어의 의미는 이를 구성하는 두 개의 구성성분의 의미와 전체적으로 혹은 부분적으로 연관성을 갖게 된다. 합성어의 성분들이 결합할 때는 본래 일정한 구문론적 관계로 결합한 것이다. 예컨대 **ตัดเสื้อ**(재단하다)는 동사와 목적어의 관계를 가지고 있으며 **ข้าวต้ม**(쌀죽)은 피수식어와 수식어의 관계로 결합된 것이다. 이러한 관계를 바탕으로 합성어의 성분관계를 종속관계와 병립관계 그리고 기타 구문론적 관계로 분석할 수 있다.

1) 종속관계 : 종속관계 합성어는 태국어의 특성상 후행성분이 선행성분을 한정하는 관계를 갖는다. 그러나 영어나 한국어에서는 선행성분이 후행성분을 한정하는 것이 보통이다. 태국어의 종속관계 합성어를 기호로 표시하면 A+B = Ab 형태라고 할 수 있다.

มดแดง	รถเร็ว	โรงเรียน	ผ้าไหว้
개미의 일종	급행	학교	시주용 천
ผ้ากันเปื้อน	คนชั้นต่ำ	เด็กข้างถนน	หัวล้านนอกครู
앞치마	하류층 사람	길거리 아이	문제아

2) 병립관계 : 병립관계 합성어는 두 성분이 대등한 관계로 결합된다. 따라서 두 성분 모두가 주성분이라고 볼 수 있다. 기호로 표시하면 A+B = AB 형태라고 할 수 있다.

ลูกเสือ	ลูกน้ำ	พี่น้อง	ต้มยำ
청소년단	장구벌레	형제	음식명
เรียงเบอร์	แม่ทัพ	สามล้อ	เจ้าน้ำตา
복권당첨번호표	사령관	삼발이차	울보

3) 기타 구문론적 관계 : 합성어 중에서 종속관계나 병립관계가 아니라 구문론적으로 주어와 서술어 또는 동사와 목적어 등의 관계를 맺는 것들을 말한다.

① 주어 + 서술어의 관계

คอตก　　　**ใจกว้าง**　　　**น้ำเน่า**　　　**รถเร็ว**
실망하다　　　마음이 넓다　　　부패　　　급행

② 동사 + 목적어의 관계

เสียหน้า　　　**ตัดเสื้อ**　　　**ถือตัว**　　　**ขับรถ**
체면을 잃다　　　재단하다　　　거만하게 굴다　　　운전하다

(3) 일반합성어의 구조

일반합성어는 합성어 안에 있는 주성분(head)의 품사와 합성어의 품사가 일치하는 합성어와 주성분의 품사와 합성어의 품사가 일치하지 않는 합성어가 있다.
주성분의 품사와 합성어의 품사가 일치하는 경우의 합성어는 그 품사가 명사, 동사 그리고 형용사로 나타날 수 있다. 이들 합성어의 결합구조를 살펴보면 다음과 같다.

1) 명사성 합성어 : 합성어가 명사의 기능을 하는 경우에 이를 명사성 합성어라고 한다. 주성분이 명사이고 다른 성분이 뒤에서 결합하는 구조를 갖는다.

① 명사 + 명사

ไฟฟ้า　　　**ถ่านหิน**　　　**แก้วน้ำ**　　　**ห้องน้ำ**
전기　　　석탄　　　물컵　　　화장실

ลูกน้อง	ถุงเท้า	ขนตา	ปูทะเล
부하	양말	눈썹	바닷게

② 명사 + 동사

มีดโกน	ข้าวสุก	ตู้เย็น	แว่นขยาย
면도칼	익은밥	냉장고	돋보기
ผ้าไหว้	หัวสูง	โรงเรียน	ไม้กวาด
시주용 천	눈이 높은 사람	학교	빗자루

③ 명사 + 동사 + 명사

คนขับรถ	โต๊ะกินข้าว	ผ้าปูโต๊ะ	แส้ปัดยุง
운전사	식탁	식탁보	파리채
เครื่องซักผ้า	ห้องแต่งตัว	มีดตัดหญ้า	ช่างตัดผม
세탁기	드레스룸	낫	이발사

④ (명사) + 수사 + 명사

รถสามล้อ	รถสองแถว	สามแยก	สี่แยก
삼발이차	승용트럭	삼거리	사거리

⑤ 명사 + 전치사

คนกลาง	ฝ่ายหน้า	ความใน	เบี้ยล่าง
중재인	궁정의 남자일	내부 비밀	남의 휘하

2) 동사성 합성어 : 합성어가 동사의 기능을 하는 경우에 이를 동사성 합성어라고 한다. 주성분이 동사이고 다른 성분이 뒤에서 결합하는 구조를 갖는다.

① 동사 + 명사

บังตา	เดินทาง	ตัดสินใจ	ปันผล
(눈)가리다	여행하다	결정하다	이익을 배당하다
ตั้งใจ	ออกตัว	ไว้ใจ	ตัดเสื้อ
결심하다	몸을 빼다	믿다	재단하다

② 동사 + 동사

แจกจ่าย	เรียนรู้	หุงต้ม	กินนอน
분배하다	배우다	요리하다	숙식하다
ดูแล	ให้หา	เดินเที่ยว	ชี้ขาด
돌보다	호출하다	산책하다	판정하다

③ 동사 + 전치사

กินใน	เสมอนอก	เป็นกลาง
포함되다	소외되다	중립이다

3) 형용사성 합성어 : 합성어가 명사를 수식해 주는 기능을 할 때 이를 형용사성 합성어라고 한다. 대개는 형용사나 수사가 그 뒤에 오는 명사와 결합하는 구조를 갖는다.

สองหัว	เขียวน้ำทะเล	หลายใจ
양다리 걸치는	바다처럼 푸른	변덕스러운

일부 합성어 중에는 주성분의 품사와 합성어의 품사가 일치하지 않는 경우가 있다. 이때의 합성어는 그 품사가 명사, 동사, 형용사 그리고 부사로 나타날 수 있다. 이들 합성에서 나타나는 단어의 결합관계를 살펴보면 다음과 같다.

1) 명사성 합성어 : 합성어가 명사의 기능을 하지만 주성분은 명사가 아닌 다른 성분으로 이루어진 합성어로 다음과 같은 결합관계를 갖는다.

   ① 동사 + 동사

   ต้ม + ยำ   = ต้มยำ   음식이름
   พิมพ์ + ดีด = พิมพ์ดีด   타자

   ② 동사 + 명사

   เรียง + เบอร์ = เรียงเบอร์   복권당첨번호표

   ③ 수사 + 명사

   สาม + ล้อ = สามล้อ   삼발이차

2) 동사성 합성어 : 합성어가 동사의 기능을 하지만 주성분은 동사가 아닌 다른 성분으로 이루어진 합성어로 다음과 같은 결합관계를 갖는다.

   ① 형용사 + 명사

   แข็ง + ใจ = แข็งใจ   마음이 강하다
   หนัก + มือ = หนักมือ   극렬하다

   ② 전치사 + 명사

   นอก + ใจ = นอกใจ   (부부 중의 한쪽이)변심하다
   นอก + คอก = นอกคอก   삐딱하다

3) 형용사성 합성어 : 합성어가 형용사의 기능을 하지만 주성분은 형용사가 아닌 다른 성분으로 이루어진 합성어로 다음과 같은 결합관계를 갖는다.

① 명사 + 형용사

ชั้น + ต่ำ　　= (คน) ชั้นต่ำ　　하류층의

② 동사 + 동사

กัน + เปื้อน　= (ผ้า) กันเปื้อน　얼룩방지의
วาด + เขียน　= (สมุด) วาดเขียน　그림 그리는

③ 동사 + 명사

คิด + เลข　　= (เครื่อง) คิดเลข　계산하는

④ 전치사 + 명사

กลาง + บ้าน　= (หมอ) กลางบ้าน　민간의
ใน + ใจ　　 = (เลข) ในใจ　　암산의

4) 부사성 합성어 : 합성어가 부사의 기능을 하지만 주성분은 부사가 아닌 다른 성분으로 이루어진 합성어로 다음과 같은 결합관계를 갖는다.

① 수사 + 명사

สาม + ขุม　　= (ย่าง) สามขุม　갈지자(삼각자세)로

② 동사 + 명사

นับ + ก้าว　　= (เดิน) นับก้าว　발걸음을 세듯이
เผา + ขน　　= (ยิง) เผาขน　근접하여

③ 명사 + 부사

คอ + แข็ง　　= (นั่ง) คอแข็ง　묵묵부답하고

④ 명사 + 동사

คอ + ตก   = (ยืน) คอตก   고개를 떨구고

⑤ 전치사 + 명사

ใน + ที   = (ยิ้ม) ในที   도전적으로

⑥ 전치사 + 동사

ตาม + มี
ตาม + เกิด   = ตามมีตามเกิด   있는 힘을 다해서

(4) 합성어와 캄싸맛

두 개의 팔리어나 산스크리트어로된 형태소끼리 결합하여 하나의 단어가 되는 어형성법을 싸맛(**สมาส**)이라고 하고 싸맛을 통해서 생겨난 말을 캄싸맛(**คำสมาส**)이라고 한다. 일반 합성어는 구성성분이 태국어 또는 차용어이고 태국어법에 따라 결합하는 반면에 캄싸맛은 구성성분이 모두 팔리어나 산스크리트어이고 팔리어나 산스크리트어 어법에 따라 결합하기 때문에 일반 합성어와 성격이 다르다.

1) 일반합성어는 태국어와 태국어 또는 태국어와 차용어가 결합하는 반면에 캄싸맛은 팔리어나 산스크리트어끼리만 결합하여 생겨난다.

일반 합성어	캄싸맛
รถ + ยนต์	จักร + ยาน
รถ + ไฟ	ราช + การ
ตู้ + เย็น	ภาษา + ศาสตร์

2) 캄싸맛은 읽을 때 선행성분의 어말자음과 결합했던 모음이 되살아난다.

จักรยาน   [จัก-กะ-ระ-ยาน]
ราชการ   [ราช-ชะ-การ]
ผลิตผล   [ผลิต-ตะ-ผล]

3) 일반 합성어는 주성분이 앞에 오고 수식성분이 뒤에 오는데 비해 캄싸맛은 주성분이 뒤에 오고 수식성분이 앞에 온다.

일반 합성어	캄싸맛
รถ + ยนต์	จักร + ยาน
ตู้ + เย็น	ราช + รถ
นายก + สโมสร	คณะ + บดี

3.3.2 동의 합성어

동의 합성어(synonymous compound)는 서로 의미가 유사하거나 동의어(synonym) 또는 반의어(antonym)인 관계를 갖는 두 개 이상의 단어가 결합하여 이루어지는 단어이다. 이러한 방법으로 단어를 합성할 경우 단어의 의미가 좀더 뚜렷해지기도 하고 때로는 새로운 의미가 생겨나기도 한다.

(1) 동의 합성어 구성성분의 의미적 결합형태에 따른 분류

동의 합성어는 구성성분간의 의미적 결합형태에 따라 다음과 같이 세 가지로 분류할 수 있다.

1) 동의어를 반복하여 만드는 합성어

บ้าน + เรือน = บ้านเรือน   주택
ทุบ + ตี = ทุบตี   때리다
ดูด + ดื่ม = ดูดดื่ม   마시다
ขัด + ข้อง = ขัดข้อง   고장나다

2) 유사한 의미의 단어를 반복하여 만드는 합성어

ใจ + คอ	=	ใจคอ	마음씨
แก้ม + คาง	=	แก้มคาง	뺨
หู + ตา	=	หูตา	염탐질
ลูก + หลาน	=	ลูกหลาน	자손

3) 반의어를 반복하여 만드는 합성어

ผิด + ชอบ	=	ผิดชอบ	잘못
ชั่ว + ดี	=	ชั่วดี	선악
เท็จ + จริง	=	เท็จจริง	사실
ได้ + เสีย	=	ได้เสีย	이해

(2) 구성성분의 어원에 따른 분류

동의 합성어는 결합하는 단어의 어원에 따라 다음과 같이 분류할 수 있다.

1) 방언 + 방언

เสื่อ + สาด	=	เสื่อสาด	돗자리
บ้าน + เรือน	=	บ้านเรือน	주택
ดู + แล	=	ดูแล	돌보다
เสีย + หาย	=	เสียหาย	손실을 입다

2) 현대어 + 고어

กลิ่น + อาย	=	กลิ่นอาย	냄새
ไม้ + ไล่	=	ไม้ไล่	나무
ตัด + สิน	=	ตัดสิน	자르다
ชั่ว + ช้า	=	ชั่วช้า	나쁘다

3장 형태론 **97**

3) 태국어와 차용어

รุ่ง	+ โรจน์	= รุ่งโรจน์	번창하다	
ทรัพย์	+ สิน	= ทรัพย์สิน	재산	
คุณ	+ ค่า	= คุณค่า	가치	
ยก	+ เลิก	= ยกเลิก	취소하다	

4) 차용어 + 차용어

ชัย	+ ชนะ	= ชัยชนะ	승리하다	(บ.ส + ข)
ยาน	+ พาหนะ	= ยานพาหนะ	운송기구	(บ + ส)
รูป	+ ภาพ	= รูปภาพ	그림	(บ + ส)
เสบียง	+ อาหาร	= เสบียงอาหาร	음식	(ข + บ.ส)

(3) 동의 합성어의 의미

동의 합성어의 의미는 구성성분 중에 선행성분에 있는 경우와 후행성분에 있는 경우 그리고 선행 성분과 후행성분에 모두 있는 경우가 있다.

1) 의미가 선행성분에 있는 경우

ใจคอ	**หัวหู**	**แก้มคาง**
성격	머리	뺨
หน้าตา	**ผิดชอบ**	**คอเหนียง**
얼굴	잘못	목

2) 의미가 후행성분에 있는 경우

หูตา	**เนื้อตา**	**เท็จจริง**
보호자/염탐꾼	눈	사실

3) 의미가 선행 성분과 후행성분에 모두 있는 경우

ถ้วยชาม	พี่น้อง	ลูกหลาน
식기	형제	후손
ทุบตี	ดูดดื่ม	อ่อนหวาน
때리다	마시다	상냥하다

3.3.3 반복 합성어

반복 합성어(reduplication)는 같은 단어를 두 번 반복하여 이루어지는 단어이다. 반복했을 때의 의미가 보다 강해지거나 약해지기도 하고 경우에 따라서는 본래의 의미와 전혀 달라지기도 한다. 반복 합성어를 표기하는 경우에는 반복부호 마이야목(ๆ)을 사용한다. 그러나 태국어의 모든 단어들이 반복하여 합성어로 사용될 수 있는 것은 아니다. 하나의 단어가 반복 합성어로 사용할 수 있는지의 여부는 그 단어의 성격에 따라 다르다.

(1) 반복 합성어로 사용할 수 있는 단어

พูดดังหน่อย → **พูดดัง ๆ หน่อย**
크게 좀 말하세요.

รถจะมาราวสองทุ่ม → **รถจะมาราว ๆ สองทุ่ม**
차는 저녁 여덟시 경에 온다.

(2) 반복 합성어로 사용할 수 없는 단어

นกบินอยู่ในอากาศ → *นก ๆ บินอยู่ในอากาศ
새가 공중을 날고 있다.

บ้านหลังนี้สวย → *บ้านหลังนี้ ๆ สวย
이집은 예쁘다.

(3) 반복 합성어로만 사용하여야 하는 단어

  เขานั่งยอง ๆ 그는 무릎을 세우고 앉았다.
  ฝนตกหยิม ๆ 비가 보슬보슬 온다.

위에서 보는 바와 같이 반복 합성어로만 사용해야 하는 단어들은 거개가 의성어 또는 의태어들이다. 단어가 반복되어 반복 합성어로 사용되는 형태에는 여러 가지가 있다. 반복 합성어로 사용하는 형태는 그 단어의 음절수에 따라 다르다.

(1) **2음절어 반복어** : 반복어가 2음절인 합성어의 반복형태는 그 단어가 모음으로 끝나는 개음절(open syllable)인 경우와 자음으로 끝나는 폐음절(close syllable)인 경우가 각기 다르다.

 1) 2음절 모두 개음절일 때

โซเซ	**โยเย**	**โอ้เอ้**	**โมเม**
비틀거리다	방해되다	느리다	남의 것을 취하다
ร่อแร่	**ท้อแท้**	**จอแจ**	
위급하다	낙담하다	왁자지껄하다	

 2) 2음절 모두 폐음절일 때 : 다음과 같이 세 가지의 단어 부류가 있다.

  ① 어두자음과 모음을 반복하는 단어

เพลิดเพลิน	**เปิดเปิง**	**ยับยั้ง**	**ซอกซอน**
흥겨운	정처없이 가다	멈추다	탐사하다
ยอกย้อน	**ปรักปรำ**	**ซักไซ้**	
번거로운	중상모략하다	철저히 캐묻다	

② 어두자음과 어말자음 그리고 성조를 반복하는 단어

จริงจัง	จุ้นจ้าน	จุกจิก	จุบจิบ
진지한	소란스러운	자질구레한	조금씩 먹는

สุงสิง	ซุบซิบ	ซอกแซก	
사귀다/장난치다	속삭이다	비집고 들어가다	

③ 어두자음만을 반복하는 단어

ซมซาน	สับสน	ตรากตรำ	นมนาน
우매한	혼란한	견디다/참다	오랜

ยักย้าย	ไล่เลียง	ยั่งยืน	
옮기다	묻다	오래	

3) 앞음절이 개음절음이고 뒷음절이 폐음일절 때 : 어두자음만을 반복한다.

โธ่ถัง	โธ่ทั้ง	อื้ออึง	แซ่ซ้อง
아이구!	아이구!	크게 소리내는	환호하다

ดีดัก	ระรวย	ระริก	ระรื่น
여러(해)	그윽히/살살	부들부들 떨다	유쾌한

4) 앞음절이 폐음절음이고 뒷음절이 개음절일 때 : 어두자음만을 반복한다.

ดิบดี	ชักช้า	เซ็งแซ่
좋은	느리다	왁자지껄하다

ซัดเซ	เขม็ดแขม่	คลุกคลี
방랑하다	돈을 조심해서 쓰다	섞다

(2) 3음절어 이상의 반복 : 다음과 같이 두가지 부류로 나누어 설명할수있다.

1) 2음절어로 된 반복 합성어의 첫 음절과 두번 째 음절앞에 음을 첨가한다.

① /กระ-/를 첨가하는 단어

หืดหอบ → กระหืดกระหอบ 헐떡거리다
จุกจิก → กระจุกกระจิก 자질구레하다
ดุกดิก → กระดุกกระดิก 움직이다
จุ๋มจิ๋ม → กระจุ๋มกระจิ๋ม 작고 귀엽다
ต้วมเตี้ยม → กระต้วมกระเตี้ยม 아장아장 걷다

② /ระ-/를 첨가하는 단어

เกะกะ → ระเกะระกะ 방해되다
หกเหิน → ระหกระเหิน 원을 그리며 날다

③ /ประ-/를 첨가하는 단어

จ๋อแจ๋ → ประจ๋อประแจ๋ 아양 떨다

④ /พะ-/를 첨가하는 단어

รุงรัง → พะรุงพะรัง 흐트러지다

⑤ /ทะ-/를 첨가하는 단어

เร่อร่า → ทะเร่อทะร่า 어색한/촌스러운

2) 본래의 단어형태에 /กะ-/나 /กระ-/ 또는 반복할 수 있는 다른 요소가 있는 경우에 /กะ-/ 나 /กระ-/ 또는 그 다른 요소를 반복한다.

กระซิบ → กระซิบกระซาบ	속삭이다
กระจาย → กระจัดกระจาย	분포되다
ประจบ → ประจบประแจง	아부하다
ประเดี๋ยว → ประเดี๋ยวประด๋าว	잠깐
ทะลึ่ง → ทะลึ่งทะลั่ง	몰라보게 크다

반복 합성어는 반복하여 사용되면서 형태와 소리가 유지되는 단어가 있는가 하면 형태와 소리의 변화를 가져오는 단어도 있다. 이를 자세히 살펴보기로 하자.

(1) 형태와 소리를 유지하는 반복 합성어

단어가 반복되면서 반복되는 부분에 형태나 소리의 변화를 초래하지 않는 단어에는 다음과 같이 세 가지 부류가 있다.

1) 반복되기 이전의 형태가 반복 합성어의 자리에 자유로이 나타날 수 있는 단어

เขาเกือบมาถึงแล้ว → เขาเกือบ ๆ มาถึงแล้ว
그는 거의 다 왔다.

เด็กเล่นฟุตบอลอยู่กลางสนาม → เด็กเล่นฟุตบอลอยู่กลาง ๆ สนาม
아이들이 운동장 한 가운데서 축구를 하고 있다.

2) 반복되기 이전의 형태가 반복 합성어의 자리에 제한적으로 나타날 수 있는 단어

เสื้อตัวไหนก็ถูกใจ → เสื้อตัวไหน ๆ ก็ถูกใจ
옷이 전부 다 맘에 든다.

คุณจะซื้อตัวไหน → *คุณจะซื้อตัวไหน ๆ
당신은 무슨 옷을 사시겠습니까?

บอกเด็กให้เงียบหน่อย → บอกเด็กให้เงียบ ๆ หน่อย
아이들한테 조용히 하라고 하세요.

เด็กเงียบลงกว่าเดิมแล้ว → *เด็กเงียบ ๆ ลงกว่าเดิมแล้ว
아이들이 전보다 조용해졌다.

3) 반복되기 이전의 형태가 반복 합성어의 자리에 전혀 나타날 수 없는 단어

ฉันอยากดื่มอะไรเย็น ๆ → *ฉันอยากดื่มอะไรเย็น
나는 찬 것을 마시고 싶다.

เขานั่งทำงานอยู่เงียบ ๆ → *เขานั่งทำงานอยู่เงียบ
그는 조용히 앉아서 일하고 있다.

(2) 형태와 소리의 변화가 일어나는 반복 합성어

단어가 반복되면서 단어의 일부에 형태와 소리변화가 일어나는 단어는 그 단어가 지닌 음절수에 따라 변화하는 방식이 다르다.

1) 단음절인 단어의 경우에는 모음이나 성조가 변한다.

① 모음이 변하는 단어 : 일반적으로 변화된 부분이 반복 합성어의 뒷부분에 나타난다.

กิน → **กินแกน** 먹다
กวาด → **กวาดแกวด** 쓸다
พูด → **พูดเพิด** 말하다

② 성조가 변하는 단어 : 일반적으로 앞부분이 3성으로 변한다.

104 현대 태국어 문법론

ดำ → ด๊ำดำ　　새까만
ยาว → ย๊าวยาว　　아주 긴
เบื่อ → เบื๊อเบื่อ　　정말로 지겨운

2) 2음절이상의 단어인 경우에는 뒷음절이 변하며 변한 부분이 반복 합성어의 앞부분 또는 뒷부분에 나타날 수 있다. 이러한 경우 태국어에서는 모음이 변한다.

อาหาร → <u>อาหง</u>อาหาร　　음식
　　　 → อาหาร<u>อาแหน</u>　　음식

단어가 반복되어 반복 합성어가 되는 경우 합성어의 의미는 반복되기 이전의 단어의 의미와 같은 경우도 있지만 대개는 그 의미가 여러가지 형태로 달라지게 된다.

(1) 반복 합성어의 의미가 반복되기 이전의 단어의 의미와 같은형태

เขาใจดีเหมือนคนไทย<u>ทั่วไป</u> → เขาใจดีเหมือนคนไทย<u>ทั่ว ๆ ไป</u>
그는 일반적인 태국사람처럼 마음이 좋습니다.

เขามาทำงานสาย<u>เสมอ</u> → เขามาทำงานสาย<u>เสมอ ๆ</u>
그는 늘 늦게 출근한다.

(2) 반복 합성어의 의미가 복수를 나타내는 형태

<u>เด็ก</u>เล่นอยู่ในสนาม → <u>เด็ก ๆ</u> เล่นกันอยู่ในสนาม
아이가 운동장에서 놀고 있다.

เขานอนเจ็บเป็น<u>เดือน</u> → เขานอนเจ็บเป็น<u>เดือน ๆ</u>
그는 한 달 넘게 아파 누워 있다.

(3) 반복 합성어의 의미가 반복되기 이전의 단어의 의미를 강조하는 형태

เสื้อตัวนี้ยังดีอยู่ → เสื้อตัวนี้ยังดี ๆ อยู่
이 옷은 아직 좋다.

พูดเท่าไรก็ไม่เชื่อ → พูดเท่าไร ๆ ก็ไม่เชื่อ
아무리 말해도 믿지 않는다.

สะพานสร้างใหม่ยาว → สะพานสร้างใหม่ย๊าวยาว
새로 놓은 다리가 길다.

ใบหน้าของเธอขาว → ใบหน้าของเธอข๊าวขาว
너의 얼굴이 하얗다.

(4) 반복 합성어의 의미가 반복되기 이전의 단어의 의미를 약화시키는 형태

เขามักจะมาตอนเที่ยง → เขามักจะมาตอนเที่ยง ๆ
그는 대개 정오에 온다.

เสื้อที่ซื้อมาถูก → เสื้อที่ซื้อมาถูก ๆ
(이번에) 사온 옷은 싸다.

(5) 명사가 **เป็น**과 결합하여 순차적의 의미를 나타내는 형태

กวาดเป็นห้องไป → กวาดเป็นห้อง ๆ ไป
방을 하나씩 하나씩 쓸어라.

จ่ายค่าแรงเป็นวัน → จ่ายค่าแรงเป็นวัน ๆ
임금을 일당으로 지급한다.

(6) 반복 합성어의 의미가 반복되기 이전의 단어의 의미와 전혀 다른 형태

เรื่อง<u>ผี</u> ไม่อยากฟัง → เรื่องผี ๆ ไม่อยากฟัง
귀신 이야기는 듣기 싫다.   쓸데 없는 이야기는 듣기 싫다.

ทาง<u>ไกล</u> <u>ไปมา</u>ลำบาก → ไป ๆ มา ๆ ก็มาโทษฉัน
먼길은 오가기 힘들다.   결국에는 나보고 잘못했다고 한다.

3.4 합성에 의한 어형성법의 특징

태국어는 단어와 단어의 결합을 통해서 새로운 단어를 만들어내는 어형성법이 매우 발달되어 있다. 태국어의 합성어는 주성분과 수식성분의 관계에 따라 여러 가지 형태가 있다. 주성분이 종/류/군을 나타내고 수식성분이 의미를 확장하는 형태가 있고 합성어의 구성요소 중에서 선행성분이 후행성분의 형상이나 상태를 나타내는 경우도 있다. 또한 선행성분의 위치에 /พ่อ/(아버지), /แม่/(어머니), /ลูก/(자식) 등이 오는 경우가 있는가 하면 특정한 동사가 나타나는 경우도 있다. 합성어에 의한 태국어의 어형성법에는, 다음과 같은 특징이 있다.

(1) 주성분이 종/류/군을 나타내며 수식성분이 의미를 확장하는 형태로 태국어에서는 일반적으로 주성분이 수식성분의 앞에 온다.

1) '천' 혹은 '옷감'을 의미하는 ผ้า/phâ:/가 주성분이 되고 뒤에 오는 수식성분과 결합하여 천으로 만들어진 도구나 용품의 이름으로 사용된다.

ผ้า   +   ห่ม   =   ผ้าห่ม
천   덮다   이불

ผ้า   +   เช็ด   +   หน้า   =   ผ้าเช็ดหน้า
천   닦다   얼굴   수건

ผ้า   +   กัน   +   เปื้อน   =   ผ้ากันเปื้อน
천   보호하다   더럽혀지다   앞치마

2) '물고기'나 '생선'의 의미를 가지고 있는 **ปลา/plā:/**가 주성분이 되고 뒤에 오는 수식성분과 결합하여 일반적인 어류의 이름으로 사용된다.

ปลา + **ไหล** = **ปลาไหล**
생선　　　흐르다　　　뱀장어

ปลา + **ทอง** = **ปลาทอง**
생선　　　금　　　　　금붕어

ปลา + **หมึก** = **ปลาหมึก**
생선　　　먹　　　　　오징어

3) '조개'의 의미를 가지고 있는 **หอย/hɔ̌:j/**가 주성분이 되고 뒤에 오는 수식성분과 결합하여 일반적인 패류의 이름으로 사용된다.

หอย + **ทาก** = **หอยทาก**
조개　　　조개 이름　　조개이름

หอย + **นางรม** = **หอยนางรม**
조개　　　조개이름　　굴

หอย + **แครง** = **หอยแครง**
조개　　　조개이름　　조개이름

4) '사람'의 의미를 가지고 있는 **คน/khōn/**이 주성분이 되고 뒤에 오는 수식성분과 결합하여 일반적인 사람의 지위를 나타내는 용어로 사용된다.

คน + **งาน** = **คนงาน**
사람　　　일　　　　　일꾼

คน + **กลาง** = **คนกลาง**
사람　　　가운데　　　중간자

คน	+	ใช้	=	คนใช้
사람		사용하다		하인

5) '과자'의 의미를 가지고 있는 **ขนม**/khànǒm/이 주성분이 되고 뒤에 오는 수식성분과 결합하여 일반적인 과자나 후식의 이름으로 사용된다.

ขนม	+	หวาน	=	ขนมหวาน
과자		단		후식류

ขนม	+	ครก	=	ขนมครก
과자		절구통		과자이름

ขนม	+	ตาล	=	ขนมตาล
과자		설탕		과자이름

6) '마음'의 의미를 가지고 있는 **ใจ**/cāj/가 주성분이 되고 뒤에 오는 수식성분과 결합하여 심리를 나타내는 말로 사용된다. 태국어에서 **ใจ**/cāj/와 결합하여 생겨나는 합성어는 수 백 개에 달한다.

ใจ	+	ดี	=	ใจดี
마음		좋은		마음이 좋은

ใจ	+	อ่อน	=	ใจอ่อน
마음		약한		마음이 약한

ใจ	+	หาย	=	ใจหาย
마음		사라지다		놀라다

7) '알다'의 의미를 가지고 있는 **รู้**/rú:/가 주성분이 되고 뒤에 오는 수식성분과 결합하여 일반적으로 '알다'라는 개념을 지닌 말로 사용된다.

รู้	+	จัก	=	รู้จัก
알다		알다		(경험으로) 알다

รู้	+	สึก	=	รู้สึก
알다		알다		(느낌으로) 알다

รู้	+	ทัน	=	รู้ทัน
알다		제때에		제때에 알다

8) '똥' 이나 '찌꺼기' 의 의미를 가지고 있는 ขี้/khîː/가 주성분이 되고 뒤에 오는 수식성분과 결합하여 일반적으로 '-쟁이' 또는 '찌꺼기' 의 어감을 지닌 말로 사용된다.

ขี้	+	อาย	=	ขี้อาย
찌꺼기		수줍은		부끄럼쟁이

ขี้	+	ตา	=	ขี้ตา
찌꺼기		눈		눈꼽

ขี้	+	โม้	=	ขี้โม้
찌꺼기		과장된		허풍쟁이

9) '새' 의 의미를 가지고 있는 นก/nók/이 주성분이 되고 뒤에 오는 수식성분과 결합하여 일반적인 조류의 이름으로 사용된다.

นก	+	แก้ว	=	นกแก้ว
새		앵무새		앵무새

นก	+	ฮูก	=	นกฮูก
새		부엉이		부엉새

นก	+	ยูง	=	นกยูง
새		공작새		공작새

(2) 신체기관의 명칭이 주성분이 되고 그 형상에서 비유되어 동식물이나 사

물의 명칭으로 사용되는 형태가 있다. 이를 세분하여 살펴 보면 다음과 같다.

1) 머리 : **หัว** /hǔa/

    หัว + **ถนน** = **หัวถนน**
    머리   길   길이 시작되는 부분

    หัว + **ค่ำ** = **หัวค่ำ**
    머리   저녁   초저녁

2) 눈 : **ตา** /tā:/

    ตา + **ไก่** = **ตาไก่**
    눈   닭   부호 ⊙

    ตา + **กวาง** = **ตากวาง**
    눈   사슴   대나무의 일종

3) 귀 : **หู** /hǔ:/

    หู + **ถ้วย** = **หูถ้วย**
    귀   잔   잔의 손잡이 부분

    หู + **กระต่าย** = **หูกระต่าย**
    귀   토끼   (모자 등의) 토끼귀처럼 생긴 부분

4) 입 : **ปาก** /pà:k/

    ปาก + **น้ำ** = **ปากน้ำ**
    입   물   수구(水口)

ปาก + จิ้งจก = ปากจิ้งจก
입　　　　도마뱀　　　뱀의 일종

5) 목 : **คอ** /khɔ̄:/

คอ + **เสื้อ** = **คอเสื้อ**
목　　　옷　　　　셔츠의 목부분

คอ + **แดง** = **คอแดง**
목　　　빨간　　　뱀의 일종

6) 배 : **ท้อง** /thɔ́:ŋ/

ท้อง + **ฟ้า** = **ท้องฟ้า**
복부　　　하늘　　　하늘

ท้อง + **ถนน** = **ท้องถนน**
복부　　　길　　　길바닥

7) 발 : **ตีน** /tī:n/

ตีน + **เต่า** = **กล้วยตีนเต่า**
발　　　거북이　　　바나나의 맨끝 자리 열매

ตีน + **กา** = **ตีนกา**
발　　　까마귀　　　부호 +

8) 꼬리 : **หาง** /hǎ:ŋ/

หาง + **จระเข้** = **หางจระเข้**
꼬리　　　악어　　　알로에류의 식물명

หาง + **ปลา** = **หางปลา**
꼬리　　　생선　　　생선 꼬리 모양의 부채

(3) 선행성분이 후행성분의 형상이나 상태 등을 나타내는 형태가 있다. 이를 세분하여 살펴 보면 다음과 같다.

1) 머리 : **หัว** /hǔa/

หัว	+	เรือ	=	หัวเรือ
머리		배		뱃머리

หัว	+	ไหล่	=	หัวไหล่
머리		어깨		어깨의 윗부분

2) 줄, 선 : **สาย** /sǎ:j/

สาย	+	น้ำ	=	สายน้ำ
줄		물		강줄기

สาย	+	สะพาย	=	สายสะพาย
줄		어깨에 메다		어깨에 메는 줄

3) 꽃 : **ดอก** /dɔ̀:k/

ดอก	+	กุหลาบ	=	ดอกกุหลาบ
꽃송이		장미		장미꽃

4) 척추 : **หลัง** /lǎŋ/

หลัง	+	คา	=	หลังคา
등		붙다		지붕

หลัง	+	เต่า	=	หลังเต่า
등		거북이		거북등처럼 올라온 부분

5) 잎새 : **ใบ** /baj/

    ใบ + **เงิน** = **ใบเงิน**
    잎새   돈   지폐

    ใบ + **ทอง** = **ใบทอง**
    잎새   금   금화

    ใบ + **เสร็จ** = **ใบเสร็จ**
    잎새   끝나다   영수증

6) 줄, 끈 : **เส้น** /sên/

    เส้น + **ผม** = **เส้นผม**
    줄   머리   머리카락

    เส้น + **ทาง** = **เส้นทาง**
    끈   길   노선

(4) **พ่อ** /phɔ̂ː/ '아버지' **แม่** /mɛ̂ː/ '어머니' **ลูก** /lûːk/ '자식' 등의 단어들이 주성분이 되고 다른 단어가 수식성분으로 결합하여 특정한 의미를 나타내는 경우가 있다. 그 예를 보면 다음과 같다.

1) **พ่อ** /phɔ̂ː/ : 남성, 상급자

    พ่อ + **ครัว** = **พ่อครัว**
    아버지   부엌   남주방장

    พ่อ + **ค้า** = **พ่อค้า**
    아버지   상업   남자상인

    พ่อ + **บ้าน** = **พ่อบ้าน**
    아버지   집   가장

2) แม่ /mɛ̂:/ : 여성, 상급자

แม่	+	ครัว	=	แม่ครัว
어머니		부엌		여주방장

แม่	+	เลี้ยง	=	แม่เลี้ยง
어머니		기르다		계모

แม่	+	บ้าน	=	แม่บ้าน
어머니		집		가정주부

3) ลูก /lû:k/ : 고용인, 하급자

ลูก	+	น้อง	=	ลูกน้อง
자식		동생		부하, 아랫사람

ลูก	+	พรรค	=	ลูกพรรค
자식		정당		당원

ลูก	+	จ้าง	=	ลูกจ้าง
자식		고용하다		피고용인

(5) 동사 ขึ้น /khûn/, ลง /loŋ/, เข้า /khâo/, ออก /ʔɔ̀:k/ 등이 다른 단어와 결합하여 특정한 의미를 나타내는 형태가 있다. 이를 세분하여 살펴보면 다음과 같다.

1) 오르다 : ขึ้น /khûn/

ขึ้น	+	ราคา	=	ขึ้นราคา
오르다		가격		가격이 오르다

ขึ้น	+	ทะเบียน	=	ขึ้นทะเบียน
오르다		등록하다		등록하다

2) 내리다 : ลง /lōŋ/

    ลง + ท้าย   = ลงท้าย
    내리다   끝머리   끝머리에 두다

    ลง + โทษ   = ลงโทษ
    내리다   벌   벌을 내리다

3) 들어가다 : เข้า /khâo/

    เข้า + เกณฑ์ = เข้าเกณฑ์
    들어가다   기준   기준에 맞다

    เข้า + เรื่อง = เข้าเรื่อง
    들어가다   일,이야기 본론에 들어가다

4) 나오다 : ออก /ʔɔ̀ːk/

    ออก + ปาก   = ออกปาก
    나오다   입   말하다

    ออก + แรง   = ออกแรง
    나오다   힘   힘을 내다

제 4 장 **통사론**

  통사론은 단어나 형태소가 어떻게 결합하고 배열하여 문장을 이루는가를 연구하는 문법의 또 다른 한 분야이다. 따라서 통사론에서는 단어들이 결합하여 문장을 구성하는 원리와 규칙을 밝혀내고 문장의 구조를 연구하는 분야라고 말할 수 있다. 본장에서는 태국어의 단어 부류에 대해서 알아보고 문장의 형태와 구조를 분석해보기로 한다. 또 문장을 이루는 구와 절의 종류와 결합관계에 대해서 살펴보기로 한다.

1. 단어 부류(word class)

  문장을 이루고 있는 단어들은 공통된 성격을 띤 것들로 분류할 수 있다. 예컨대 사물의 이름을 표시하는 단어가 있는가 하면 동작이나 상태를 나타내는 말들도 있다.

สุดาไปตลาดซื้อของแต่เช้า
쑤다는 아침 일찍 시장에 가서 물건을 샀다.

  위의 문장에서 **สุดา** 는 사람의 이름을 나타내고 **ตลาด** 이나 **ของ** 은 사물의 이름을 표시한다. 이들이 가리키는 대상은 다르지만 사물의 이름을 표시한다는 공통된 성격을 가지고 있다. 이에 비해 **ไป**와 **ซื้อ**는 동작의 의미를 나타내고 있다. 그리고 **แต่เช้า** 는 앞에 있는 다른 성분의 의미를 한정해주고 있어 앞의 두 부류와는 또 다른 성격을 띠고 있다. 이와 같이 성질이 공통된 단어끼리 모아 놓은 단어의 갈래를 품사라고 한다.

1.1 전통주의 문법에 따른 단어 부류

  전통주의 문법은 그리스 시대부터 출발하여 18세기에 이르기까지 발달한 문법이론으로 주관적인 판단과 심리적인 해석에 의존한다. 따라서 언어사용에 대해서 옳고 그름을 판단하는 규범적인 성격을 띠고 있다. 이러한 문법이론을 바탕으로 태국어의 품사를 분류하는 경우에는 단어의 의미와 기능이 기준이 된다. 프라야웁빠낏씬라빠산(**พระยาอุปกิตศิลปสาร**)과 같은 전통주의 문법학자들은 태국어의 품사를 명사, 대명사, 동사, 수식사, 전치사, 접속사 그리고 감탄사 등의 일곱 가지로 나누고 있다. 본 항에서는 프라야웁빠낏씬라빠산의 품사 분류를 바탕으로 전통주의 문법에 따른 태국어의 단어 부류에 대해 기술해 보기로 한다.

1.1.1 명사

명사는 사람이나 동물, 처소, 사물, 추상적인 사상 따위의 이름 또는 상태나 동작의 이름을 나타내는 말이다. 이러한 명사들은 일반적으로 문장 안에서 주어나 목적어의 기능을 한다. 태국어의 명사는 의미적 특성에 따라 다음과 같이 네 가지로 나눌 수 있다.

(1) 일반명사

일반명사는 실체성 명사와 비실체성 명사로 나눌 수 있다. 실체성 명사는 동물과 식물 그리고 사물 등의 이름과 같은 것들로 의미적인 측면에서 동작성이나 상태성의 개념이 없다. 이에 비해 비실체성 명사는 형태가 없는 사건이나 사태 또는 성질이나 상태 등을 나타내는 말로 의미적인 측면에서 동작성이나 상태성을 지니고 있다.

1) 실체성 명사

① 시간 명사

เช้า	เย็น	วัน	คืน	วันอาทิตย์
아침	저녁	낮	밤	일요일
เมื่อวาน	พรุ่งนี้	วันเกิด	สัปดาห์	เมษายน
어제	내일	생일	주	4월

② 처소 명사

สนามกีฬา	สวนหย่อม	ถนน	นา	บ้าน
운동장	정원	길	논	집
ที่ทำงาน	**ทะเล**	**ภูเขา**	**ข้างหน้า**	**ข้างหลัง**
일터	바다	산	앞쪽	뒤쪽

③ 기타

[사람]	**ผู้ชาย**	**ผู้หญิง**	**เด็ก**	**นักเรียน**	**เจ้าหน้าที่**
	남자	여자	아이	학생	담당자
[동물]	**เสือ**	**ควาย**	**วัว**	**ไก่**	**เป็ด**
	호랑이	물소	소	닭	오리
[식물]	**กล้วย**	**สับปะรด**	**ผัก**	**มะพร้าว**	**ต้นหอม**
	바나나	파인애플	채소	야자	파
[물체/물질]	**โต๊ะ**	**หนังสือ**	**รถ**	**ดิน**	**อากาศ**
	탁자	책	차	땅	공기

2) 비실체성 명사

① 동작성 비실체성 명사: 동작성 동사 앞에 접두어 **การ-**을 붙여서 만든다.

เดิน → **การเดิน**	**วิ่ง** → **การวิ่ง**
걷다 걷기	달리다 달리기
กิน → **การกิน**	**เกิด** → **การเกิด**
먹다 먹기	발생하다 발생
นอน → **การนอน**	**พูด** → **การพูด**
눕다 눕기	말하다 말하기

② 상태성 비실체성 명사: 상태성 동사 앞에 접두어 **ความ-**을 붙여서 만든다.

รัก	→	ความรัก	ตาย	→	ความตาย
사랑하다		사랑	죽다		죽음
งาม	→	ความงาม	เจริญ	→	ความเจริญ
아름답다		아름다움	발전하다		발전
พยายาม	→	ความพยายาม	เสื่อม	→	ความเสื่อม
노력하다		노력	쇠퇴하다		쇠퇴

(2) 고유명사

고유명사는 사람 또는 사물의 이름이나 지명처럼 하나 밖에 없는 것을 가리키는 말이다.

สมชาย เป็นผู้จัดการของบริษัท **เกาหลี**
쏨차이는 한국회사의 지배인이다.

กรุงเทพฯ เป็นเมืองหลวงของประเทศ **ไทย**
방콕은 태국의 수도이다.

วัดช้างไห้ เป็นวัดที่อยู่ในจังหวัด **ยะลา**
왓창하이는 얄라현에 있는 사원이다.

(3) 집합명사

집합명사는 사람이나 동물 또는 사물 등이 여럿이 모여 떼지어 있는 것을 가리키는 말이다.

ฝูง นกบินไปบินมาในอากาศ
새떼가 공중을 날아다니고 있다.

กอง ทหารเดินขบวนที่สนามฝึกทหาร
군인들이 연병장에서 행진을 한다.

โขลง ช้างเดินเข้าป่า   코끼리떼가 숲으로 걸어 들어간다.

때로는 단체나 기구 등을 가리키는 일반 명사가 그 구성원을 의미하는 경우가 있다. 이러한 경우에는 그 일반 명사가 집합명사가 되기도 한다.

มหาวิทยาลัย จะเปิดรับนักศึกษาใหม่
대학에서 신입생을 뽑을 것이다.

ประเทศเกาหลี ยินดีต้อนรับท่าน
한국은 당신을 기꺼이 환영합니다.

คณะสงฆ์ เดินทางไปลังกา
승려단이 스리랑카로 간다.

(4) 형태사

형태사는 다른 명사와 결합하여 그 명사의 형태나 크기 그리고 수량 등을 더욱 명확하게 나타내 주는 역할을 한다.

มีพระ 3 รูป มาบิณฑบาต
스님 세 분이 탁발을 오셨다.

แม่ซื้อผ้า 2 หลา มาจากตลาด
어머니는 시장에서 천 두 마를 사오셨다.

นก ฝูง หนึ่งลงกินข้าวในนา แปลง หนึ่ง
새떼가 논 한 필지에 내려와 벼를 먹는다.

형태사는 통사적 분포에 따라 형상명사의 기능을 하기도 한다.

(รถ) **คัน** นี้ใหญ่มาก 이 차는 매우 크다.
(เด็ก) **คน** นี้ น่ารักจัง 이 아이는 매우 귀엽다.
(หนังสือ) **เล่ม** นี้ แพงหน่อย 이 책은 좀 비싸다.

1.1.2 대명사

대명사는 명사 또는 명사구가 문맥이나 상황에 따라 이미 알려졌을 경우에 그것을 되풀이 하지 않고 대신에 간편하게 가리키는 어휘 범주이다. 태국어의 대명사는 다음과 같이 다섯 가지로 나뉘어 진다.

갈래	인칭	대상	보기				
인칭 대명사	1인칭	말하는 사람	ผม	ดิฉัน	ฉัน	หนู	เรา
	2인칭	듣는 사람	คุณ	ท่าน	เธอ	แก	
	3인칭	다른 사람	เขา	เธอ	ท่าน	แก	มัน
관계 대명사	3인칭	ที่	อัน	ซึ่ง	ผู้		
분할 대명사	3인칭	ต่าง	บ้าง				
부정칭 대명사	3인칭	ใคร	เมื่อไร	อะไร	ผู้ใด		
의문 대명사	3인칭	ใคร	เมื่อไร	อะไร	ผู้ใด		

(1) 인칭 대명사

인칭 대명사는 대상을 확정하여 가리키는 말로 정칭 대명사이다. 인칭 대명사는 1인칭, 2인칭, 3인칭 대명사로 나뉘어진다.

1) 1인칭 대명사는 말하는 사람 또는 글쓰는 사람을 가리키는 말로 **ผม ดิฉัน ฉัน หนู เรา ข้าพเจ้า อาตมภาพ** 등이 있다.
2) 2인칭 대명사는 듣는 사람 또는 읽는 사람을 가리키는 말로 **คุณ ท่าน เธอ แก ใต้เท้า โยม ฝ่าพระบาท ใต้ฝ่าพระบาท ใต้ฝ่าละอองธุลีพระ-บาท** 등이 있다.

3) 3인칭 대명사는 말하는 사람과 듣는 사람을 제외한 사람이나 사물을 가리키는 말로 **เธอ ท่าน แก ใคร** 등과 같은 사람 대명사와 **มัน อะไร** 등과 같은 사물 대명사가 있다.

(2) 관계 대명사는 앞에 있는 명사나 대명사 대신 사용하는 말로 **ที่ อัน ซึ่ง ผู้** 등이 있다.

คน ที่ เป็นครูต้องมีความอดทน
선생님인 사람은 인내심이 있어야 한다.
เขาซื้อที่ดิน อัน รกร้างว่างเปล่า 그는 황무지를 샀다.
ประธานาธิบดีคิม ซึ่ง ได้รับเชิญจากรัฐบาลไทยเดินทางไปกรุงเทพฯ
태국 정부의 초청을 받은 김대통령은 방콕으로 갔다.
เธอ ผู้ มีความปรารถนาดีต่อทุกคนเสียชีวิตแล้ว
모든 사람에게 호의를 가졌던 그녀가 죽었다.

(3) 분할 대명사는 한무리에서 떨어져 나오는 일부를 가리키는 말로 **ต่าง บ้าง กัน** 등이 있다.

นักแสดง ต่าง ก็แสดงบทบาทของตน
배우들은 각자 자기의 배역을 연기한다.
คนเรา บ้าง ก็ เกิดมาเป็นคนรวย บ้าง ก็ เกิดมาเป็นคนยากจน
사람은 부자로 태어나기도 하고 빈자로 태어나기도 한다.
ชาวสวนชาวนาตี กัน
과수원하는 사람들과 논농사 짓는 사람들이 싸운다.

(4) 부정칭 대명사는 특정한 대상을 가리키는 것이 아니라 어떤 대상을 부정확하게 가리키는 말로 **ใคร อะไร ไหน เมื่อไร ผู้ใด** 등이 있다.

ใคร จะมาช่วยงานของฉัน 누가 와서 내 일을 좀 도와 줄래?

ดื่ม อะไร ก่อนดีไหม　　뭘 좀 먼저 마실까요?
ไป เมื่อไร ก็ได้ สำหรับผมไม่มีปัญหา
언제 가도 좋아요. 저는 문제 없어요.
ที่ไหน ๆ ฉันก็อยู่ได้　　나는 어디든 있을 수 있어요.
ฉันไม่อยากพึ่งผู้หนึ่ง ผู้ใด
나는 어느 한 사람에게 의존하고 싶지 않아요.

(5) 의문 대명사는 의문 내용을 가진 문장에서 명사 대신에 사용하는 말로서 의문의 초점이 된다.

ใคร อยู่ในห้อง　　누가 방안에 있어요?
เราไปกรุงเทพฯ กัน เมื่อไร　　우리 언제 방콕에 가지요?
คุณจะทาน อะไร　　당신은 무엇을 드시겠습니까?
ไหน เป็นบ้านของท่าน　　어느 것이 당신의 집이지요?

1.1.3 동사

동사는 명사 또는 대명사의 상태를 나타내거나 주어의 동작을 나타내는 말로서 문장의 서술 기능을 맡는 어휘 범주이다. 태국어의 동사에는 다음과 같이 다섯 가지로 나뉘어 진다.

(1) 자동사는 목적어를 필요로 하지 않는 동사이다.

พ่อ นั่ง บนเตียง　　아버지는 침대위에 앉으셨다.
ทหาร เดิน เป็นแถว　　군인이 열을 지어 걷는다.
ครู ยืน อยู่ในห้อง　　선생님이 교실안에 서 계시다.

(2) 타동사는 목적어를 필요로 하는 동사이다.

แม่ ทำ กับข้าว　　어머니가 반찬을 만드신다.

  ตุ๊ก อ่าน หนังสือพิมพ์ 뚝은 신문을 읽는다.
  คุณลุง ตัด ต้นไม้ 아저씨가 벌목을 하신다.

(3) 지정사는 주어와 보어를 연결해주는 동사이다.

  คุณอา เป็น ทนายความ 삼촌은 변호사이다.
  เมืองหลวงของประเทศไทย คือ กรุงเทพฯ
  태국의 수도는 방콕이다.
  เขาถูกลงโทษ เสมือน เป็นนักโทษฆ่าคน
  그는 살인범과 같은 중벌을 받았다.

(4) 조동사는 동사의 앞이나 뒤에 위치하여 시제나 상, 서법 등의 문법 범주를 나타내주는 동사이다.

  เขา กำลัง ทำงาน อยู่ 그는 일하고 있는 중이다.
  ท่าน จง เชื่อฉัน 당신은 나를 믿으십시오.
  เรา เคย ไปเที่ยวภูเก็ต 우리는 푸껫에 놀러간 적이 있다.

(5) 동명사는 명사류와 유사한 기능을 하는 동사이다.

  ฉัน ชอบ ดู ภาพยนตร์ 나는 영화보기를 좋아한다.
  นอน มีประโยชน์ต่อร่างกาย 눕는 것은 몸에 이롭다.
  ฉันชอบ ไปนอน ที่บ้านตา
  나는 외가에 가서 자는 것을 좋아한다.

1.1.4 수식사

 수식사는 명사, 대명사, 동사, 그리고 수식사 등을 수식하여 그 의미를 더욱 분명하게 나타내주는 기능을 한다.

(1) 명사를 한정하는 경우

คน ดี ย่อมได้ดีตอบสนอง   선한 자는 복을 받기 마련이다.
คน ขยัน ย่อมมีความเจริญก้าวหน้า
부지런한 사람은 발전하기 마련이다.

(2) 대명사를 한정하는 경우

ท่าน ทั้งหลายที่มาร่วมงาน ขอเชิญเข้าห้องประชุม
행사에 참석하신 분은 회의실 안으로 입장해주세요.
ของ ทั้งหมด ต้องขายภายในวันนี้
(이) 물건 전부를 오늘 안에 팔아야 한다.

(3) 동사를 한정하는 경우

เด็กคนนี้ ร้องเพลง เก่ง   이 아이는 노래를 잘 부른다.
วันนี้ เขา มา สาย   그는 오늘 늦게 왔다.

(4) 수식사를 한정하는 경우

คนเกาหลีรับประทานอาหาร จุ มาก
한국 사람은 식사를 많이 한다.
เขารักน้อง มาก เหลือเกิน   그는 너무 동생을 사랑한다.

1.1.5 전치사

전치사는 그 앞에 위치하는 단어나 문장이 전치사의 뒤에 나타나는 단어나 문장과 관련하여 어떠한 기능을 하는가를 나타내 준다. 태국어에서 전치사가 나타날 수 있는 위치는 다음과 같다.

(1) 명사 앞

 หนังสือ <u>ของ</u> พ่อหาย   아버지의 책이 없어졌다.
 เขาไป <u>กับ</u> เพื่อน   그는 친구와 함께 갔다.

(2) 대명사 앞

 ฉันจะอยู่ <u>ใกล้</u> เธอเสมอ   나는 언제나 네게 가까이 있겠다.
 ผมเขียนจดหมาย <u>ถึง</u> ท่านพ่อแม่
 나는 부모님께 편지를 쓴다.

(3) 동사 앞

 เรากิน <u>เพื่อ</u> อยู่ หรืออยู่ <u>เพื่อ</u> กิน
 우리는 살기 위해 먹는가 먹기 위해 사는가?
 เด็ก ๆ ทำงาน <u>จนกระทั่ง</u> ตาย   아이들은 죽을 때까지 일했다.

(4) 수식사 앞

 ช่วยส่งหนังสือเล่มนี้ให้ครู <u>โดย</u> เร็วที่สุด
 이 책을 최대한 빨리 선생님께 갖다 드려라.
 ถ้าพูดกัน <u>ตาม</u> จริงแล้ว จะได้รับการให้อภัย
 사실대로 말하면 용서를 받을 것이다.

(5) 문장 앞에 오는 전치사

 แม่ไปตลาด <u>ตั้งแต่</u> ฉันตื่นนอน
 어머니는 내가 잠에서 깰 때부터 시장에 가셨다.
 เขาพูดเสียงดัง <u>กับ</u> คนตวาดเขา
 그는 그에게 소리지르는 사람에게 언성을 높였다.

태국어의 전치사를 의미와 기능에 따라 분류해보면 다음과 같다.

(1) 목적어를 유도하는 전치사 : ซึ่ง แก่ 등이 있다.

  คนต้องพึ่งพาอาศัย <u>ซึ่ง</u> กันและกัน 사람은 서로 의지해야 한다.
  ท่านถึง <u>แก่</u> กรรมแล้ว   그분은 돌아가셨다.
  เขาเป็นคนเห็น <u>แก่</u> หน้าที่
  그는 임무만을 생각하는 사람이다.

(2) 소유주를 나타내는 전치사 : ของ แห่ง 등이 있다.

  หนังสือ <u>ของ</u> พ่อ   아버지의 책이다.
  คำพูด <u>ของ</u> เขาน่าเชื่อถือ   그의 말은 믿을 만 하다.
  นี่คือสถาบันการศึกษา <u>แห่ง</u> ชาติ 이것은 국립의 교육기관이다.

(3) 형태를 나타내는 전치사 : ด้วย กับ ทั้ง โดย ตาม 등이 있다.

  ฉันเห็น <u>กับ</u> ตาแล้ว   나는 눈으로 직접 보았다.
  นอน <u>ทั้ง</u> เครื่องแบบ   제복을 입은 채로 잤다.

(4) 시간을 나타내는 전치사 : เมื่อ ใน ณ แต่ ตั้งแต่ จน กระทั่ง สำหรับ เฉพาะ 등이 있다.

  เราจะสอบ <u>เมื่อ</u> ถึงกำหนดวันสอบ
  우리는 시험일이 되면 시험을 볼 것이다.
  แดงฝึกขับรถ <u>ตั้งแต่</u> เดือนที่แล้ว
  댕은 지난 달부터 운전 연습을 한다.

(5) 장소를 나타내는 전치사 : ที่ ใต้ ใน เหนือ บน ข้าง ริม ใกล้ ไกล ห่าง ชิด แต่ จาก ถึง สู่ ยัง 등이 있다.

น้ำอยู่ ใน ตู้เย็น 물은 냉장고 안에 있다.
เขาจะไปทำงาน ที่ จังหวัดชุมพร 그는 춤펀현에 가서 일할 것이다.

(6) 수량을 나타내는 전치사 : สิ้น ทั้งสิ้น หมดทั้ง ตลอด พอ เกือบ ประมาณ สัก ราว 등이 있다.

แขกที่มาร่วมงานคืนนี้ เกือบ สามสิบคน
오늘 밤 행사에 참석한 손님은 거의 삼십명이 된다.
เขาเคยอยู่เกาหลี ประมาณ สามปี
그는 약 3년 동안 한국에 산 적이있다.

1.1.6 접속사

접속사는 단어와 단어 문장과 문장 그리고 담화와 담화를 연결해주거나 또는 문장의 유연성을 더해 주는 기능을 한다.(4.3 참조)

พ่อ และ แม่ไปต่างจังหวัด
아버지와 어머니는 지방에 가셨다.
เขาชอบดื่มกาแฟร้อน แต่ ฉันชอบดื่มชาเย็น
그는 뜨거운 커피를 좋아하지만 나는 냉차를 좋아한다.
เพราะ ฝนตกหนัก น้ำ จึง ท่วมภาคใต้
폭우가 와서 남부에 홍수가 났다.
อย่างไรก็ตาม เราต้องไปเชียงใหม่ให้ได้
어쨌든 우리는 치앙마이에 꼭 가야한다.

ชาวต่างชาติเข้ามาอยู่เมืองไทย เขาขยันมั่นเพียร ไม่ยอมให้เวลาผ่านไปโดยเปล่าประโยชน์ เขาจึงร่ำรวยจนเกือบจะซื้อแผ่นดินไทยได้ทั้งหมดแล้ว เพราะฉะนั้น ขอให้พี่น้องชาวไทยทั้งหลายจงตื่นเถิด จงพากันขยันทำงานทุกชนิด เพื่อจะได้รักษาผืนแผ่นดินของไทยไว้

외국인은 우리의 태국에 들어와 살면서 부지런하고 근면하여 시간을 헛되이 흘려보내지 않는다. 그리하여 그들은 우리 땅을 모두 살 정도로 부유하게 되었다. 그러므로 태국의 모든 동포여 깨어나라. 모든 일에 부지런히 매진하여 우리의 땅을 지키자.

태국어의 접속사는 그 기능에 따라서 대등 접속사와 비대등 접속사 그리고 강조 접속사 등으로 나눌 수 있다.

(1) 대등 접속사

대등 접속사는 같은 층위의 구조 성분이 이어지는 것을 말한다. 여기서 성분이란 단어나 구 또는 절 따위의 단위를 말한다. 대등 접속사는 의미적 기준에 따라 다음과 같이 네 가지 갈래로 나눌 수 있다.

1) 병렬 접속 : ก็ กับ และ จึง เช่น ว่า ให้ คือ ทั้ง ครั้น...ก็ ครั้น...จึง เมื่อ...ก็ พอ...ก็ ทั้ง...ก็ ทั้ง...กับ ทั้ง...และ ก็คือ ก็ดี ก็ได้ เท่ากับ 등의 접속사를 사용한다.

พี่ และ น้อง ทำงานที่บริษัทเดียวกัน
형과 아우는 같은 회사에서 일한다.
เมื่อ เขาไป ฉัน ก็ จะไปด้วย
그가 갈 때 나도 가겠다.
แม่ทำ ทั้ง กับข้าว และ ซักผ้าด้วย
어머니는 음식도 만드시고 빨래도 하신다.

2) 대조 접속 : แต่ แต่ว่า แต่ทว่า กว่า...ก็ ถึง...ก็ ถึงแม้...แต่...ก็ 등의 접속사를 사용한다.

เขาอยากมีลูก แต่ เขาไม่แต่งงาน
그는 아이를 갖고 싶어하면서 결혼은 하지 않는다.

กว่า เขาจะ ไปถึงบ้าน เขา **ก็** เหนื่อยมาก
집에 도착하기까지는 그도 무척 피곤했다.
ถึงแม้ เขาบอกว่าจะมาร่วมงาน **แต่** ฉัน **ก็** ไม่เชื่อ
그가 행사에 온다고 하더라도 나는 믿지 않는다.

3) 인과 접속 : **เพราะ ด้วย จึง ฉะนั้น ฉะนี้ ค่าที่ ด้วยว่า เหตุเพราะ เหตุว่า เพราะว่า ฉะนั้น……จึง เพราะฉะนั้น เหตุฉะนี้** 등의 접속사를 사용한다.

เขาไม่สบาย เขา **จึง** ไปหาหมอ
그는 몸이 안 좋아 의사를 찾아갔다.
เพราะ เขาทำสวนครัว เขา **จึง** มีผักสดสะอาดกินเสมอ
그는 텃밭이 있어 늘 깨끗하고 신선한 채소가 떨어지지 않는다.

4) 선택 접속 : **หรือ ไม่ก็ ไม่เช่นนั้น มิฉะนั้น หรือมิฉะนั้น** 등의 접속사를 사용한다.

ต้องตอบว่าจะอยู่ **หรือ** จะไป
(여기) 있을 것인지 갈 것인지를 말해야 한다.
ต้องระมัดระวัง **มิฉะนั้น** อาจได้รับบาดเจ็บได้
조심하지 않으면 상처를 입을 수 있다.

(2) 비대등 접속사

비대등 접속사는 서로 다른 층위의 구조 성분이 이어지는 것을 말한다. 비대등 접속사는 의미적 기준에 따라 다음과 같이 여덟 가지 갈래로 나눌 수 있다.

1) 동작, 상태 표시 접속

เขาบอก **ให้** ฉันไปอ่านหนังสือเล่มนี้
그는 나에게 이책을 읽으라고 말했다.

เขาพูด ว่า ภาษาไทยไม่ยาก
그는 태국어가 어렵지 않다고 말했다.

2) 정도, 수량 접속

เขาคุยโม้มาก จน ไม่มีใครเชื่อ
그는 아무도 믿지 않을 만큼 허풍이 심하다.
เขาพากันไปเที่ยว ตลอดจน พาไปเลี้ยงอาหารด้วย
그들은 관광을 가면서 식사까지 대접을 하였다.

3) 시간 접속

เราคุยโทรศัพท์เพลิน จน หนึ่งชั่วโมงผ่านไป
우리는 한 시간이 넘도록 전화로 즐겁게 얘기했다.
เขากลับบ้าน เมื่อ นาฬิกาตี ๑๑ ที
그는 시계가 열 한 번을 칠 때 집으로 돌아갔다.

4) 원인 접속

น้ำท่วม เพราะ ฝนตกหนัก
비가 많이 와서 홍수가 났다.
เขาสอบตก เพราะว่า ไม่อ่านหนังสือ
그는 공부를 하지 않아 시험에 떨어졌다.

5) 인과 관계 접속

พ่อดุ จน ลูกร้อง
아버지는 아이가 울도록 혼냈다.
ลมพัดแรง จน หน้าต่างปิด
바람이 창문이 닫히도록 세게 불었다.

6) 비교 접속

  เขาวิ่งเร็ว <u>เหมือน</u> พายุพัด 그는 폭풍처럼 빨리 달린다.
  เขาเดิน <u>อย่าง</u> ผู้ดีเดิน 그는 양반이 걷는 것처럼 걷는다.

7) 첨가 접속

ชาติชายกับประจวบเป็นเพื่อนกัน ชาติชายทำงานธนาคาร <u>ส่วน</u> ประจวบเรียนหนังสือ
찻차이와 쁘라쭈업은 친구이다. 찻차이는 은행에 근무한다. 한편, 쁘라쭈업은 공부한다.

วันนี้ขอเชิญทุกท่านรับประทานอาหารเป็นร่วมกัน เรามีอาหารหลายอย่างเตรียมไว้พร้อมแล้ว <u>อนึ่ง</u> มีเหล้าไว้ให้ดื่มด้วย
여러분 모두 오늘 저녁 식사에 초대합니다. 여러분을 위하여 여러 가지 음식을 마련하였습니다. 아울러 주류 또한 준비되어 있습니다.

8) 문체 접속

<u>อัน</u> ความดีนี้หนามีค่าล้น ถึงยากจนความดีไม่หนีหาย
이러한 선은 가치가 넘쳐나는 것으로 비록 가난하다 하여도 어디로 사라지지 않는다.
<u>อย่างไรก็ตาม</u> พรุ่งนี้ขอให้เธอมาหาฉัน
어쨌든 너 내일 나 좀 보자.

1.1.7 감탄사

 감탄사는 말하는 이가 다루는 주어 또는 소재적인 내용에 대해서 스스로 놀라움을 드러내거나 감격, 기쁨, 한탄, 자조, 비애 등의 정감적인 요소를 드러내는 말이다.

(1) 부르거나 알릴 때

    เฮ้ย! แน่ะ! โว้ย! นี่แน่!

(2) 화가 날 때

    ดูดู๋! แหม! ชึ๊ ๆ! ช๊ะ ๆ!

(3) 이상하거나 놀랄 때

    เอ๊ะ! เอ! โอ! คุณพระ! แหม! เออแน่ะ! แม่เจ้าโว้ย! อุแม่เจ้า!

(4) 가엾거나 동정할 때

    พุทโธ! พุทโธเอ๋ย! อนิจจา! เจ้าเอ๋ย! น้องเอ๋ย! อนิจจัง!

(5) 알거나 이해할 때

    อ้อ! หือ! เออ! เออแน่ะ! เออน่า!

(6) 아플 때

    อุ๊ย! อุ๊ยหยา! โอย! โอ๊ย!

(7) 의심하거나 의아할 때

    หือ! เฮ้ย! หา! ฮ้า!

(8) 금지나 경고할 때

    ไฮ้! หือหือ! อ้า!

1.2 구조주의 문법에 따른 단어 부류

구조주의 문법에서의 단어 부류는 전통주의 문법과는 달리 단어의 문장 안에서의 위치가 기준이 된다. 태국어의 특성상 단어의 의미와 기능은 그 단어가 문장을 이루기 전에는 아직까지 명확하게 나타나지 않는다. 따라서 단어 부류를 결정하는데 그 단어의 의미를 기준으로 삼게 되면 문제가 될 수 있다.

(1) <u>เหลือง</u> เป็นสีที่ฉันชอบ　　노랑은 내가 좋아하는 색이다.
(2) ผ้าขาวชิ้นนี้ <u>เหลือง</u> แล้ว　　이 흰색 옷감은 누렇게 되었다.
(3) น้องใส่เสื้อ <u>เหลือง</u>　　동생은 노란색 옷을 입었다.

위의 문장 (1)에서 사용된 **เหลือง**은 '노란색'의 의미를 가진 명사로 사용되었으나 통사적 분포에 따라 문장 (2)에서는 '노랗게 되었다'는 의미로 동사로의 기능을 하고 있으며 문장 (3)에서는 '노란'의 의미를 지니고 앞에 있는 **เสื้อ**를 수식하는 형용사의 기능을 하고 있다. 이러한 까닭으로 위찐 파누퐁(**วิจินตน์　ภาณุพงศ์**)과 같은 구조주의 문법학자들은 태국어의 단어부류를 결정하는데 있어 단어의 위치와 기능을 기준으로 하고 그 단어의 통사적 분포를 파악하기 위해 다음과 같은 문장들을 사용한다. 본 항에서는 위찐 파누퐁의 품사 분류를 바탕으로 구조주의 문법에 따른 태국어의 단어 부류에 대해 기술해보기로 한다.

단어 중에서 어떤 부류는 전치 조동사 **กำลัง**의 뒤에 나타나면서 후치 조동사 **แล้ว** 앞에 나타나는 통사적 분포를 갖는다. 이를 문장틀로 구성해 보면 다음과 같이 된다.

　　a. _____ แล้ว　　　　b. กำลัง _____

위의 문장틀 안에 있는 두 빈자리에 동시에 나타날 수 있는 것들은 자동사이다. 그런데 태국어의 단어 중에서 어떤 부류는 자동사의 앞 자리에 나타나는 것들이 있다.

　　a. _____ _____ แล้ว　　b. _____ กำลัง _____

위의 두 문장틀 안에 있는 앞의 두 빈자리에 모두 나타날 수 있는 것들은 명사류이다. 이와 같은 문장구조 시험틀을 이용하여 태국어의 단어 부류를 결정하고 기술할 수 있다.

1.2.1 명사

태국어의 명사는 다음과 같은 위치에 나타날 수있는 단어 부류로 문장 안에서 주어 또는 목적어의 기능을 할 수 있다.

[1] a. _____ กริยา แล้ว
    b. _____ กำลัง กริยา

น้ำ เดือด แล้ว   물이 끓었다.
น้ำ กำลัง เดือด   물이 끓는다.

1.2.2 대명사

태국어의 대명사는 문장틀 [1]에서의 명사와 동일한 통사적 분포를 갖는다. 그러나 명사를 수식할 수 있는 형용사가 대명사를 수식하지는 못한다.

เด็กอ้วนมักกินจุ   뚱뚱한 아이들은 대개 밥을 많이 먹는다.
*เธออ้วนมักกินจุ   뚱뚱한 너는 밥을 많이 먹는다.

태국어의 대명사는 인칭에 따라 다음과 같이 세 가지로 나눌 수 있다.

- 1인칭 : 말하는 사람을 가리키는 말로 ฉัน เรา หนู อั๊ว ดิฉัน ผม กระผม ข้าพเจ้า หม่อมฉัน อาตมา ข้าพระพุทธเจ้า 등이 있다.
- 2인칭 : 듣는 사람을 가리키는 말로 เธอ ตัว หนู ลื้อ นาย แก เจ้า ท่าน คุณ โยม ฝ่าบาท ใต้ฝ่าพระบาท ใต้ฝ่าละอองธุลีพระบาท 등이 있다.

- 3인칭 : 말하는 사람이나 듣는 사람이 아닌 아닌 제 삼자를 가리키는 말로 **เขา ท่าน เธอ หล่อน มัน พระองค์** 등이 있다.

이러한 대명사는 상대방과의 친분과 사회적 지위 그리고 연령 등을 고려하여 그에 알맞게 사용하여야 한다.

1.2.3 수사

태국어의 수사는 여섯 개의 성분으로 이루어진 문장에서 다음과 같은 통사적 분포를 갖는다.

[2] a. นาม คำช่วยหน้ากริยา กริยาสกรรม นาม ____ ลักษณ-นาม (원수사)
b. นาม คำช่วยหน้ากริยา กริยาสกรรม นาม ลักษณนาม ____ (서수사)

위에서 보는 바와 같이 원수사는 형태사의 앞에 나타나고 서수사는 형태사의 뒤에 나타나는 특성이 있다.

(1) 원수사

위의 문장들 [2a]의 빈자리에 나타날 수 있는 수사를 원수사라고 한다.

เขาเคยไปเที่ยวเมืองไทย 2 ครั้งแล้ว
그는 두 번 태국에 놀러 간 적이 있다.
เพื่อนจะซื้อหนังสือ 3 เล่ม   친구는 책을 세 권 사려고 한다.

태국어의 원수사에는 일반적인 숫자외에도 **บาง ทุก หลาย กี่ ครึ่ง** 등이 포함된다.

(2) 서수사

위의 문장틀 [2b]의 빈자리에 나타날 수 있는 수사를 서수사라고 한다.

  นายกฯ จะนั่งรถคัน ที่สอง 회장은 두 번째 차에 탈 것이다.
  พ่อเพิ่งปลูกบ้าน หลังหนึ่ง 아버지는 막 집을 한 채 지으셨다.

태국어의 서수사에는 일반적인 서수외에도 **หนึ่ง[นึง] เดียว แรก สุดท้าย หน้า หลัง กลาง** 등이 포함된다.

(3) 수사 앞 성분

수사 앞 성분이란 문장틀 [2a]에서 명사와 수사 사이에 나타날 수 있는 단어 부류이다.

  ฉันจะวิ่งรอบสนาม อีก 3 รอบ
  나는 운동장을 세 바퀴 더 뛰려고 한다.
  เราจะซื้อเบียร์ สัก 2 ขวด
  우리는 맥주를 한 두 병 사려고 한다.

이와 같은 수사 앞 성분에는 **อีก สัก ทั้ง ตั้ง เพียง กะ ประมาณ เกือบ ราว** 등이 있다. 명사의 수량이 하나일 때에는 숫자 1 이 생략되어 수사 앞 성분이 바로 형태사 앞으로 오게 된다.

  ขอน้ำ อีก แก้ว (= อีก 1 แก้ว) 물 한 잔 더 다오.

(4) 수사 뒷 성분

문장틀 [2a]에서 형태사 뒤에 올 수 있는 말 중에서 형용사의 기능을 하는 상태성 동사, 3성 지시 형용사, 부사, 후치 조동사 등을 제외한 단어 부류가 수사 뒷 성분이다.

ฉันจะวิ่งรอบสนาม อีก 3 รอบ กว่า
나는 운동장을 세 바퀴 조금 더 뛰려고 한다.
เราจะซื้อเบียร์ 2 ขวด เท่านั้น
우리는 맥주를 두 병만 사려고 한다.

이와 같은 수사 뒷 성분에는 **เศษ กว่า เท่านั้น ครึ่ง พอดี ถ้วน** 등이 있다.

1.2.4 형태사

형태사는 다음과 같이 여섯 개의 문장 성분으로 이루어진 문장틀에서 빈자리에 나타날 수 있는 단어 부류이다.

[3] นาม _____ กริยาอกรรมย่อย นี่ กริยาอกรรม แล้ว

มีด เล่ม เล็กนี่ทื่อแล้ว   이 작은 칼은 날이 무디어졌다.
บ้าน หลัง เก่านี่ซ่อมแล้ว   이 헌 집은 수리하였다.

형태사는 명사와 같은 형태를 지니고 있는 것이 있는가 하면 다른 형태를 지니고 있는 것도 있다.

คน 2 คน   사람 두 명   **หนังสือ 3 เล่ม**   책 세 권
นิ้ว 2 นิ้ว   손가락 두 개   **เก้าอี้ 3 ตัว**   의자 세 개

형태사의 사용에 있어서 하나의 명사에 대해서 각기 다른 형태사를 사용하는 경우 의미가 달라진다.

เราจองโต๊ะ 2 ตัว
우리는 (가구로서의) 테이블 두 개를 예약하였다.

เราจองโต๊ะ 2 โต๊ะ
우리는 (좌석으로서의) 두 테이블을 예약하였다.

명사와 형태사를 같이 사용하는 경우에 형태사 만을 사용하는 경우보다 의미가 강조된다.

เรามีนิ้ว 5 นิ้ว
우리는 손가락이 다섯 손가락 있다. (강조)

เรามี 5 นิ้ว
우리는 다섯 손가락이 있다.

เขาพูดกับคนทุก คน ที่ไปร่วมงาน
그는 행사에 참석한 사람 모든 사람과 이야기 했다. (강조)

เขาพูดกับทุก คน ที่ไปร่วมงาน
그는 행사에 참석한 모든 사람과 이야기 했다.

명사의 수량이 하나일 때는 숫자 1 이 생략되고 형태사만이 사용된다. 수사 앞 성분이 있는 경우에도 마찬가지이다.

ขอมีด เล่ม ซิ   (= มีด ๑ เล่ม)
칼 한 자루 주세요.

เขากินข้าวตั้ง หม้อ   (= ข้าวตั้ง ๑ หม้อ)
그는 밥을 솥 채로 먹는다.

1.2.5 동사

구조주의 문법에 의한 태국어의 동사 분류는 자동사와 타동사 그리고 이중 목적어 동사 등 세 가지로 나뉘어 진다.

(1) 자동사는 목적어를 필요로 하지 않는 동사로 다음과 같은 문장틀 안에서 빈 자리에 나타날 수 있는 단어 부류이다.

[4] a. นาม _____ แล้ว
 b. นาม กำลัง _____

ฝน <u>ตก</u> แล้ว   비가 온다.
ฝนกำลัง <u>ตก</u>   비가 오고 있다.

อากาศ <u>ร้อน</u> แล้ว   날씨가 더워졌다.
อากาศกำลัง <u>ร้อน</u>   날씨가 한창 덥다.

(2) 타동사는 직접 목적어를 요구하는 동사로 다음과 같은 문장틀 안에서 빈 자리에 나타날 수 있는 단어 부류이다.

[5] a. นาม _____ นาม แล้ว
 b. นาม กำลัง _____ นาม

น้า <u>ซื้อ</u> ขนมแล้ว   이모는 과자를 샀다.
น้ากำลัง <u>ซื้อ</u> ขนม   이모는 과자를 사고 있는 중이다.

น้อง <u>เขียน</u> จดหมายแล้ว   동생은 편지를 썼다.
น้องกำลัง <u>เขียน</u> จดหมาย   동생은 편지를 쓰고 있는 중이다.

(3) 이중 목적어 동사는 직접 목적어와 간접 목적어 등 두 개의 목적어를 필요로 하는 동사로 다음과 같은 문장틀 안에서 빈 자리에 나타날 수 있는 단어 부류이다.

[6] a. นาม _____ นาม นาม แล้ว
 b. นาม กำลัง _____ นาม นาม

แม่ ให้ สตางค์น้องแล้ว   어머니는 동생에게 돈을 주셨다.
แม่กำลัง ให้ สตางค์น้อง   어머니는 동생에게 돈을 주고 계신다.

ครู บอก คะแนนนักเรียนแล้ว
선생님은 학생에게 성적을 불러 주셨다.
ครูกำลัง บอก คะแนนนักเรียน
선생님은 학생에게 성적을 불러 주고 계신다.

1.2.6 동사 선행어

동사 선행어는 동사 앞에 위치하여 동사의 동작을 행하기 위하여 이동하는 방향을 나타낸다. 태국어의 동사 선행어는 **ไป** 와 **มา** 가 있으며 이들 단어 부류에는 강세가 주어지지 않는다.

(1) **ไป** 는 동사의 동작을 행하기 위해 주어가 말하는 이에게서 멀어져 감을 나타낸다.

สมหญิง ไป พบอาจารย์
쏨잉은 교수님을 만나러 갔다.
แม่ ไป ส่งลูกที่สถานีรถไฟ
어머니는 기차역으로 아이를 전송나갔다.

(2) **มา** 는 동사의 동작을 행하기 위해 주어가 말하는 이에게 가까워 옴을 나타낸다.

สมหญิง มา พบอาจารย์
쏨잉은 교수님을 만나러 왔다.
แม่ มา ส่งลูกที่สถานีรถไฟ
어머니는 기차역으로 아이를 전송나왔다.

1.2.7 동사 후행어

동사 후행어는 동사의 뒤에 위치하여 앞에 있는 동사와 관련하여 여러 가지 의미를 나타낸다. 부동사라고도 하며 동사 선행어와 마찬가지로 강세가 주어지지 않는다.

(1) ไป는 말하는 이로부터 멀어져가는 동작의 시간적 공간적 방향, 사건이 발생하고 나서 일정기간 지속되는 지속상, 두 가지 사건이 동시에 진행되는 동시상, 또는 일정 기준을 초과하는 상태 등의 다양한 의미를 나타낸다.

  เชิญเข้า ไป ห้องนี้ 이 방으로 들어 가세요.
  ฉันให้เงินเขา ไป เมื่อวาน 나는 어제 그에게 돈을 주었다.
  เขาร้องไห้ ไป ตลอดทาง 그는 내내 울었다.
  แดงพูด ไป กิน ไป 댕은 먹으면서 이야기 했다.
  แพง ไป หน่อย 좀 비싼 편이다.

(2) มา는 말하는 이에게로 다가 오는 동작의 시간적 공간적 방향이나 과거에 발생한 사건이 현재까지 진행되고 있는 진행상 등의 의미를 나타낸다.

  ส่งหนังสือ มา ทางนี้หน่อย 책 좀 이 쪽으로 보내주세요.
  นี่คือสิ่งที่ไม่เคยเห็น มา ก่อน 이것이 전에 본 적이 없는 물건이다.

(3) ขึ้น은 공간적으로 위쪽 또는 심리적으로 바람직한 쪽으로 진행되는 상태의 변화, 수량이나 무게 또는 정도의 증가, 생산이나 제작의 완성 등의 다양한 의미를 나타낸다.

  ภาษาไทยดี ขึ้น มาก 태국어가 많이 늘었네요.
  เธอสวย ขึ้น มาก 그녀는 아주 예뻐졌다.
  อาจารย์เขียนตำรา ขึ้น หลายเล่ม
  교수님은 여러 권의 교재를 쓰셨다.

(4) **ลง**은 주동사의 뒤에 위치하여 공간적으로 아래쪽 또는 심리적으로 바람직하지 않은 쪽으로 진행되는 상태의 변화, 수량이나 무게 또는 정도의 감소 등의 다양한 의미를 나타낸다.

  ก้มหน้า ลง ทำไม 왜 얼굴을 숙이지?
  เรียนแย่ ลง 공부가 더 엉망이 되었구나.
  สมหญิงผอม ลง 쏨잉은 여위었다.
  อากาศเย็น ลง มาก 날씨가 많이 서늘해졌다.

(5) **เข้า**는 동작의 독촉, 사건의 의외성 또는 부피나 면적의 축소 변화 등의 다양한 의미를 나타낸다.

  รีบทำ เข้า หน่อย 좀 서둘러라.
  ไปเจอเพื่อน เข้า 가서 우연히 친구를 만났다.
  กางเกงหด เข้า มาก 바지가 많이 줄어들었다.

(6) **ออก**은 동작의 결과, 부피나 면적의 확대 등의 의미를 나타낸다.

  พูดไม่ ออก 말이 나오지 않는다.
  เลาะตะเข็บข้าง ออก (옷등의) 꿰멘 가장 자리를 잘라내라.
  แดงขยายเสื้อ ออก 댕은 옷을 늘렸다.

(7) **เสีย**는 사건이 발생하여 종결되는 완료상, 동작의 실행을 촉구하는 가벼운 명령 등의 의미를 나타낸다.

  ดินสอหัก เสีย แล้ว 연필이 부러져 버렸다.
  ทานยา เสีย 약을 먹어라.

(8) **ไว้**는 상태의 지속이나 보존 등의 의미를 나타낸다.

  เก็บ ไว้ ได้นาน 오래 보관할 수 있다.

จำเรื่องนี้ <u>ไว้</u> ให้ดี   이 이야기를 잘 기억해두어라.

(9) **เอา**는 일어나는 사건의 수동성의 의미를 나타낸다.

เดี๋ยวยุงกัด <u>เอา</u>   그러다 모기에게 물린다.

(10) **ให้**는 일어나는 사건의 수동성 또는 수혜나 봉사의 의미를 나타낸다.

เดี๋ยวเพื่อนตี <u>ให้</u>   그러다가 친구에게 맞는다.
ฉันจะถาม <u>ให้</u>   내가 물어봐 줄 게.

(11) **ดู**는 동작의 시도의 의미를 나타낸다.

มา <u>ดู</u> ซิใครมา   와 보세요, 누가 왔는지.
ให้ผมคิด <u>ดู</u> ก่อนนะ   먼저 생각 좀 해볼 게요.

1.2.8 조동사

태국어의 조동사는 본동사의 앞과 뒤에 위치하여 시제(tense)나 상(aspect) 또는 양상(modal) 등의 의미를 나타낸다. 조동사 중에서 본동사 앞에 오는 것을 전치 조동사라 하고 뒤에 오는 것을 후치 조동사라고 한다.

(1) 전치 조동사

태국어의 전치 조동사는 139쪽에서의 문장틀 [4b][5b][6b]에서 **กำลัง**의 위치에 올 수있는 단어 부류들이다. **กำลัง** 자체도 하나의 전치 조동사이다.

ฝน <u>เพิ่ง</u> ตก   방금 비가 왔다.
น้า <u>เคย</u> ไปเกาหลี   이모는 한국에 간 적이 있다.
แม่ <u>จะ</u> ให้สตางค์น้อง   어머니는 동생에게 돈을 주실 것이다.

전치 조동사는 부정소 **ไม่**의 결합 형태를 기준으로 다음과 같이 세 가지로 분류할 수 있다.

1) 부정소 **ไม่**의 앞에 오는 조동사

    เกิด   วันนี้เพื่อนเกิดมาหาฉันที่นี่
             오늘 친구가 여기로 나를 찾아오게 되었다.

            หิมะเกิดไม่ตก
             눈이 오지 않는다.

    เกือบ   การบ้านเกือบเสร็จแล้ว
             숙제가 거의 끝났다.

            แม่มางานคืนนี้เกือบไม่ทัน
             어머니는 오늘 밤 행사에 거의 늦으실 뻔 했다.

    กำลัง   คนไข้กำลังทานข้าวต้ม
             환자가 쌀죽을 먹고 있다.

            สภาพเศรษฐกิจกำลังไม่ดี
             경제사정이 안 좋다.

    ขืน   เธอขืนสูบบุหรี่ต่อไปจะเสียสุขภาพ
             억지로 계속 담배를 피면 건강을 상할 것이다.

            ขืนไม่ไปตอนนี้เราคงไปไม่ทันรถไฟแน่
             말을 안 듣고 지금 가지 않으면 기차를 제 시간에 타지 못할 것이다.

    คง   เพื่อนฉันคงมาสายหน่อย
             내 친구는 아마도 좀 늦게 올 것이다.

	พ่อคงไม่อนุญาตให้ไปดูหนัง
	아버지는 아마도 영화구경 가도록 허락하지 않으실 것이다.
ค่อนข้าง	**เด็กคนนี้ค่อนข้างขยัน**
	이 아이는 부지런한 편이다.
	น้องเขาค่อนข้างไม่ฉลาด
	동생은 그리 똑똑하지 않은 편이다.
จวน	**งานชิ้นนี้จวนเสร็จแล้ว**
	이 일은 거의 끝났다.
	งานชิ้นนี้จวนไม่เสร็จแล้ว ถ้าแดงไม่ช่วย
	댕이 와서 도와주지 않았더라면 이 일을 거의 끝내지 못할 뻔 했다.
จะ	**ฉันจะ(ไม่)ไปกรุงเทพฯพรุ่งนี้**
	나는 내일 방콕에 (안)가겠다.
ชัก	**ฉันชัก(ไม่)ชอบเขาแล้ว**
	나는 그가 (안)좋아지려고 한다.
แทบ	**น้องแทบกระโดด เมื่อรู้ว่าได้ไปเที่ยว**
	동생은 놀러 가게 된 것을 알자 거의 뛰다시피 했다.
	ฉันแทบไม่เชื่อหูตัวเอง
	나는 내 귀를 의심하였다.
พลอย	**เพื่อนพลอย(ไม่)ชอบเขาไปด้วย**
	친구도 따라서 그를 (안)좋아하게 되었다.

เพิ่ง　　　นาฬิกาเพิ่ง(ไม่)เดิน
　　　　　시계가 막 (안)가기 시작하였다.

มัก　　　เด็กคนนี้มัก(ไม่)ชอบนั่งเฉย ๆ
　　　　　이 아이는 대개 가만히 앉아 있(지 않)는다.

ย่อม　　　คนดีย่อม(ไม่)ทำเช่นนั้น
　　　　　선한 사람은 마땅히 그렇게 (안)해야 한다.

ยัง　　　เขายังคง(ไม่)พูดมากเหมือนเดิม
　　　　　그는 아마 아직까지 종전처럼 말을 많이 (안)할 것이다.

อาจ　　　แดงอาจ(ไม่)มาเย็นนี้
　　　　　댕은 아마도 오늘 저녁에 (안)올 것이다.

ดูเหมือน　คุณแม่ดูเหมือน(ไม่)อยู่
　　　　　어머니는 (안)계신 것 같다.

คล้ายจะ　ท่าทางเขาคล้ายจะ(ไม่)พอใจ
　　　　　그의 태도는 만족하(지 않)는 것 같다.

ท่าจะ　　เรื่องนี้ท่าจะ(ไม่)ตกลง
　　　　　이 일은 합의를 (못)볼 것 같다.

หมายจะ　ที่แรกหมายจะ(ไม่)ไป
　　　　　처음에는 (안)가려고 했다.

เห็นจะ　ป่านนี้เพื่อนเห็นจะ(ไม่)มาแล้ว
　　　　　지금 쯤이면 친구가 (안)올 것이다.

แสนจะ	ผู้ชายคนนี้แสนจะ(ไม่)ดี
	이 남자는 무척 (안)좋은 사람이다.
ออกจะ	เด็กคนนั้นออกจะแก่แดด
	그 아이는 조숙해 보인다.
	ท่าทางเขาออกจะไม่ชอบมาพากล
	그의 행동이 좀 이상하다.
จะได้	ต่อไปนี้จะได้รู้เรื่องบ้าง
	앞으로는 좀 알게 될거야.
	พรุ่งนี้จะได้ไม่มีงานมากเกินไป
	내일은 일이 지나치게 많지 않을 거야.

2) 부정소 ไม่의 뒤에 오는 조동사

ค่อย	อากาศค่อยเย็นขึ้นหน่อยแล้ว
	날씨가 좀 시원해졌다.
	เขาไม่ค่อยมาที่นี่
	그는 여기에 좀처럼 오지 않는다.
น่า	ขนม(ไม่)น่ากิน
	과자가 먹음직스럽(지 않)다.
ได้	เมื่อวานฉัน(ไม่)ได้ไปดูหนัง
	어제 나는 영화를 (안)보러 갔다.
มัว	เด็ก(ไม่)มัวแต่ดูโทรทัศน์
	아이들이 텔레비전에만 빠져 있(지 않)다.

| สามารถ | เรา(ไม่)สามารถทำเรื่องนี้ได้
우리는 이 일을 할 수 있(지 않)다.

3) 부정소 ไม่ 의 앞과 뒤에 모두 올 수 있는 조동사

| ควร | เธอไม่ควรไปพบเขา
너는 그 사람을 만나러 갈 필요가 없어.

เธอควรไม่ไปพบเขา
너는 그 사람을 만나지 말아야 해.

| เคย | เขาไม่เคยเอาใจใส่เรา
그는 우리에게 마음 써준 적이 없다.

เขาเคยไม่เอาใจใส่เรา
그는 우리에게 마음 써 주지 않은 적이 있다.

| ต้อง | เราไม่ต้องบอกเขาล่วงหน้า
우리는 그에게 미리 이야기 할 필요가 없다.

เราต้องไม่บอกเขาล่วงหน้า
우리는 그에게 미리 이야기해서는 안된다.

| อยาก | เขาไม่อยากออกไป
그는 밖에 나가고 싶어 하지 않는다.

เขาอยากไม่ออกไป
그는 밖으로 안 나가고 싶어 한다.

(2) 후치 조동사

태국어의 후치 조동사는 139쪽에서의 문장들 [4a][5a][6a]에서 **แล้ว**의 위

치에 올 수 있는 단어 부류들이다. **แล้ว** 자체도 하나의 후치 조동사이다.

  ฝนยังตก อยู่   아직도 비가 오고 있다.
  น้ำทำกับข้าว แล้ว   이모는 반찬을 만들었다.
  เขาต้องมา อยู่แล้ว   그는 반드시 오게 되어 있다.

태국어의 후치 조동사는 **อยู่ แล้ว อยู่แล้ว** 등의 세 개가 있다.

1.2.9 형용사

형용사는 명사 뒤에 위치하여 그 명사를 수식하여 주는 기능을 하는 단어 부류이다. 태국어의 형용사는 다음과 같이 두 가지로 나눌 수 있다.

(1) 순수 형용사

순수 형용사는 본래 명사를 수식하는 기능만을 가지고 있는 형용사로 형태사와 같이 사용되거나 형태사 없이 단독으로 사용될 수 있다.

  เขามีห้อง ส่วนตัว   그는 그만의 방이 있다.
  ขอจาน เปล่า สักใบ   빈 접시 하나 주세요.
  เด็ก ๆ ไม่เคยเห็นคน ง่อย 아이들은 장애인을 본 적이 없다.
  น่าสงสารคน ใบ้   벙어리가 불쌍해라.
  แดงเป็นลูก (คน) หัวปี 댕은 맏이이다.
  เสื้อ(ตัว)น้ำตาล ยังไม่ได้ซัก 갈색 옷은 아직 안 빨았다.

(2) 전성 형용사

전성 형용사는 본래 상태성 동사의 기능을 하던 것이 명사의 뒤에 위치하면서 선행 명사를 수식하는 기능을 하는 단어 부류이다.

เสื้อ(ตัว) เก่า ยังใช้ได้   (형용사)
헌 옷은 아직 입을 수 있다.

เสื้อคง เก่า กว่ากางเกงแล้ว (상태성 동사)
윗옷이 바지보다 더 낡았을 것이다.

วัว(ตัว) ผอม ไม่ค่อยกินหญ้า   (형용사)
마른 소는 그다지 풀을 먹지 않는다.

น้องอาจจะ ผอม กว่าพี่แล้ว (상태성 동사)
동생은 아마 형보다 더 말랐을 것이다.

1.2.10 부사

부사는 동사, 형용사, 부사를 수식하는 문장 성분이다. 태국어의 부사는 다음과 같은 문장틀 안에서 빈 자리에 나타날 수 있는 단어 부류 중에서 부동사나 후치 조동사 그리고 어조사를 제외한 성분이다.

[7] นาม กริยาอกรรม _____

태국어의 부사는 다음과 같이 성분 부사와 문장 부사로 나눌 수 있다.

(1) 성분 부사

성분 부사는 주로 문장의 한 성분을 수식해주는 단어 부류로 **เรื่อย เหมือนกัน ยังไง ทีเดียว เสมอ หน่อย ทำไม เท่าไร** 와 같은 것들이 있다.

รองเท้าสวย จัง	신발이 예쁘기도 해라.
หิวน้ำ เหลือเกิน	목이 너무나 탄다.
เพื่อนมา ก่อน	친구가 먼저 왔다.
วันหลังจะไป อีก	나중에 다시 가야지.

แม่จะไป <u>ด้วย</u>　　　엄마도 같이 가겠다.
ฝนจะตก <u>กระมัง</u>　　아마 비가 오려나 보다.

(2) 문장 부사

문장 부사는 문장 전체를 수식해 주는 기능을 한다. 따라서 문장 안에서의 도치가 비교적 자유롭다. 태국어의 문장 부사에는 **ปกติ　ธรรมดา　น่ากลัว โดยทั่วไป　ส่วนมาก　ส่วนใหญ่　ที่จริง** 과 같은 것들이 있다.

<u>ปกติ</u> เด็กคนนี้ซนเหลือเกินนะ
보통 이 아이는 너무 개구지다.
เด็กคนนี้ <u>ปกติ</u> ซนเหลือเกินนะ
이 아이는 보통 너무 개구지다.

본래 시간을 표현하는 말들이 부사의 기능을 하는 경우가 있는데 이를 시간 부사어라고 한다. 이들도 문장 전체를 수식해 주는 기능을 하는 경우에 문장 부사에 포함시킬 수 있다.

<u>กลางวัน</u> สีนี้ ไม่สวยนะ　　낮에 이 색은 예쁘지 않다.
สีนี้ <u>กลางวัน</u> ไม่สวยนะ　　이 색은 낮에 예쁘지 않다.

본래 장소를 나타내는 말들이 부사의 기능을 하는 경우가 있는데 이를 장소 부사어라고 한다. 이들도 문장 전체를 수식해 주는 기능을 하는 경우에 문장 부사에 포함시킬 수 있다.

<u>ที่ห้องสมุด</u> นักเรียน ทำการบ้าน
도서관에서 학생들이 숙제를 한다.
นักเรียน ทำการบ้าน <u>ที่ห้องสมุด</u>
학생들이 숙제를 한다, 도서관에서.

1.2.11 지시사

태국어의 지시사는 다음과 같은 문장틀 안에서 빈 자리에 나타날 수 있는 단어 부류이다.

[8] นาม จำนวนนับ ลักษณนาม _____ กริยาอกรรม คำช่วย
    หลังกริยา

위와 같은 문장틀 안에 나타날 수 있는 지시사는 นี่ นั่น โน่น นู่น 등의 2성 지시사들과 นี้ นั้น โน้น นู้น 등의 3성 지시사 그리고 ไหน 와 같은 4성 지시사이다.

นี่   นี้   (말하는 사람에게서 가깝고 듣는 사람에게서 멀리 있는 것)
นั่น   นั้น   (말하는 사람에게서 멀고 듣는 사람에게서 가까이 있는 것)
โน่น   โน้น   (말하는 사람과 듣는 사람 모두에게서 멀리 있는 것)
นู่น   นู้น   (말하는 사람과 듣는 사람 모두에게서 매우 멀리 있는 것)

2성 지시사는 선행 명사와 그것이 있는 장소를 포함하여 가리키며 3성 지시사는 선행명사를 강조하여 가리킨다. 따라서 2성 지시사는 시간을 표현하는 말들과 사용하지 못한다.

*วันนี่ → วันนี้   오늘
*คืนนั่น → คืนนั้น   그날 밤

1.2.12 어조사

태국어의 어조사는 문장의 맨 끝머리에 나타나는 단어 부류로 다음과 같은 특징을 가지고 있다.

(1) 어형의 변화가 없는 태국어에서 부분적으로 서법에 관여하기도 하고

말하는 이의 감정을 드러내기도 한다.

อย่าพูดเช่นนั้น ซี่	그렇게 말하지마!	(명령)
กลับบ้านกัน เถอะ	집에 갑시다.	(청유)
คุณจะช่วยเขาไหม ล่ะ	그 사람 도와줄 거에요?	(의문)
ฉันรู้แล้ว น่า	나 알아요!	(짜증)
ช่วยผมหน่อย น่า	나 좀 도와 줘!	(애원)
เด็ก ๆ ทำอะไรกัน นะ	아이들 뭐하지?	(의심)
แม่คงไม่อนุญาต หรอก	엄마는 허락하지 않으실 거야.	(부정)
ร้านนี้สะอาดดี นะ	이 가게는 깨끗하죠?	(의사표시)
เชิญตามสบาย นะยะ	좋을대로 해!	(빈정거림)

(2) 어조사는 말하는 사람이나 듣는 사람의 사회적 문화적 환경에 따라 쓰임새가 다르다.

1) **คะ ค่ะ ขา** 는 여자가 **ครับ ครับผม** 은 남자가 사용하며 모두 윗사람에게 사용한다.
2) **วะ หว่ะ ยะ ย่ะ** 등은 친한 친구들이나 아랫사람에게 사용되며 허물없이 사용한다.
3) **ฮะ ฮ่ะ จ๊ะ จ๋ะ** 등은 아랫사람에게 사용한다.

(3) 하나의 어조사는 사용되는 환경에 따라 여러 가지 다른 형태로 나타날 수 있다.

คะ	ค่ะ	ขา
จ๊ะ	จ๋ะ	จ๋า
ซิ	ซี่	ซี

(4) 의문어조사 **หรือ** 나 **ไหม** 는 의문문을 만든다. **หรือ** 는 어느 정도 알고 있는 정보를 바탕으로 확인하는 의문문을 만들며 **ไหม** 는 사전 정보 없

이 묻는 의문문을 만든다. 따라서 **ไหม** 는 미래시제나 경험을 나타내는 문장에 사용되지만 완료형이나 진행형의 문장에는 사용할 수 없다.

คุณจะไปด้วยไหม   당신도 같이 가시겠습니까?
เคยทานอาหารเกาหลีไหม   한국음식을 먹어 본 적 있어요?
*เขาแต่งงานแล้วไหม   그는 이미 결혼했어요?
*แดงกำลังทำอาหารไหม   댕은 음식을 만들고 있어요?

또한 **ไหม** 는 의무나 당위성을 나타내는 문장에 사용할 수 있으나 추측의 의미를 나타내는 문장에서는 사용할 수 없다.

คุณต้องไปเดี๋ยวนี้ไหม   지금 꼭 가셔야 해요?
วิชานี้ควรจะเรียนไหม   이 과목을 배워야 하나요?
*สมศรีคงจะไปดูหนังไหม   쏨씨는 아마 영화구경 갈 건가요?
*แม่อาจมาไหม   어머니는 아마 오실 건가요?

부정문에서 의문어조사 **ไหม** 가 문장의 끝머리에 올 수 없다.

***เขาไม่ชอบอาหารไทยไหม**
그는 태국음식을 좋아하지 않습니까?
***พ่อไม่ไปทำงานไหม**
아버지는 출근하지 않으세요?

의문어조사 **หรือ** 나 **ไหม** 가 다른 요소와 결합하여 의문문을 만들 수 있다.

ใช่ไหม : 알고 있는 사실에 대해서 확인을 요청하는 의문문

คุณชอบเขาใช่ไหม   당신은 그를 좋아하시지요?
เขาเป็นเพื่อนคุณใช่ไหม   그는 당신 친구이지요?

ไม่ใช่หรือ : 반박하거나 충고하는 의문문

เขาบอกว่าจะมาไม่ใช่หรือ	그는 오겠다고 하지 않았나요?
คุณจ่ายเงินแล้วไม่ใช่หรือ	당신은 돈을 지불하지 않았나요?

หรือเปล่า : "예" 또는 "아니오"로 확인을 요청하는 의문문

วันนี้มีประชุมอีกหรือเปล่า	오늘 회의가 또 있지 않아요?
คุณจะไปด้วยหรือเปล่า	당신도 같이 갈 건가요?

หรือยัง : 완료여부를 묻는 의문문

คุณมีครอบครัวหรือยัง	당신은 결혼하셨습니까?
ทานข้าวแล้วหรือยัง	식사하셨습니까?

1.2.13 부정소

태국어에서 가장 많이 사용되는 부정소는 **ไม่** 이다. 조동사와 관련하여 부정소 **ไม่** 가 나타날 수 있는 자리는 다음과 같다(2.3.5 참조).

(1) 일부 전치 조동사 뒤

คุณแม่ยัง ไม่ กลับมาจากกรุงเทพฯ
어머니는 아직 방콕에서 돌아오지 않으셨다.
พรุ่งนี้ฉันอาจ ไม่ อยู่   나는 아마 내일 없을 것이다.

(2) 일부 전치 조동사 앞

กับข้าว ไม่ น่ากิน	반찬이 먹음직스럽지 않다.
ฉัน ไม่ ได้พูดเรื่องนี้	나는 이 말을 하지 않았다.

(3) 일부 전치 조동사의 앞 또는 뒤

แม่ ไม่ ต้องพูดเรื่องนี้ให้พ่อฟัง
어머니는 이 말을 아버지에게 할 필요가 없다.
แม่ต้อง ไม่ พูดเรื่องนี้ให้พ่อฟัง
어머니는 이 말을 아버지에게 해서는 안된다.

(4) 전치 조동사 없는 문장에서 동사 앞

แดด <u>ไม่</u> ออกเลย   햇볕이 나지를 않네요.
ดอกไม้ <u>ไม่</u> บาน   꽃이 피지 않는다.

1.2.14 전치사

태국어의 전치사는 다음과 같은 문장틀 안에서 빈 자리에 나타날 수 있는 단어 부류이다.

[9] นาม ช่วยหน้ากริยา กริยาอกรรม _____ นาม

위와 같은 통사적 제약에 따라 명사의 앞이나 동사와 명사 사이에 나타날 수 있다.

รถวิ่ง <u>บน</u> สะพาน   차가 다리 위를 달린다.
เด็กเพิ่งขึ้น <u>จาก</u> น้ำ   아이가 막 물에서 나왔다.
ไป <u>กับ</u> พ่อดีกว่า   아버지와 같이 가는 게 더 낫다.

태국어의 중요한 전치사에는 **บน ข้าง นอก ใน เหนือ กลาง กว่า ตาม ตรง แถว ตลอด ทาง กับ แต่ ตั้งแต่ หลัง หน้า ที่** 등이 있다(1.1.5 참조).

1.2.15 접속사

태국어의 접속사는 단어와 단어를 연결해주는 단어 접속사와 절과 절 또는 문장과 문장을 연결해주는 문장 접속사가 있다.

(1) 단어 접속사

단어 접속사는 주로 명사와 명사를 연결해주는 기능을 한다. 태국어의 단어 접속사에는 กะ กับ หรือ ของ 등의 네 가지가 있다.

    ช้อน กะ ส้อม   순가락과 포크
    เสื้อ กับ กางเกง   윗옷과 바지
    เนื้อ หรือ ไก่   소고기 또는 닭고기
    ปากกา ของ น้อง   동생의 펜

(2) 문장 접속사

문장 접속사는 절과 절을 연결해주거나 문장과 문장을 연결해주는 기능을 한다(1.1.6 참조).

    ฝนกำลังจะตก แต่ เราไม่ได้เอาร่มมาสักคัน
    비가 오려고 하는데 우리는 우산을 하나도 가져오지 않았다.

    แม่ดีใจ ที่ ลูกหายป่วย
    아이가 완쾌하여 어머니는 기쁘다.

    เธอต้องมา นอกเสียจาก ดวงอาทิตย์ขึ้นทางทิศตะวันตก
    너는 해가 서쪽에서 뜨지 않는 한 꼭 와야 한다.

2. 문장론

전통적인 의미에서 통사론의 연구대상은 문장이다. 따라서 통사론에서는 통사 단위로서의 문장과 문장을 구성하는 성분들을 확정짓고 그 유형을 확립하는 일이 필요하다. 아울러 문장을 구성하고 있는 통사 단위들이 상호 어떠한 관계를 맺고 있는지를 밝혀내야 한다.

태국어에서 단어는 그 자체로는 아직 문법적 기능을 나타내지 못하고 절이나 문장을 구성하고 있을 때 비로소 그 위치와 관련하여 문법적 기능과 의미가 확실하게 결정된다. 이러한 태국어의 특성에 따라 본 장에서의 태국어 문장론은 문장 분석에 있어서 문장의 구성성분의 위치와 기능을 중요한 기준으로 삼는 구조주의 문법이론을 바탕으로 기술하기로 한다.

2.1 문장의 종류와 구조

태국의 전통주의 문법 학자들은 문장을 주부와 술부로 이루어진 언어 단위로 정의하여 왔으나 위찐(วิจินตน์ ภาณุพงศ์)과 같은 구조주의 문법학자들은 하나의 단어만으로 구성되는 문장이 있을 수 있다고 정의하고 있다. 태국어의 특성상 주어가 없는 문장이 있을 수 있으며 언어 사용에 있어 하나의 단어로 충분한 의사 전달이 가능한 경우가 많으므로 구조주의 문법학자들의 문장에 대한 정의가 상당한 타당성이 있다고 생각된다. 지금부터는 태국어의 문장의 종류를 알아보고 그 문장이 어떠한 구조를 지니고 있는지를 기술하여 보기로 한다.

2.1.1 문장의 종류

태국어의 문장의 종류는 다음과 같이 나뉘어 진다.

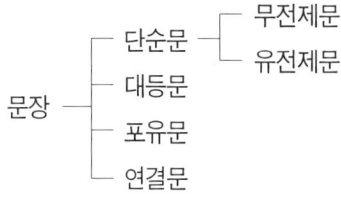

(1) 단순문

단순문이란 하나 또는 그 이상의 문장 성분으로 구성된 문장으로 주어와 술어의 결합이 한 번만 이루어진 문장을 말한다. 태국어의 단순문은 무전제문과 유전제문으로 나뉘어 진다.

1) 무전제문 : 특별한 전제 없이도 듣는 사람이 그 뜻을 충분히 이해할 수 있어 대화의 서두에서 사용할 수 있는 문장을 말한다.

วันนี้อากาศดี	오늘 날씨가 좋다.
ดอกไม้หอมจังเลย	꽃이 무척 향기롭구나.
สบายดีหรือ	편안하십니까?
คุณเคยไปเชียงใหม่ไหม	치앙마이에 가보신 적 있으세요?

2) 유전제문 : 문장의 의미 중의 일부가 앞에 전제된 문장이나 발화와 관련이 있어 그 자체로는 듣는 사람이 그 뜻을 충분히 파악할 수 없는 문장을 말한다. 따라서 이러한 문장은 대화의 서두에 사용될 수 없다.

เคยเห็นแล้ว	본 적이 있다.
วันหลังจะไปอีก	다음에 다시 가야지.
แต่ยังไม่รู้ผล	그러나 결과는 아직 몰라요.
ยังหาไม่พบ	아직 못 찾았어요.

유전제문이라 하더라도 특별한 상황이나 문맥에서 무전제문으로 사용할

수 있는 경우가 있다. 이러한 경우에 문장의 의미 중의 일부가 상황이나 문맥에 있기 때문에 듣는 사람이 이를 바탕으로 문장의 의미를 충분히 이해할 수 있어야 한다.

หอมนะ 향기롭지? (듣는 사람 앞에서 향기를 맡으며)
หนักมากเลย 무척 무겁네. (듣는 사람 앞에서 물건을 들어 올리며)
ตกลงจะไปไหม 그래 갈 거야? (기다리던 버스가 오고 있을 때)

(2) 대등문

대등문은 대등한 구조를 가진 두 개 이상의 성분절이 맞섬관계로 결합된 문장을 말한다.

คุณจะไปเรียนต่อที่เกาหลี หรือว่าจะเข้าทำงานบริษัท
한국으로 유학가실 건가요? 아니면 취직을 하실 건가요?

เขาชอบไปเที่ยวชายทะเล แต่ฉันชอบไปปีนภูเขา
그는 바다를 좋아하지만 나는 등산을 좋아합니다.

ฉันจะไปซื้อของ แล้วจะไปตัดผม และค่อยไปดูหนัง
나는 물건을 사고, 이발을 하고, 그리고 나서 영화 구경을 갈 것이다.

แดงไม่สบาย เขาจึงไม่มาโรงเรียน
댕은 몸이 아파서 학교에 오지 않았다.

(3) 포유문

포유문이란 지위가 다른 두 개의 성분절이 주절(main clause)과 거기에 딸리는 종속절(subordinate clause)의 관계로 이루어진 문장을 말한다. 다음은 태국어의 포유문의 예이다.

1) 타동사 포유문

<u>ฉันชอบเด็ก</u> <u>ที่มาหาเธอเมื่อเช้า</u>
　　주절　　　　　형용사절

나는 아침에 너를 찾아온 아이를 좋아한다.

<u>การที่เธอไม่พูดกับฉัน</u> <u>แสดงว่า</u> <u>เธอยังโกรธอยู่</u>
　　명사절　　　　　주절　　　명사절

네가 나와 이야기 하지 않는 것은 아직 네가 화가 풀리지 않았다는 것을 의미한다.

2) 이중 목적어 동사 포유문

① 이중목적어 동사 + 간접 목적어 + 직접 목적어

ต้องบอก แดง   ว่าฉันจะไปงานคืนนี้
  ท   ร   ต
　　주절　　　　　　명사절

댕에게 오늘밤 내가 행사에 참석한다고 말해주어야만 한다.

② 주어 + 이중목적어 동사 + 간접 목적어 + 직접 목적어

ฉัน จะถาม เขา ว่าจะมาอีกไหม
 ป   ท   ร   ต
　　주절　　　　　　명사절

나는 그에게 다시 올 거냐고 물어보아야 겠다.

③ 직접 목적어 + 간접 목적어 + 주어 + 이중 목적어 동사

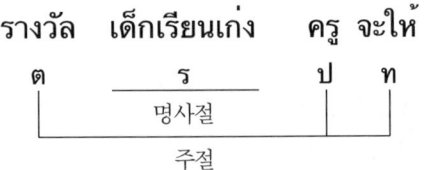

공부 잘 하는 학생에게 선생님은 상을 주실 것이다.

(4) 연결문

연결문이란 유전제문이 문장 접속사로 이끌어지는 형태의 문장을 말한다.

เนื่องจากยังหาข้อยุติไม่ได้   **(พรุ่งนี้ประชุมต่อ)**
아직 합의를 보지 못한 관계로. (내일 회의를 계속합니다)

ถ้าเขาไม่มาล่ะ   **(พรุ่งนี้แดงต้องมาแน่)**
그가 오지 않는다면.   (내일 댕은 꼭 올거야)

เพราะฝนตกทีเดียว   **(วันนี้เราจึงไม่ได้ออกจากบ้าน)**
비가 많이 와서.   (우리는 오늘 집밖에 나가지 못했다)

2.1.2 문장의 구조와 문형

　문장은 상이한 부류에 속하는 단어들이 그 분포적 제약에 따른 일정한 관계에 따라 배열된 구조를 갖는다. 이러한 문장들은 기본적으로 명사와 하나 또는 그 이상의 동사로 구성되어 일정한 문형을 형성한다.

(1) 기본 문형

　태국어의 기본 문형에는 다음과 같이 자동사문과 타동사문 그리고 이중 목적어 동사문 등의 세 가지로 나눌 수 있다.

1) 주어 + 자동사

  ฝนตก   비가 온다.
  ข้าวหมด   밥이 떨어졌다.
  ดอกไม้บาน   꽃이 핀다.

2) 주어 + 타동사 + 직접 목적어

  น้องทำการบ้าน   동생은 숙제한다.
  สมศรีซักผ้า   쏨씨는 빨래한다.
  ครูเขียนจดหมาย   선생님은 편지를 쓰신다.

3) 주어 + 이중 목적어 동사 + 직접 목적어 + 간접 목적어

  นักเรียนถามปัญหาครู
  학생들이 선생님에게 질문을 한다.

  ใครสอนภาษาไทยเด็กกลุ่มนี้
  이 아이들에게 누가 태국어를 가르칩니까?

(2) 문형의 확대

태국어의 기본 문형은 문장 성분의 생략이나 도치를 통해서 확대될수 있다.

1) 문장 성분의 생략을 통한 문형의 확대

기본 문형에서 주어의 생략이 가능한 경우가 있다. 예컨대 서술문이나 청유문에서 주어가 말하는 사람이거나, 명령문이나 의문문에서 주어가 듣는 사람인 경우에는 주어가 생략되어도 무방하다. 이러한 주어의 생략을 통해 다음

과 같은 문형이 생겨날 수 있다.

① 자동사 하나로만 된 문장

มืด	어둡다.
ไป	가자.
เหนื่อย	피곤하다.

② 타동사 + 직접 목적어

เขียนจดหมาย	편지를 쓴다.
หิวข้าว	배가 고프다.
คิดถึงแม่	어머니가 생각난다.

③ 이중 목적어 동사 + 직접 목적어 + 간접 목적어

ให้เงินลูก	아이에게 돈을 준다.
ลืมทอนสตางค์ลูกค้า	손님에게 거슬러주는 것을 잊었다.
แจกขนมเด็ก ๆ	아이들에게 과자를 나누어 준다.

2) 문장 성분의 도치를 통한 문형의 확대

기본 문형에서 주어는 문장의 앞머리에 위치하고 있다. 그러나 주어가 아닌 다른 성분을 강조할 필요가 있을 때 주어를 문장의 끝머리로 도치시킬 수 있다. 이러한 주어의 도치를 통해 다음과 같은 새로운 문형이 생겨날 수 있다.

① 자동사 + 주어

เย็น ลมว่าว	차다, 연바람이.
สะอาด ร้านนี้	깨끗하다, 이 가게는.

น่ารัก เด็กคนนี้   귀엽다, 이 아이는.

② 타동사 + 직접 목적어 + 주어

ทำอะไร แดง   뭐하니? 댕아.
อ่านหนังสือพิมพ์ สมชาย   신문을 읽는다, 쏨차이는.
กินข้าวค่ะ คุณ   식사하세요, 당신.

③ 이중 목적어 동사 + 직접 목적어 + 간접 목적어 + 주어

บอกคะแนนนักเรียน (ซิ) คุณ
학생들에게 점수를 불러주세요, 당신.

แจกขนมเด็ก ๆ (หน่อย) แดง
아이들에게 과자를 나누어 주어라, 댕아.

문장 성분 중에서 직접 목적어나 간접 목적어를 강조하고자 하는 경우에 문장의 앞머리로 도치시킬 수 있다. 이러한 경우에도 주어는 항상 동사 앞에 위치하여야 한다.

④ 직접 목적어 + 주어 + 타동사

จดหมาย เขายังไม่ได้ส่ง   편지를 그는 아직 보내지 않았다.
ทุเรียน ฉันไม่ชอบกิน   투리안을 나는 좋아하지 않는다.
เรื่องนี้ เขาไม่ได้พูด   이 이야기를 그는 하지 않았다.

⑤ 직접 목적어 + 주어 + 이중 목적어동사 + 간접 목적어

เสื้อตัวนี้ ฉันซื้อให้แม่
이 옷을 나는 어머니께 사드렸다.

ผลไม้ เราเก็บไว้ถวายพระ
과일은 (집에) 모아 두었다가 시주한다.

⑥ 간접 목적어 + 주어 + 이중 목적어동사 + 직접 목적어

นักเรียนคนนี้ เราควรให้รางวัล
이 학생은 상을 줄 필요가 있다.

รถคันนี้ คุณต้องเติมน้ำมัน
이 차는 기름을 넣어야 한다.

태국어에서 기본 문형과 문장 성분의 생략이나 도치를 통해 확대된 확대문형을 합하여 보면 다음과 같은 12개의 문형으로 정리할 수 있다.
①   자동사
②   주어 + 자동사
③   자동사 + 주어
④   타동사 + 직접 목적어
⑤   주어 + 타동사 + 직접 목적어
⑥   타동사 + 직접 목적어 + 주어
⑦   직접 목적어 + 주어 + 타동사
⑧   이중 목적어 동사 + 직접 목적어 + 간접 목적어
⑨   이중 목적어 동사 + 직접 목적어 + 간접 목적어 + 주어
⑩   주어 + 이중 목적어 동사 + 직접 목적어 + 간접 목적어
⑪   직접 목적어 + 주어 + 이중 목적어 동사 + 간접 목적어
⑫   간접 목적어 + 주어 + 이중 목적어 동사 + 직접 목적어

(3) 불완전한 문장

문장은 일반적으로 주어의 기능을 하는 명사(구)와 술어의 기능을 하는 동사(구)가 있어 주부 술부의 구조를 이루는 것이 보통이다. 그런데 태국어에서

문장이 명사나 동사 중의 하나만으로 구성되어 있거나 동사나 명사로 구성되어 있지만 주어 기능을 하는 명사가 없거나, 또는 술어 기능을 하는 동사가 없는 경우가 있다. 이러한 문장을 불완전한 문장이라고 한다. 태국어에서 불완전한 문장은 단일 성분으로만 구성된 문장과 무주어 문장, 그리고 무동사 문장 등이 있다.

1) 단일 성분 문장

단일 성분 문장이란 명사 또는 동사 한 성분으로만 이루어진 가장 짧은 문장을 말한다.

① 명사로만 되어 있는 문장 : 이때의 명사는 거개가 호칭 또는 부르는 말이다.

  แม่จ๋า   엄마!
  พี่แดง   댕언니!
  มนตรี   몬뜨리!

② 동사로만 되어 있는 문장 : 동사를 제외한 다른 성분이 생략된 경우이다.

  ไป   가자.
  ง่วง   졸립다.
  นั่ง   앉아.

2) 무주어 문장

태국어의 존재사 **มี** 가 앞머리에 나타나는 경우에 다음과 같은 주어가 없는 문장이 생겨날 수 있다.

มีคนในห้อง	방에 사람이 있다.
มีต้นไม้ในสวน	정원에 나무가 있다.
ที่กรุงเทพฯ มีคนเยอะ	방콕에는 사람이 많다.
ในน้ำมีปลา ในนามีข้าว	물에는 고기가 있고 논에는 벼가 있다.

3) 무동사 문장

태국어의 문장 중에는 동사가 없이 명사만으로 되어 있는 문장이 있을 수 있다. 이때 특정한 명사가 술어의 기능을 한다.

วันนี้วันอาทิตย์	오늘은 일요일이다.
นี่อะไร	이것은 무엇입니까?
หนังสือของใคร	누구의 책입니까?
บ้านเราบ้านหลังใหม่	우리 집은 새 집이다.
เขาชื่อสมชาย	그의 이름은 쏨차이이다.
ฉันอายุ ๑๖ ปี	나는 열 여섯 살입니다.

2.2 문장의 구성 성분

문장 성분은 문법적 단위로 한 성분이 홀로 사용되거나 다른 성분과 결합하여 문장을 이룬다. 태국어의 문장 성분은 크게 주성분과 부가성분 그리고 독립성분으로 나뉘어 진다.

2.2.1 주성분

주성분이란 무전제문에서 반드시 필요한 명사 성분과 동사 성분을 말한다. 따라서 무전제문은 최소한 한 개 이상의 주성분으로 이루어져 있다. 태국어의 주성분은 다음과 같이 일곱 가지가 있다.

(1) 주어 : 동사 앞에 위치하여 문장의 한 성분으로 기능하는 명사를 말한다.

<u>ฝน</u> ตก   비가 온다.
<u>โรงเรียน</u> ปิด   학교가 문을 닫았다.
<u>จาน</u> แตก   접시가 깨졌다.

위의 문장에서 **ฝน** 과 **โรงเรียน** 그리고 **จาน** 은 주어로 기능한다.

(2) 직접 목적어 : 동사 뒤에 위치하여 문장의 한 성분으로 기능하는 명사를 말한다.

กิน <u>**ข้าว**</u>   밥을 먹는다.
อ่าน <u>**หนังสือพิมพ์**</u>   신문을 읽는다.
ขาย <u>**ผลไม้**</u>   과일을 판다.

위의 문장에서 **ข้าว** 와 **หนังสือพิมพ์** 그리고 **ผลไม้** 는 직접목적어로 기능한다.

(3) 간접 목적어 : 직접 목적어 뒤에 위치하여 문장의 한 성분으로 기능하는 명사를 말한다.

แม่ให้ขนม <u>ลูก</u>   엄마가 아이에게 과자를 준다.
เด็กถามปัญหา <u>ครู</u>   아이들이 선생님에게 질문을 한다.
ฉันให้สตางค์ <u>น้อง</u>   나는 동생에게 돈을 준다.

위의 문장에서 **ลูก** 과 **ครู** 그리고 **น้อง** 은 간접 목적어로 기능한다.

(4) 단일 명사 : 동사 없이 홀로 문장의 한 성분으로 기능하는 명사를 말한다.

แม่	엄마!
น้อง	아우!
สมชาย	쏨차이!

위의 문장에서 **แม่** 와 **น้อง** 그리고 **สมชาย** 는 단일 명사로 기능한다.

(5) 자동사 : 직접 목적어 없이 문장의 한 성분으로 기능하는 동사를 말한다.

เหนื่อย	피곤하다.
หนาว	춥다.
เร็ว	빠르다.

위의 문장에서 **เหนื่อย** 와 **หนาว** 그리고 **เร็ว** 는 자동사로 기능한다.

(6) 타동사 : 직접 목적어가 뒤따르면서 문장의 한 성분으로 기능하는 동사를 말한다.

ฉัน <u>หิว</u> น้ำ	나는 목이 마르다.
แม่ <u>ทอด</u> ปลา	어머니는 생선을 튀긴다.
เขา <u>เขียน</u> จดหมาย	그는 편지를 쓴다.

위의 문장에서 **หิว** 와 **ทอด** 그리고 **เขียน** 은 타동사로 기능한다.

(7) 이중 목적어 동사 : 직접 목적어와 간접 목적어가 뒤따르면서 문장의 한 성분으로 기능하는 동사를 말한다.

พี่ <u>ป้อน</u> ข้าวน้อง	언니가 동생에게 밥을 먹인다.
ฉัน <u>ให้</u> ดอกกุหลาบเธอ	나는 그녀에게 장미꽃을 주었다.
นักเรียน <u>ถาม</u> ปัญหาครู	학생이 선생님에게 질문을 한다.

위의 문장에서 **ป้อน** 과 **ให้** 그리고 **ถาม** 은 이중 목적어 동사로 기능한다.

2.2.2 부가 성분

부가성분이란 문장의 의미 변화 없이 앞머리나 중간 또는 끝머리로의 도치가 가능한 문장 성분을 말한다. 태국어의 부가성분에는 문장 부사구와 장소 부사구 그리고 시간 부사구가 있다.

(1) 문장 부사구 : 문장 전체를 수식하는 문장성분으로 문장의 의미를 변화 시키지 않고 문장의 앞머리나 중간 또는 끝머리로 도치될 수 있다.

<u>ที่จริง</u> ฉันไม่ชอบอากาศหนาว
사실 나는 추운 날씨를 좋아하지 않는다.
อากาศหนาว <u>ที่จริง</u> ฉันไม่ชอบ
추운 날씨를 사실 나는 좋아하지 않는다.

<u>ตามธรรมดา</u> ร้านนี้ คนแน่น   보통 이 가게는 사람이 붐빈다.
ร้านนี้ <u>ตามธรรมดา</u> คนแน่น   이 가게는 보통 사람이 붐빈다.

<u>ตามปกติ</u> ฉันมักจะอยู่บ้าน   보통 나는 집에 있는다.
ฉัน <u>ตามปกติ</u> มักจะอยู่บ้าน   나는 보통 집에 있는다.

(2) 장소부사구 : 장소를 나타내는 문장성분으로 문장의 의미를 변화 시키지 않고 문장의 앞머리나 중간 또는 끝머리로 도치될 수 있다.

<u>ในห้องนี้</u> คนเยอะ   이 방에 사람이 많다.
คน <u>ในห้องนี้</u> เยอะ   사람이 이 방에 많다.
คนเยอะ <u>ในห้องนี้</u>   사람이 많다, 이방에.

<u>ที่บ้าน</u> มีผลไม้	집에 과일이 있다.
ผลไม้ <u>ที่บ้าน</u> มี	과일이 집에 있다.
มีผลไม้ <u>ที่บ้าน</u>	과일이 있다, 집에.

(3) 시간 부사구 : 시간을 나타내는 문장성분으로 문장의 의미를 변화 시키지 않고 문장의 앞머리나 중간 또는 끝머리로 도치될 수 있다.

<u>พรุ่งนี้</u> ผมไม่อยู่	내일 나는 없다.
ผม <u>พรุ่งนี้</u> ไม่อยู่	나는 내일 없다.
ผมไม่อยู่ <u>พรุ่งนี้</u>	나는 없다, 내일.

<u>ช่วงเช้า</u> แม่ไปตลาด	아침나절에 어머니는 시장에 간다.
แม่ <u>ช่วงเช้า</u> ไปตลาด	어머니는 아침나절에 시장에 간다.
แม่ไปตลาด <u>ช่วงเช้า</u>	어머니는 시장에 간다, 아침나절에.

2.2.3 독립 성분

독립 성분은 문장 안에서 다른 성분과 어울려 하나의 생각을 표현하기는 하지만 이 성분이 없어도 나머지 부분으로 완전한 문장이 된다. 태국어의 독립성분에는 감탄사와 부르는 말, 그리고 일부 접속사 등이 있다.

(1) 감탄사

<u>ปัดโธ่!</u> อย่ายุ่งได้ไหม	제발! 참견 좀 안할 수 없어?
<u>แหม!</u> จะต้องให้บอกกี่ครั้งนะ	참! 몇 번을 이야기 해야돼?

(2) 부르는 말

<u>พี่!</u> ทานข้าวเถอะ	오빠! 식사하세요.
<u>ลูกเอ๋ย</u> สูบไปทำไมบุหรี่	애야! 뭐하러 피우니, 담배는.

(3) 접속사

ผมก็เตือนแล้ว แต่ เขาไม่ยอมฟัง
나도 충고했지만 그가 듣지를 않았어.
ฝนตก และ ลมก็พัดแรง
비가 오고 바람도 세게 불었다.

3. 구(phrase)

구란 하나 이상의 단어로 구성되어 문장의 한 성분으로 기능하는 단어(군)를 말한다. 태국어의 구에는 명사구와 동사구 그리고 부사구 등이 있다. 부사구는 일반적으로 문장 부사구와 장소부사구 그리고 시간 부사구로 나뉘어진다.

3.1 명사구

명사구는 하나의 명사 또는 대명사, 또는 명사와 그 수식어 또는 대명사와 그 수식어 등이 문장의 한 성분으로 기능하는 것을 말한다. 명사구는 문장 안에서 주어, 직접 목적어, 간접 목적어, 단일 명사 등의 기능을 한다.

3.1.1 명사구의 구성 요소

명사구는 머리 명사부를 중심으로 이를 수식하는 형용사부와 수사부 그리고 지시사부 등으로 구성될 수 있다.

(1) 머리 명사부(**หน่วยหลัก**) : 명사구의 필수적인 성분으로 명사, 대명사, 접속사 등으로 구성될 수 있다. 이 중에서 명사와 대명사는 홀로 나타날 수 있지만 접속사는 그러하지 못하다. 태국어의 머리 명사는 다음과 같은 형태로 나타날 수 있다.

1) 하나의 단순명사 또는 복합 명사

   เด็ก　　**นักเรียน**　　**ยาแก้ปวด**　　**ชุดว่ายน้ำ**　　**หอพักนักศึกษา**
   아이　　　학생　　　　진통제　　　　수영복　　　　　대학생기숙사

2) 하나의 대명사

   ฉัน　　　　　**เธอ**　　　　　**คุณ**
   나　　　　　　그녀　　　　　　당신

3) 접속사로 연결된 명사군

   น้ำกับน้ำแข็ง　　**ดินสอหรือปากกา**
   물과 얼음　　　　연필 또는 펜

4) 접속사 없이 연결된 명사군

   ประตูบ้าน(นั้น)　　**เพื่อนมหาวิทยาลัย**
   집 대문　　　　　　대학친구

5) 접속사로 연결된 명사와 대명사

   แว่นตาของฉัน　　**ดินสอของเขา**　　**จดหมายของเธอ**
   나의 안경　　　　　그의 연필　　　　그녀의 편지

6) 접속사 없이 연결된 명사와 대명사

   บ้านคุณ　　　**ปากกาฉัน**
   당신 집　　　　나의 펜

(2) 형용사부(**หน่วยคุณศัพท์**) : 명사구의 부가적인 성분으로 형용사와 형태사로 구성되어 머리 명사를 수식하는 기능을 담당한다. 형용사는 홀로 나타날 수 있으나 형태사는 홀로 사용되지 않는다. 태국어의 명사구에서 형용사부는

다음과 같은 형태로 나타날 수 있다.

1) 하나의 형용사

ใหญ่ **เก่า**
큰 헌

2) 형태사와 형용사

หลังใหญ่ **คันเก่า**
큰(집) 헌(차)

(3) 수사부(**หน่วยจำนวนนับ**) : 명사구의 부가적인 성분으로 형태사, 원수사, 서수사, 수사 전치어, 수사 후치어 등으로 구성될 수 있다. 이 중에서 형태사는 수사부의 필수적인 성분이다. 태국어의 명사구에서 수사부는 다음과 같은 형태로 나타날 수 있다.

1) '하나'를 의미하는 형태사

(จาน)ใบ **(น้ำ)แก้ว**
접시(하나) (한)컵

2) 수사와 형태사

หลายคน **๒ เที่ยว** **กี่รอบ**
여러 사람 두 번 몇 바퀴

3) 형태사와 서수사

คนแรก **คันที่หนึ่ง** **วันสุดท้าย**
첫 번째 사람 첫 번째 차 마지막 날

4) 수사 전치어와 '하나'를 의미하는 형태사

อีกแก้ว	ทั้งห่อ	ทั้งหม้อ
한 컵 더	봉지 채 전부	솥 채 전부

5) 형태사와 수사 후치어

โหลเศษ	ช้อนกว่า ๆ	ตัวครึ่ง
한 다스 넘게	한 스푼 넘게	한 마리 반

6) 수사와 형태사 그리고 서수사

๒ คนหน้า	๒ เล่มสุดท้าย	๓ คันแรก
앞의 두 사람	마지막 두 권	앞의 세 대

7) 수사 전치어와 수사 그리고 형태사

สัก ๒ ขวด	ตั้งหลายห่อ	อีกกี่หน
한 두 병	여러 꾸러미	앞으로 몇 번 더

8) 수사와 형태사 그리고 수사 후치어

๒ หลาเศษ	๓ ช้อนกว่า	๒ โหลพอดี
두 마 넘게	세 스푼 넘게	딱 두 다스

(4) 지시사부(**หน่วยกำหนด**) : 명사구의 부가적인 성분으로 3성 또는 4성 지시사와 2성 지시사 그리고 형태사 등으로 구성될 수 있다. 이중에서 형태사를 제외하고는 모두 홀로 나타날 수 있다.

1) 2성 지시사

นี้	นั้น	โน่น
이	그	저

2) 3성 또는 4성 지시사

นี้	นั้น	ไหน
이	그	어느

3) 형태사와 3성 또는 4성 지시사

เล่มนี้	ตัวนั้น	คันไหน
이 책	그 것	어느 차

이밖에도 명사구를 구성하는 또 하나의 성분으로 명사구에 안긴 부사구 (หน่วยขยายเสิม)가 있을 수 있다. 안긴 부사구란 일반적으로는 문장 부사, 장소부사, 시간부사 등의 기능을 담당하던 부사구가 명사구 안에 안겨서 한정된 수식 기능을 담당하는 것을 말한다.

1) 안긴 문장 부사구

ส่วนมาก	โดยทั่วไป	ธรรมดา
대부분	일반적으로	보통

2) 안긴 장소 부사구

หน้ามหาวิทยาลัย	ในสวน	ข้างบ้าน	ปากซอย
대학교 앞	정원 안	집 옆	골목 입구

3) 안긴 시간 부사구

วันนี้	เมื่อคืน	หน้าร้อน
오늘	어제 밤	여름

3.1.2 명사구의 구조

태국어의 명사구는 그 구성 요소들이 임의적으로 결합하여 다음과 같이 열 두 가지의 형태로 나타날 수 있다.

① 머리 명사부
② 머리 명사부 + 형용사부
③ 머리 명사부 + 수사부
④ 머리 명사부 + 지시사부
⑤ 머리 명사부 + 형용사부 + 수사부
⑥ 머리 명사부 + 수사부 + 형용사부
⑦ 머리 명사부 + 형용사부 + 지시사부
⑧ 머리 명사부 + 수사부 + 지시사부
⑨ 머리 명사부 + 지시사부 + 수사부
⑩ 머리 명사부 + 형용사부 + 수사부 + 지시사부
⑪ 머리 명사부 + 형용사부 + 지시사부 + 수사부
⑫ 머리 명사부 + 수사부 + 형용사부 + 지시사부

위의 형태에서 안긴 부사구가 결합하면 다음과 같이 다섯 가지의 형태가 더 나타날 수 있다.

⑬ 머리 명사부 + 안긴 부사구

คนเกาหลี/ส่วนมาก   **นักศึกษา/โดยทั่วไป**   **ต้นไม้/หน้าบ้าน**
대부분의 한국사람   일반적인 대학생   집 앞의 나무

ดอกไม้/ในสวน   **หนัง/เมื่อคืน**
정원의 꽃   어제 밤의 영화

⑭ 머리 명사부 + 형용사부 + 안긴 부사구

เด็ก/เล็ก ๆ/ส่วนมาก
대부분의 어린 아이

พนักงาน/คนใหม่/ในบริษัท
회사의 신입 사원

⑮ 머리 명사부 + 안긴 부사구 + 수사부

คน/ธรรมดา/๒ คน
보통사람 두 명

นักเรียน/ที่ห้อง/ทุกคน
교실 안의 모든 학생

วารสาร/เดือนนี้/๒ ฉบับ
이 달치 잡지 두 권

⑯ 머리 명사부 + 형용사부 + 수사부 + 안긴 부사구

รถ/คันใหญ่/๒ คัน/ที่หน้าบ้าน
집 앞의 큰 차 두 대

ขนมปัง/ชิ้นเล็ก/๒ ชิ้น/ในจาน
접시 안의 작은 빵 조각 두 조각

นก/น้อย/๕ ตัว/ในกรง
새장 안의 작은 새 다섯 마리

⑰ 머리 명사부 + 수사부 + 형용사부 + 안긴 부사구

ขนมปัง/๒ ชิ้น/ใหญ่/ในจาน
접시 안의 큰 빵 두 조각

น้ำหอม/๓ ขวด/เล็ก ๆ/ในกล่อง
상자 속의 작은 향수 세 병

แตงโม/๒ ลูก/เบ้อเร่อ/ที่โต๊ะ
탁자 위의 큰 수박 두 통

3.2 동사구

동사구는 하나 또는 그 이상의 동사, 또는 동사와 그 수식어가 결합하여 문장의 한 성분으로 기능하는 것을 말한다. 동사구는 문장 안에서 자동사와 타동사 그리고 이중 목적어 동사의 기능을 담당한다.

3.2.1 동사구의 구성 요소

동사구는 핵심 기능을 하는 머리 동사부와 부가적인 기능을 하는 동사 선행 요소와 후행 요소 그리고 수식사부 등으로 구성될 수 있다.

(1) 머리 동사부(**หน่วยแก่น**) : 동사구에서 핵심적인 기능을 담당하는 것으로 자동사, 타동사, 이중 목적어 동사, 동사 선행어, 동사 후행어 등으로 구성될 수 있다. 이중에서 동사 선행어와 동사 후행어는 홀로 사용되지 못한다. 태국어의 머리 동사는 다음과 같은 형태로 나타날 수 있다.

1) 하나의 동사

กิน   **เรียน**   **เข้าใจ**
먹다   배우다   이해하다

2) 두 개의 동사

มองเห็น   **นั่งพัก**   **เข้าเรียน**   **นอนคิด**
바라보다   앉아 쉬다   입학하다   누워 생각하다

3) 세 개의 동사

ต้องการเข้าเรียน   **เริ่มสนใจฝึก**
입학을 원하다   연습에 흥미를 갖기 시작하다

4) 네 개의 동사

พยายามศึกษาค้นคว้าวิจัย　　**ต้องการเข้านั่งฟัง**
열심히 공부하고 연구하다.　　청강을 원하다.

5) 동사 선행어와 동사

มาเยี่ยม　　**มาเรียน**　　**ไปเดินหา**　　**ไปนั่งคอย**
방문하다　　배우러 오다　　걸어서 찾다　　가서 앉아서 기다리다

6) 동사와 동사 후행어

คืนไป　　**อ้วนขึ้น**　　**กินเสีย**　　**ถามดู**
돌려 주다　　뚱뚱해 지다　　먹어 버리다　　물어 보다

7) 동사 선행어와 동사 그리고 동사 후행어

ไปเที่ยวมา　　**มาดูเสีย**
놀러갔다 오다　　와서 보다

(2) 동사 선행 요소(**หน่วยช่วยกริยาหน้าหน่วยแก่น**) : 전치 조동사와 부정소 **ไม่** 등으로 구성될 수 있다. 동사 선행 요소는 다음과 같은 형태로 나타날 수 있다.

1) 하나의 전치 조동사

เคย　　**คง**　　**เพิ่ง**　　**จะ**　　**กำลัง**
…적이 있다　　아마도　　막…하다　　…할 것이다　　…중이다

2) 두개의 전치 조동사

กำลังจะ　　**คงเพิ่ง**　　**น่าจะ**
막…중이다　　아마 막…것이다.　　…함직하다

3) 세 개의 전치 조동사

คงจะกำลัง   **อาจจะเคย**   **ยังอยากจะ**
아마 …중일 것이다 아마 …적이 있을 것이다 아직도 …하고 싶어하다

อาจจะต้อง
아마 …해야할 것이다.

4) 네 개의 전치 조동사

คงจะเพิ่งเคย
아마 막 …적이 있을 것이다

5) 부정소 ไม่

ไม่เห็น   **ไม่ชอบ**
보지 못하다 좋아하지 않다.

6) 전치 조동사와 부정소 ไม่

ไม่เคย   **คงจะไม่**   **ไม่อาจจะ**
…적이 없다 아마 …이 아닐 것이다 …할 수 없다

คงไม่   **คงไม่ได้**
아마 …아닐것이다 아마 …하지 못할 것이다

อาจจะไม่ต้อง
아마 …할 필요 없을 것이다.

(3) 동사 후행 요소(**หน่วยช่วยกริยาหลังหน่วยแก่น**) : 후치 조동사 **อยู่ แล้ว อยู่แล้ว** 등으로 구성될 수 있다.

① **อยู่** :   **เรียนอยู่**   **คิดอยู่**   **ทำงานอยู่**
            배우고 있다 생각 중이다 일하고 있다

② แล้ว :　ไปแล้ว　　　พูดแล้ว　　　เขียนแล้ว
　　　　　　갔다　　　　말했다　　　썼다

③ อยู่แล้ว :　ดีอยู่แล้ว　　ชอบอยู่แล้ว　　ตื่นอยู่แล้ว
　　　　　　좋다　　　　좋아하고 있다　　깨어 있다

(4) 수식사부(**หน่วยขยาย**) : 부사와 안긴 장소부사구 또는 안긴 시간부사구 등으로 구성될 수 있다.

1) 하나의 부사

　　จัง　　　　บ่อย　　　อีก　　　　เหลือเกิน
　　매우　　　자주　　　더　　　　너무나

2) 두 개 부사

　　บ่อยทีเดียว　　**น้อยจริง**　　**เก่งจัง**
　　매우 자주　　　정말 적게　　매우 잘

3) 세 개의 부사

　　น้อยมากทีเดียว　　**จุจังเลย**
　　아주 매우 적게　　　대단히 많다

4) 안긴 장소부사구

　　จากต้น　　　**ในห้องสมุด**　　**นอกบ้าน**
　　나무에서　　　도서관에서　　　집 밖

5) 안긴 시간부사구

　　แต่เช้า　　　**ทั้งคืน**　　　**ตั้งอาทิตย์**
　　아침 일찍　　밤새　　　　일주일이나

6) 안긴 장소부사구와 안긴 시간부사구

   (อยู่) ที่อเมริกา ๒ ปี
   미국에서 2년 (있다)

   (ออก) จากที่ทำงาน แต่เช้า
   아침 일찍 일터에서 (나온다)

7) 부사와 장소부사구

   (มาเที่ยว) บ่อย ที่นี่
   여기 자주 (놀러 온다)

   (เคยทำงาน) เสมอ ที่กรุงเทพฯ
   방콕에 항상 (일한 적 있다)

8) 부사와 안긴 시간부사구

   (คงเจอ) บ้าง บางวัน
   어떤 날 (만나기도 할 것이다)

   (พูด) ดัง ทั้งวัน
   온 종일 크게 (말한다)

9) 안긴 장소부사구와 부사

   (อยู่) ที่ ปัตตานี เสมอ
   늘 빳따니에 (있다)

   (นั่งคอยอยู่) ข้างนอก ก่อน
   먼저 밖에서 (앉아 기다리고 있다)

10) 안긴 시간부사구와 부사

(เอาคืนมา) เดี๋ยวนี้ ทีเดียว
지금 당장 (돌려 줘)

(ไป) อาทิตย์หน้า แน่นอน
확실히 다음 주에 (간다)

11) 안긴 장소부사구와 안긴 시간부사구 그리고 부사

(กำลังจะออกไป) ข้างนอก เดี๋ยวนี้ ทีเดียว
지금 당장 밖으로 (나가려던 중이다)

(ออก) จากโรงเรียน ค่ำ เสมอ
늘 저녁 늦게 학교에서 (돌아 온다)

12) 부사와 안긴 장소부사구 그리고 안긴 시간부사구

(พูด) มาก ในชั้นเรียน ทุกวัน
매일 교단에서 많이 (말을 한다)

(นอน) สบาย ที่บ้าน ทั้งคืน
밤새 집에서 편히 (잤다)

3.2.2 동사구의 구조

태국어의 동사구는 그 구성 요소들이 임의적으로 결합하여 다음과 같이 열 가지의 형태로 나타날 수 있다.

① 머리 동사부
② 머리 동사부 + 동사 후행 요소
③ 머리 동사부 + 수식사부
④ 머리 동사부 + 동사 후행 요소 + 수식사부
⑤ 머리 동사부 수식사부 + 동사 후행 요소

⑥ 동사 선행 요소 + 머리 동사부
⑦ 동사 선행 요소 + 머리 동사부 + 동사 후행 요소
⑧ 동사 선행 요소 + 머리 동사부 + 수식사부
⑨ 동사 선행 요소 + 머리 동사부 + 동사 후행 요소 + 수식사부
⑩ 동사 선행 요소 + 머리 동사부 + 수식사부 + 동사 후행 요소

3.3 문장 부사구

문장 부사구란 하나의 일반 부사 또는 부사와 그 부속 성분이 결합하여 문장 전체의 의미를 수식하는 기능을 하는 문장 성분을 말한다.

น่ากลัว น้ำจะท่วมอีก
무서워라, 또 홍수가 나려고 하네.

น้ำจะท่วมอีก **น่ากลัว**
또 홍수가 나려고 하네, 무서워라.

ตามปกติ เรามักจะกินผลไม้
보통 우리는 대체로 과일을 먹는다.

เรามักจะกินผลไม้ **ตามปกติ**
우리는 대체로 과일을 먹는다, 보통.

문장 부사는 홀로 사용되거나 전치사와 결합하여 나타날 수 있다. 문장 부사구는 다음과 같이 두 가지 형태가 있을 수 있다.

(1) **น่ากลัว ธรรมดา ปกติ ที่จริง โดยทั่ว ๆ ไป ส่วนมาก** 등과 같은 하나의 문장 부사

ธรรมดา เขาพูดมากนะ
보통 그는 말을 많이 한다.

เขาพูดมากนะ เป็นธรรมดา
그는 말을 많이 한다, 보통.

ส่วนมาก เราเลิกงานกัน ๕ โมงเย็น
대부분 우리는 오후 다섯 시에 일을 마친다.

เราเลิกงานกัน ๕ โมงเย็น เป็นส่วนมาก
우리는 오후 다섯 시에 일을 마친다, 대부분.

น่ากลัว รถชนกันอีกแล้ว
무서워라, 자동차 충돌사고가 일어났네.

รถชนกันอีกแล้ว น่ากลัว
자동차 충돌사고가 일어났네, 무서워라.

(2) **ตามปกติ ตามธรรมดา** 등과 같이 하나의 문장 부사가 전치사 **ตาม**과 결합한 형태

ตามปกติ หน้านี้ฝนตกหนัก
보통 이 계절에는 폭우가 온다.

หน้านี้ฝนตกหนัก เป็นเรื่องปกติ
이 계절에는 폭우가 온다, 보통.

ตามธรรมดา เขาอ่านหนังสือพิมพ์ตอนเช้า
보통 그는 아침에 신문을 읽는다.

เขาอ่านหนังสือพิมพ์ตอนเช้า เป็นเรื่องธรรมดา
그는 아침에 신문을 읽는다, 보통.

3.4 장소부사구

장소부사구란 하나의 전치사 또는 전치사와 명사구가 결합하여 문장을 수식하는 기능을 담당하는 문장 성분을 말한다. 태국어의 장소 부사구에는 다음과 같이 두 가지의 형태가 있을 수 있다.

1) 두 개의 전치사

ข้าง นอก อากาศร้อน
밖에 날씨가 덥다.

อากาศร้อน ข้าง นอก
날씨가 덥다, 밖에.

ข้าง บน มีใคร
위층에 누가 있어요?

มีใคร ข้าง บน
누가 있어요? 위층에.

2) 전치사와 명사구와 결합 한 형태

ที่ปัตตานี น้ำท่วม
빳따니에 홍수가 났다.

น้ำท่วม ที่ปัตตานี
홍수가 났다, 빳따니에.

บนหลัง ตู้เย็น ไม่มีอะไร
냉장고 위에 아무것도 없다.

ไม่มีอะไร บนหลัง ตู้เย็น
아무것도 없다, 냉장고 위에.

ที่หน้า มหาวิทยาลัย รถติด
대학교 앞에 차가 밀린다.

รถติด ที่หน้า มหาวิทยาลัย
차가 밀린다, 대학교 앞에.

3.5 시간부사구

시간부사구란 하나 또는 그 이상의 시간 부사어 또는 시간 부사어와 그 수식어로 구성되어 하나의 문장 성분으로 기능하는 부사어를 말한다.

กลางคืน ท้องฟ้ามืด
한밤중에 하늘은 어둡다.

ท้องฟ้ามืด ในตอนกลางคืน
하늘은 어둡다, 한밤중에.

บางวัน เขาทำงาน
어떤 날 그는 일한다.

เขาทำงาน เป็นบางวัน
그는 일한다, 어떤 날.

เมื่อตะกี้นี้ เขาไปพบเพื่อน
조금 전에 그는 친구를 만나러 갔다.

เขาไปพบเพื่อน เมื่อตะกี้นี้
그는 친구를 만나러 갔다, 조금 전에.

시간 부사구는 시간 부사어 하나, 두 개, 또는 세 개까지로 구성될 수 있으며 경우에 따라 지시사, 원수사, 서수사, 수사 선행어, 수사 후행어 그리고 **ที่แล้ว ที่จะถึง** 과 같은 특정 형용사구 등이 결합할 수 있다. 태국어의 시간 부사구는 다음과 같은 형태로 나타날 수 있다.

1) 시간 부사어 하나, 두 개 또는 세 개

  เช้า ๆ **กลางวัน** **ตะกี้** **เมื่อเช้า** **ตอนบ่าย**
  아침에 낮에 조금 전에 아침에 오후에

  วันจันทร์ **เมื่อตอนเช้า** **เมื่อวันก่อน**
  월요일에 아침에 전 날에

2) 시간 부사어와 3성 지시사 또는 4성 지시사

  เช้า/นี้ **คืน/นั้น** **เมื่อวาน/นี้** **เมื่อตะกี้/นี้** **วันพุธ/ไหน**
  오늘 아침 그날 밤 어제 좀전에 어느 수요일

  เมื่อตอนเช้า/นี้ **เมื่อเช้าวาน/นี้**
  오늘 아침에 어제 아침에

3) ที่แล้ว ที่จะถึง ที่ผ่านมา ที่ผ่านไป 등과 같은 특정 형용사구

  เดือน/ที่แล้ว **ศุกร์/ที่จะถึง** **วันอังคาร/ที่ผ่านมา**
  지난 달에 다가오는 금요일에 지난 화요일에

  เดือน สิงหา/ที่จะถึง
  다가오는 팔월에

4) 시간 부사어와 원수사 그리고 시간 부사어

  ตอน/สอง/โมง เช้า **เมื่อ/สี่/ทุ่ม** **ตอน/หก/โมงเย็น**
  아침 여덟시에 밤 열시에 오후 여섯시에

  เมื่อ/สอง/เดือนก่อน **เมื่อ/ตอน/เก้า/โมงเช้า**
  두 달 전에 아침 아홉시에

5) 시간부사어와 서수사

เดือน/แรก　　**ปี/ที่หนึ่ง**　　**อาทิตย์/หน้า**　　**วันศุกร์/ที่สี่**
첫 달에　　　첫 해에　　　　다음 주에　　　　넷째 주 금요일에

6) 시간 부사어와 원수사, 시간 부사어 그리고 지시사

เมื่อ/สอง/วันก่อน/นี้　　**เมื่อ/สาม/ปีก่อน/โน้น**
요 이틀 전에　　　　　　지난 삼년 전에

7) 시간 부사어와 원수사, 시간 부사어, 특정 형용사구 **ที่แล้ว**

เมื่อ/สอง/เดือน/ที่แล้ว　　**เมื่อ/สามปี/ที่แล้ว**
지난 두 달 전에　　　　　지난 삼 년 전에

8) 수사 선행어와 시간 부사어

อีก/วัน (= อีก ๑ วัน)　**สัก/คืน** (= สัก ๑ คืน)
하루 더　　　　　　　　　하룻밤

ทั้ง/เดือน (= ทั้ง ๑ เดือน)
한달내내

9) 수사 선행어와 원수사 그리고 시간 부사어

อีก/สอง/วัน　　**สัก/สาม/อาทิตย์**　　**ตั้ง/สี่/ปี**
이틀뒤　　　　　한 3주　　　　　　　4년이나

10) 수사 선행어와 원수사, 시간 부사어 그리고 수사 후행어

อีก/สอง/วัน/เท่านั้น　　**สัก/สาม/อาทิตย์/กว่า ๆ**
단지 이틀만 더　　　　　　약 삼 주 더

ประมาณ/สี่/ปี/เศษ
약 사 년여

11) 수사 선행어와 시간 부사어 그리고 서수사

  สัก/วัน/ที่สาม ประมาณ/อาทิตย์/ที่สอง
  삼일 쯤   약 이 주째

4. 절(clause)

절이란 하나의 단순문이 더 큰 문장 안에 내포되어 있는 형태를 말한다. 여기에서 더 큰 문장이란 대등 접속문이나 포유문과 같은 복합문을 말한다.

4.1 절의 갈래와 기능

절의 종류에는 그 기능에 따라 명사절, 형용사절, 부사절 그리고 주절(main clause)로 나뉘어 진다. 지금부터는 이러한 절의 종류에 대해서 자세히 알아보기로 한다.

4.1.1 명사절

명사절은 문장 안에서 명사구가 행하는 기능을 담당한다. 따라서 명사절은 주어나 직접 목적어 또는 간접 목적어 등의 기능을 한다.

 <u>เด็กเรียนเก่ง</u> / จะได้ / รางวัล
 공부 잘 한 아이는 상을 받을 것이다.

 เขา จะได้รางวัล
 그는 상을 받을 것이다.

 ฉัน / ไปดู / <u>เขาแสดงละครใบ้</u>
 나는 그가 무언극하는 것을 보러 갈 것이다.

ฉันไปดู เขา
나는 그를 보러 갈 것이다.

ครู / จะแจก / รางวัล / <u>นักเรียนเรียนดี</u>
선생님은 공부 잘한 학생에게 상을 줄 것이다.

ครูจะแจกรางวัล นักเรียน
선생님은 학생에게 상을 줄 것이다.

4.1.2 형용사절

형용사절은 문장 안에서 명사구의 머리명사를 수식하는 기능을 담당한다. 이때의 명사구는 주어나 직접 목적어 또는 간접 목적어 등의 기능을 한다.

เด็ก<u>ที่ขายดอกไม้</u> / น่ารักมาก
꽃을 파는 아이가 매우 귀엽다.

เด็กคนนี้ น่ารักมาก
이 아이는 귀엽다.

ฉัน / ชอบ / บ้าน<u>ที่มีสวนหย่อม</u>
나는 정원이 있는 집을 좋아한다.

ฉันชอบ บ้านนั้น
나는 그 집을 좋아한다.

ครู / กำลังแจก / รางวัล / นักเรียน<u>ที่ดี</u>
선생님이 착한 학생에게 상을 나누어 주고 있다.

ครูจะแจกรางวัล นักเรียนเหล่านั้น
선생님이 그 학생들에게 상을 나누어 줄 것이다.

4.1.3 부사절

부사절은 동사구의 머리 동사를 수식하는 기능을 담당한다. 이때의 동사구는 자동사나 타동사 또는 이중 목적어 동사의 기능을 한다.

เขา / ออกไปตอนที่แม่ไม่อยู่บ้าน
그는 어머니가 집에 없을 때 외출했다.

เขาออกไปเมื่อไร
그는 언제 외출했습니까?

แดง / ต้องไป / (โรงเรียน) เพราะเธอสอบเด็ก
댕은 아이들 시험을 보아야 하기 때문에 (학교에) 가야만 한다.

แดงต้องไป (โรงเรียน) บ่อย
댕은 (학교에) 자주 가야만 한다.

คุณแม่ / ให้ / (สร้อยคอเส้นนี้ฉัน) ตั้งแต่ฉันยังเป็นเด็ก
어머니는 내가 아직 어렸을 때부터 (그 목걸이를 나에게) 주셨다.

คุณแม่ ให้ (สร้อยคอเส้นนี้ฉัน) ตั้งแต่ 10 ปีแล้ว
어머니는 10년 전부터 (그 목걸이를 나에게) 주셨다.

4.1.4 주절(main clause)

태국어의 주절은 담당하는 기능에 따라 다음과 같은 네 가지 형태로 나타날 수 있다.

(1) 단순한 동사의 기능

/เสียใจ ที่ช่วยอะไรไม่ได้/
도와 드리지 못해서 유감입니다.

(2) 자동사 기능

การที่เธอทำกับเขาเช่นนี้ / ไม่ดีเลย/
네가 그에게 이렇게 하는 것은 좋지가 않다.

(3) 두 개 이상의 문장 성분 기능

/ฉันไม่ชอบ / อากาศหนาว/
나는 추운 날씨를 좋아하지 않는다.

(4) 두 개의 문장 성분에 부분적으로 걸쳐 있는 주어 술어의 기능

/เด็กที่กำลังเดินมา หน้าตาดีมาก/
걸어 오고 있는 아이는 인상이 아주 좋다.

4.2 접속소의 위치

절을 연결 시켜주는 기능을 담당하는 접속소는 그 위치에 따라 다음과 같이 세 가지로 나뉘어 진다.

4.2.1 종속절의 앞머리에 오는 접속소

ขนม / ที่คุณซื้อมา / อร่อยมาก
네가 사온 과자는 아주 맛있다.

แดงไม่ไปโรงเรียน / เพราะไม่สบาย
댕은 몸이 아파 학교에 가지 않았다.

4.2.2 종속절의 주어 뒤에 오는 접속소

อากาศเย็นมาก / ฉันก็เลยต้องกินของร้อน ๆ
날씨가 무척 싸늘했다. 그래서 나는 뜨거운 것을 먹어야 했다.

แดงไม่สบาย / (เขา)จึงไม่มาโรงเรียน
댕은 아파서 학교에 오지 않았다.

4.2.3 선행절과 후행절 사이에 오는 접속소

พ่อไม่สบาย / แต่ก็ยังไปทำงาน
아버지는 편찮으시지만 출근하셨다.

ฉันจะไปดูหนัง / แล้วก็จะไปซื้อหนังสือ
나는 영화를 보고 나서 책을 사러 가겠다.

4.3 접속소의 특성과 기능

태국어의 접속소는 명사절과 형용사절 그리고 부사절을 이어주는 기능을 한다. 지금부터는 접속소의 특성과 기능에 대해서 자세히 살펴 보기로 한다.

4.3.1 명사절 접속소

명사절을 이어 주는 접속소에는 **ว่า ที่ การที่ อย่าง ที่ว่า ตามที่ว่า อย่างที่** 등이 있다. 이 접속소들은 통사적 분포와 기능에 따라 다음과 같은 특성을 가지고 있다.

(1) 접속소 **ว่า**는 직접 목적어의 기능을 하는 명사절 앞에 위치하며 그 명사절은 선행문의 자리에 나타날 수 없다.

รู้ไหม / ว่าฉันจะไปต่างจังหวัดอาทิตย์หน้า
내가 다음 주 지방에 간다는 것을 아십니까?

เขาบอกฉัน / ว่าเขาจะเข้าทำงานบริษัท
그는 나에게 회사에 취직하겠다고 말했다.

(2) **ที่ การที่ อย่าง ที่ว่า ตามที่ว่า อย่างที่** 등은 주어와 직접 목적어의 기능을 하는 명사절 앞머리에 위치한다.

ที่เธอกระทำเช่นนี้ / ไม่ถูก
네가 이렇게 행동하는 것은 옳지 않다.

การที่คุณแต่งตัวแบบนั้น / น่าเกลียด
당신이 그렇게 옷을 입는 것은 보기 흉하다.

คุณรู้บ้างไหม / ที่ว่าจะมีประชุม
회의가 있다는 것을 아십니까?

ตามที่ว่าจะมีสุริยุปราคาวันนี้ / คุณรู้บ้างไหม
당신은 오늘 일식이 있을 거라는 것을 아십니까?

4.3.2 형용사절 접속소

형용사절 접속소는 형용사절의 앞머리에만 나타날 수 있다. 그러나 문장의 앞머리에는 나타나지 않는다. 태국어의 형용사절 접속소에는 구어체에서 주로 사용하는 **ที่ ซึ่ง ที่ว่า อย่างที่** 등과 문어체에서 주로 사용하는 **อัน ดัง ผู้ ดังที่** 등이 있다. 형용사절 접속소는 일반 접속소와 관계 접속소로 나눌 수 있다.

(1) 일반 접속소

형용사절을 주절에 이어 주는 기능을 담당한다. **ที่ ที่ว่า ซึ่ง** 등이 있다.

อากาศ เวลา / ที่ฝนหายใหม่ ๆ / สดชื่นดี
비가 그친 직후의 날씨는 산뜻하다.

ข่าว / ที่ว่า รัฐบาลจะลดดอกเบี้ยอีก / ไม่จริงเลย
정부가 또 금리를 낮춘다는 소식은 사실이 아니다.

คุณเชื่อข่าว / ที่ว่า จะเกิดปฏิวัติ / ไหม
혁명이 일어날 것이라는 소식을 믿습니까?

(2) 관계접속소

형용사절을 주절 또는 명사절에 이어 주면서 동시에 주어나 직접 목적어 또는 간접 목적어의 기능을 담당한다. **ที่ ซึ่ง อัน** 등이 있다.

เด็ก / ที่มาหาคุณ / ร่าเริงดี
너를 찾아온 아이는 명랑하다.

หนังสือ / ที่ฉันซื้อมา / อยู่ที่ไหน
내가 사온 책은 어디 있지?

เด็ก / ที่คุณกำลังแจกขนม / เป็นเด็กกำพร้า
당신이 과자를 나누어 주고 있는 아이는 고아입니다.

4.3.3 부사절 접속소

부사절 접속소는 항상 절의 앞머리에 위치한다. 부사절 접속소는 의미적 기준에 따라 다음과 같이 여덟 가지로 나눌 수 있다(1.1.6 참조).

갈래	접속소
(1) 시간 접속소	ก่อน กว่า ก่อนหน้า หลัง หลังจาก พอ ทันทีที่ ขณะที่ ในขณะที่ ระหว่าง จน กระทั่ง เวลา ในเวลา เมื่อ ตั้งแต่ ครั้ง คราว ตอน ก่อนที่ ตั้งแต่ก่อน หลังจากที่ ระหว่างที่ ในระหว่างที่ จนกว่า เวลาที่ ในเวลาที่ ตอนที่ พอเวลา เมื่อก่อน เมื่อก่อนที่ ก่อนหน้าที่ เมื่อตอน เมื่อครั้ง เมื่อคราว เมื่อ เวลา ตั้งแต่เมื่อ ตั้งแต่ครั้ง ตั้งแต่ตอน ตั้งแต่คราว จนกระทั่ง (문어) ครั้น
(2) 장소 접속소	แถว ตรงที่ แถว ๆ ที่
(3) 원인/이유 접속소	เพราะ ก็เพราะ ที่ เพราะว่า ก็เพราะว่า (문어) ด้วย เนื่องด้วย เนื่องจาก เนื่องจากว่า ด้วยเหตุที่ ด้วยเหตุว่า โดยเหตุที่ โดยเหตุว่า โดยเหตุที่ว่า
(4) 목적/의도 접속소	เพื่อ ก็เพื่อ เพื่อให้ ก็เพื่อให้ เพื่อที่ เพื่อว่า
(5) 조건 접속소	ถ้า หาก เผื่อ แม้ ถึง ทั้ง ๆ ทั้งที่ ต่อเมื่อ ก็ต่อเมื่อ เมื่อ ในเมื่อ นอกจาก นอกเสียจาก เว้นแต่ เว้นเสียแต่ หากว่า เผื่อว่า แม้ว่า ทั้ง ๆ ที่ นอกจากว่า นอกเสียจากว่า เว้นแต่ว่า เว้นเสียแต่ว่า ถ้าหาก ถ้าหากว่า ถ้าเผื่อ ถ้าเผื่อว่า ถึงแม้ ถึงแม้ว่า (문어) ถ้าหาก ถึงหากว่า แม้ว่า ถึงแม้น ถึงแม้นว่า ถ้าแม้ว่า
(6) 비교 접속소	เท่าที่ เท่ากับที่ อย่างกับ ราวกับ กว่าที่ (문어) ดุจ ดัง ดุจดัง ดังหนึ่ง ปานเสมือน เสมือนหนึ่ง ประหนึ่ง ปานประหนึ่ง ประดุจ
(7) 결과 접속소	จน กระทั่ง ขนาด จนกระทั่ง
(8) 형태 접속소	ตาม อย่าง โดย ตามที่ อย่างที่ โดยที่ ตามอย่างที่

제 5 장 문법범주와 기능

1. 명사의 사용범주

명사 부류의 사용과 관련된 문법범주에는 성(gender)과 수(number) 그리고 격(case)이 있다. 이러한 문법 범주의 표현 형식은 언어마다 다르다. 본 장에서는 태국어에서 이러한 문법범주들이 어떤 방식으로 실현되는가를 살펴보기로 한다.

1.1 성 (gender)

성에는 남성과 여성 그리고 중성의 구별이 있다. 문법에서 이야기 하는 성 (gender)이 반드시 자연계의 성(sex)과 일치하는 것은 아니다. 성은 명사류가 지닌 속성이므로 그 형식적 표지가 잘 드러나지 않는다. 태국어의 성은 명사류와 어조사에 의해 구별된다.

1.1.1 남성

(1) 남성의 의미를 지닌 단어 또는 단어군을 사용하여 남성임을 표시한다.

กระผม	저	ผม	저
อาตมาภาพ	소승	ปู่	할아버지
พ่อ	아버지	ผัว	남편
ผู้ชาย	남자	เขย	사위
หนุ่ม	청년	บุรุษ	남자
ราชา	왕	โอรส	왕자
ภิกษุ	비구	พระ	스님
เณร	사미승	พ่อครัว	남자 주방장

(2) 남성이 사용하는 어조사를 사용하여 남성임을 표시한다.

ครับ	예(남)	**ขอรับ**	예(남)
ขอรับกระผม	예(남)	**ครับผม**	예(남)

1.1.2 여성

(1) 여성의 의미를 지닌 단어 또는 단어군을 사용하여 여성임을 표시한다.

ดิฉัน	저	**แม่**	엄마
ย่า	할머니	**ป้า**	큰엄마
สาว	처녀	**ผู้หญิง**	여자
เมีย	마누라	**สตรี**	숙녀
ธิดา	여식	**นารี**	여자
ภิกษุณี	비구니	**ชี**	수행자(여)
พี่สาว	누나/언니	**สะใภ้**	며느리
แม่บ้าน	주부	**แม่ครัว**	여자 주방장

(2) 여성이 사용하는 어조사를 사용하여 여성임을 표시한다.

ค่ะ	예(여)	**เจ้าค่ะ**	예(여)
คะ	예(여)	**ขา**	예(여)

1.1.3 중성

중성이란 남성인지 또는 여성인지가 분명히 나타나지 않는 단어의 속성을 말한다.

ข้าพเจ้า	본인	**ฉัน**	나
เธอ	너	**คุณ**	당신

เขา	그	ท่าน	당신
คน	사람	อาจารย์	교수
ตำรวจ	경찰	สัตว์	짐승
ผู้ใหญ่	어른	เด็ก	아이

중성의 속성을 지닌 단어들은 특정한 문법적 표지를 사용하여 남성 혹은 여성 명사로 나타날 수 있다.

중성	남성	여성
อา	อาผู้ชาย	อาผู้หญิง
삼촌/고모	삼촌	고모
นักศึกษา	นักศึกษาชาย	นักศึกษาหญิง
대학생	남자 대학생	여대생
เด็ก	เด็กชาย	เด็กหญิง
아이	남자 아이	여자 아이
สัตว์	สัตว์ตัวผู้	สัตว์ตัวเมีย
짐승	숫짐승	암짐승
ลูก	ลูกชาย	ลูกหญิง
자녀	아들	딸
คนครัว	พ่อครัว	แม่ครัว
주방장	남자 주방장	여자 주방장
ผู้เฒ่า	พ่อเฒ่า	แม่เฒ่า
노인	할아버지	할머니

1.2 수(number)

수는 일반적으로 단수와 복수로 구별한다. 수는 명사류의 속성이지만 부분적으로 그 명사와 같이 사용하는 동사의 속성을 나타내기도한다.

1.2.1 단수

단수는 명사류의 수가 하나임을 나타내는 것이다. 태국어에서 단수는 다음과 같은 방법으로 나타낸다.

(1) '하나' 의 의미를 지닌 수사를 사용한다.

คนเดียว 혼자   **แก้วหนึ่ง** 한 컵

(2) 형태사와 지시사를 사용한다.

เพื่อนคนนี้   **หนังสือเล่มนั้น**   **ปากกาด้ามโน้น**
이 친구   그 책   저 펜

(3) '하나' 의 의미를 지닌 수사와 형태사를 사용한다.

จานหนึ่งใบ   **พี่ชายคนหนึ่ง**   **ข้าวจานเดียว**
접시 하나   형/오빠 한사람   밥 한 접시

1.2.2 복수

복수란 명사의 수가 둘 이상임을 나타내는 나타내는 것이다. 태국어에서 복수는 다음과 같은 방법으로 나타낸다.

(1) 하나보다 많은 숫자를 나타내는 수사를 사용한다.

| คนมาก | 많은 사람 | แจกันทั้งคู่ | 두 개의 꽃꽂이병 |
| พวกทหาร | 군인들 | บรรดานักศึกษา | 학생들 |

(2) 하나보다 많은 숫자의 의미를 지닌 형태사와 지시사를 사용한다.

| นักเรียนพวกนี้ | คนกลุ่มนั้น | คำเหล่านี้ |
| 이 학생들 | 그 사람들 | 이 말들 |

(3) 하나보다 많은 숫자를 나타내는 수사와 형태사를 사용한다.

| เจ้าหน้าที่ ๒ คน | มีดหลายเล่ม | เสื้อ ๒ ตัว |
| 담당자 2명 | 칼 여러 자루 | 상의 2벌 |

(4) 첩어를 사용한다.

| เด็ก ๆ | อาีิ들 | หนุ่ม ๆ | 청년들 |
| สาว ๆ | 처녀들 | เพื่อน ๆ | 친구들 |

(5) 복수의 의미를 나타내는 동사를 사용한다.

| เด็กโกยทราย | 아이가 모래를 쓸어 모은다. |
| เหมาโหลถูกกว่า | 다스로 사는 것이 더 싸다. |

1.3 격(case)

격이란 문장 안에서 동사와 명사와의 관계를 말한다. 따라서 주어와 동사 또는 동사와 목적어와의 관계를 나타내며 명사의 문장 내에서의 통사, 의미적 기능과 관계를 표현한다. 태국어에는 격표지가 없으므로 문장 안에서의 동사의 성격과 명사의 위치에 따라 격이 결정된다.

1.3.1 행위자(agentive) :
명사가 동사가 표현하는 사건을 일으키는 행위자가 되며 주로 생물체이다. 이때 명사는 동사 앞에 위치한다.

<u>สมชาย</u> ร้องเพลง   쏨차이는 노래를 부른다.
<u>นพวรรณ</u> ทำขนมหก   높파완이 과자를 엎질렀다.
<u>เบญจวรรณ</u> กวาดขยะ   벤짜완이 쓰레기를 쓴다.

1.3.2 도구(instrumental) :
명사가 동사가 표현하는 사건을 발생시키거나 상태를 유지하는데 사용되는 도구인 관계를 말한다.

ราตรีตัดเชือก <u>ด้วยมีด</u>   라뜨리는 끈을 칼로 자른다.
คนงาน <u>ใช้เลื่อย</u> ตัดต้นไม้ใหญ่   인부가 톱으로 큰 나무를 자른다.
ช่างซ่อมรองเท้า <u>ใช้กาว</u>ติดรองเท้า
신발 수리공이 접착제로 신발을 붙인다.

1.3.3 처소(locative) :
명사가 동사가 표현하는 사건이 일어나는 장소가 되거나 행위를 행하는 장소인 관계를 말한다.

<u>ปัตตานี</u> น้ำท่วม   빳따니에 홍수가 났다.
ชาติชายนอน <u>ในห้องนั่งเล่น</u>   찻차이는 휴게실에서 누워 있다.
แม่อยู่ <u>บ้าน</u>   어머니는 집에 계신다.

1.3.4 대상(objective) :
명사가 동사가 표현하는 상태를 수용하거나 동사가 표현하는 행위로부터 영향을 받는 대상이 된다. 이때의 동사는 중립동사(middle verb)인 경우가 대부분이다.

วินัยเปิด <u>ประตู</u>   위나이는 문을 열었다.
สมพงศ์พัง <u>เก้าอี้</u>   쏨퐁은 의자를 망가뜨렸다.
สมศรีทารุณ <u>เด็ก</u>   쏨씨는 아이를 괴롭힌다.

1.3.5 경험자(experiencer) :
명사가 동사가 표현하는 사건이나 행위를 느끼거나 인지하는 개체로 대부분 생명체이다. 이때의 동사는 대개 지각 동사이다.

    ไพลิน ได้ยินเสียงตะโกน   파이린은 고함소리를 들었다.
    พรพรรณ เสียใจ   펀판은 속이 상했다.
    ตำรวจ รู้ตัวคนร้าย   경찰은 범인을 알고 있다.

1.3.6 동반자(comitative) :
명사가 다른 사람과 더불어 동사가 표현하는 동작을 행하거나 사건을 일으키는 관계를 말한다.

    อาจารย์คุย กับนักศึกษา   교수님은 학생들과 이야기 하고 있다.
    ประพันธ์แต่งงาน กับสมศรี   쁘라판은 쏨씨와 결혼했다.
    ป้าทะเลาะ กับลุง   큰어머니는 큰아버지와 다투신다.

1.3.7 수혜자(benefative) :
명사가 동사가 표현하는 행위의 수혜자인 관계를 말한다.

    อิทธิ ได้รับมรดกจากคุณตา   잇티는 외조부로부터 유산을 받았다.
    อาทิตย์ซื้อขนมไปฝาก หลาน   아팃은 과자를 사서 조카에게 주었다.
    คุณแม่ตัดกางเกง ให้น้อง
    어머니는 동생에게 바지를 만들어 주셨다.

1.3.8 시간(time) :
명사가 동사가 표현하는 사건이나 상태의 시간을 나타내는 관계를 말한다.

    บุรุษไปรษณีย์ทำงานหนัก ในเทศกาลปีใหม่
    신년 연휴에 우체부는 일이 많다.
    นักศึกษาอ่านหนังสือ ก่อนวันสอบ
    학생들은 시험 전날에 책을 읽는다.
    เกษมศรีตื่น แต่เช้า   까셈씨는 아침 일찍 일어난다.

1.3.9 기점(source) :
명사가 동사가 표현하는 행위의 기점인 관계를 말한다.

  แสงชัยมา จากบ้าน 쌩차이는 집에서 오는 길이다.
  ลูกตก จักรยาน 아이가 자전거에서 떨어졌다.
  นักเรียนออก จากโรงเรียน 학생들이 학교에서 나온다.

1.3.10 목표(goal) :
명사가 동사가 표현하는 행위의 목적지인 관계를 말한다.

  สุดาไป โรงเรียน 쑤다는 학교에 간다.
  นักกรีฑาวิ่ง ถึงเส้นชัย 육상선수가 결승선에 다다랐다.
  เรือแล่นไป ถึงฝั่ง 배가 강변에 닿았다.

2. 동사의 사용범주

동사의 사용과 관련된 문법 범주에는 시제(tense)와 상(aspect) 그리고 서법(mood)과 태(voice) 등이 있다.

2.1 시제

시제는 말하는 사람이 말하는 시점을 기준으로 발화 내용 안의 사건이 언제 일어났는가를 표현하는 것이다. 즉 말하는 시점에 일어나는 사건을 표현하는 것을 현재시제라고 하고 말하는 시점보다 먼저 일어난 사건을 표현한 것을 과거시제라고 하며 말하는 시점보다 나중에 일어나는 사건을 표현하는 것을 미래시제라고 한다.

2.1.1 현재시제

태국어에서 현재시제를 표현하는 방법에는 다음과 같이 두 가지가 있다.

(1) 과거나 미래시제를 나타내는 특정한 요소 없이 동사를 사용한다.

  เขาไปโรงเรียน   그는 학교에 간다.
  เราเรียนภาษาเกาหลี   우리는 한국어를 배운다.
  กรุงเทพฯ เป็นเมืองใหญ่ 방콕은 큰 도시이다.
  เมืองไทยร้อน   태국은 덥다.

(2) 동사와 현재시제를 나타내는 시간 부사구를 사용한다.

  เดี๋ยวนี้ เขามีรถ ๓ คัน 지금 그는 차가 세 대 있다.
  ปัจจุบัน นักเรียนยังนิยมใช้โทรศัพท์มือถือ
  현대에는 학생들도 핸드폰을 즐겨 사용한다.
  เวลานี้ แดงเขารวยมาก 댕은 지금 큰 부자이다.
  สมัยนี้ นักวิจัยใช้คอมพิวเตอร์กันมาก
  오늘날 연구원들은 컴퓨터를 많이 사용한다.

2.1.2 과거시제

태국어에서 과거시제를 표현하는 방법에는 다음과 같이 세 가지가 있다.

(1) 과거시제를 나타내는 조동사와 동사를 사용한다.

  ตำรวจ ได้ ตรวจค้นบ้านของเขา 경찰은 그의 집을 수색했다.
  เขา ได้ ค้นพบหนังสือ 그는 책을 찾아 냈다.
  ตำรวจมา แล้ว   경찰이 왔다.
  เราเข้าพบอธิการบดี แล้ว 우리는 총장을 만났다.
  เขาได้คิด แล้ว   그는 이미 계산을 했다.

(2) 과거시제를 나타내는 시간 부사구와 동사를 사용한다.

เมื่อกี้นี้ คุณสมชายโทรศัพท์มาหาเธอ
좀전에 쏨차이한테서 전화가 왔었다.
แม่ไปเยี่ยมตา เมื่อเช้านี้
어머니는 아침에 외할아버지댁에 가셨다.
เมื่อวาน ฝนตกหนัก   어제 비가 많이 왔다.
เดือนที่แล้ว น้ำท่วมปัตตานี   지난 달에 빳따니에 홍수가 났다.
ปีที่แล้ว ฉันอยู่ที่เกาหลี   작년에 나는 한국에 있었다.

(3) 과거시제를 나타내는 시간 부사구와 조동사 그리고 동사를 사용한다.

เมื่อเช้า เขา ได้ ค้นพบหนังสือ   아침에 그는 책을 찾아 냈다.
เมื่อวาน ตำรวจมา แล้ว   어제 경찰이 왔다.
เราเข้าพบอธิการบดี แล้ว เมื่ออาทตย์ที่แล้ว
우리는 지난 주에 총장을 만났다.
เขาได้คิด แล้ว เมื่อกี้นี้   좀전에 그가 계산을 했다.

2.1.3 미래시제

태국어에서 미래시제를 표현하는 방법에는 다음과 같이 세 가지가 있다.

(1) 미래시제를 나타내는 조동사 **จะ** 또는 **กำลังจะ** 와 동사를 사용한다.

    แม่ จะ ซักผ้า   어머니는 세탁을 하실 것이다.
    ตุ๊ก จะ ไปทำงาน   뚝은 출근할 것이다.
    เขา จะ แต่งงาน   그는 결혼할 것이다.
    แม่ครัว จะ ทำอาหาร   주방장은 요리를 할 것이다.
    อากาศ กำลังจะ หนาว   날씨가 막 추워지려고 한다.
    น้องสาว กำลังจะ ไปเรียน   동생이 막 학교에 가려고 하는 중이다.

(2) 미래시제를 나타내는 시간 부사구와 동사를 사용한다.

พรุ่งนี้ เขาขับรถไปหาดใหญ่
그는 내일 차를 가지고 핫야이에 간다.
อาทิตย์หน้า แม่กลับมาจากกรุงเทพฯ
다음 주에 어머니는 방콕에서 돌아오신다.
โอกาสหน้า พบกันใหม่   다음 기회에 또 만나요.
ปีหน้า ฉันไปทำงานต่างประเทศ 내년에 나는 외국에 일하러 간다.

(3) 미래시제를 나타내는 시간 부사구와 조동사 จะ 그리고 동사를 사용한다.

พรุ่งนี้ เขา จะ ขับรถไปหาดใหญ่
그는 내일 차를 가지고 핫야이에 갈 것이다.
อาทิตย์หน้า แม่ จะ กลับมาจากกรุงเทพฯ
다음 주에 어머니는 방콕에서 돌아오실 것이다.
โอกาสหน้า ฉัน จะ ทำอาหาร
다음 기회에 내가 요리를 할 것이다.
ปีหน้า ฉัน จะ ไปทำงานต่างประเทศ
내년에 나는 외국에 일하러 간다.

2.2 상(aspect)

상은 시제와 함께 동사에 표현되는 범주이다. 일반적으로 하나의 사건이 완료되었는지의 여부나 지속되고 있는지의 여부를 의미적으로 구분하는것이 상으로 표현되는 것이다. 태국어의 상은 다음과 같이 네 가지로 나뉘어진다.

2.2.1 진행상

동사가 표현하는 사건이 발생하여 진행되고 있거나 상태가 지속되고 있는 것을 말한다.

(1) 과거 진행상 : 과거시제 부사구와 조동사 **กำลัง อยู่** 또는 **กำลัง ... อยู่** 를 사용한다.

ผู้ชุมนุมกำลังปิดถนน เมื่อวานนี้
군중들이 어제 길을 막고 있었다.
ผู้ชุมนุมปิดถนนอยู่ เมื่อวานนี้
군중들이 어제 길을 막고 있었다.
ผู้ชุมนุมกำลังปิดถนนอยู่ เมื่อวานนี้
군중들이 어제 길을 막고 있는 중이었다.

(2) 현재 진행상 : 현재시제 부사구와 조동사 **กำลัง อยู่** 또는 **กำลัง ... อยู่** 를 사용한다.

ขณะนี้ ผู้ชุมนุมกำลังปิดถนน
군중들이 지금 길을 막고 있다.
ขณะนี้ ผู้ชุมนุมปิดถนนอยู่
군중들이 지금 길을 막고 있다.
ขณะนี้ ผู้ชุมนุมกำลังปิดถนนอยู่
군중들이 지금 길을 막고 있는 중이다.

(3) 미래 진행상 : 미래시제 부사구와 추측을 나태는 조동사 **อาจ คง** 그리고 조동사 **กำลัง อยู่** 또는 **กำลัง ... อยู่** 를 사용한다.

พรุ่งนี้ ผู้ชุมนุมคงจะกำลังปิดถนน
내일 아마도 군중들이 길을 막고 있을 것이다.
พรุ่งนี้ ผู้ชุมนุมคงจะปิดถนนอยู่
내일 아마도 군중들이 길을 막고 있을 것이다.

พรุ่งนี้ ผู้ชุมนุมคงจะกำลังปิดถนนอยู่
내일 아마도 군중들이 길을 막고 있을 것이다.

2.2.2 반복상

동사가 표현하는 사건이 주기적으로 반복하여 일어나거나 자주 또는 늘상적으로 일어나는 것을 말한다.

(1) 과거 반복상 : 동사가 표현하는 사건이 과거에 반복하여 일어난 것을 말한다. 과거시제 부사구와 조동사 **มัก มักจะ** 를 동사 앞에 사용하며 부사 **บ่อย ๆ** 또는 **ทุกวัน เป็นประจำ** 등이 함께 사용될 수 있다.

เมื่อปีที่แล้ว เขามักตื่นแต่เช้า
그는 작년에 아침 일찍 일어나곤 했다.

เดือนที่แล้ว ฝนมักจะตก
지난 달 비가 자주 왔다.

ปีที่แล้ว เราพบกันบ่อย ๆ
작년에 우리는 자주 만났다.

อาทิตย์ที่แล้วนั้น ทำงานดึกทุกวัน
지난 주에는 매일 밤늦게까지 일했다.

เมื่อปิดเทอมที่แล้ว สมหญิงไปเที่ยวบ้านยายเป็นประจำ
지난 방학에 쏨잉은 늘상 외할머니 집에 놀러 갔다.

(2) 현재 반복상 : 동사가 표현하는 사건이 현재에 반복하여 일어나는 것을 말한다. 현재시제 부사구와 조동사 **มัก มักจะ**를 동사 앞에 사용하며 부사 **บ่อย ๆ** 또는 **ทุกวัน เป็นประจำ** 등이 함께 사용될 수 있다.

เขามักตื่นแต่เช้า ตอนนี้
그는 지금 대개 아침 일찍 일어난다.

<u>เดือนนี้</u> ฝน<u>มัก</u>จะตก
이번 달에 비가 자주 온다.

<u>ปีนี้</u> เราพบกัน<u>บ่อย ๆ</u>
올해 우리는 자주 만난다.

<u>อาทิตย์นี้</u> ทำงานดึก<u>ทุกวัน</u>
이번 주에는 매일 밤늦게까지 일한다.

สมหญิงไปเที่ยวบ้านยาย<u>เป็นประจำ</u> <u>ในช่วงปิดเทอมนี้</u>
이번 방학에 쏨잉은 늘상 외할머니 집에 놀러 간다.

(3) 미래 반복상 : 동사가 표현하는 사건이 미래에 반복하여 일어난 것을 말한다. 미래시제 부사구와 조동사 **จะ**를 동사 앞에 사용하며 부사 **บ่อย ๆ** 또는 **ทุกวัน** **เป็นประจำ** 등이 함께 사용될 수 있다.

<u>ปีหน้า</u> เรา<u>จะ</u>พบกัน<u>บ่อย ๆ</u>
내년에 우리는 자주 만날 것이다.

<u>อาทิตย์หน้า</u> ฉัน<u>จะ</u>ทำงานดึก<u>ทุกวัน</u>
다음 주에 나는 매일 밤늦게까지 일할 것이다.

เขา<u>จะ</u>ตื่นแต่เช้า <u>ตั้งแต่พรุ่งนี้</u>
그는 내일부터 아침 일찍 일어날 것이다.

สมหญิง<u>จะ</u>ไปเที่ยวบ้านยาย<u>เป็นประจำ</u> <u>ตอนปิดเทอมหน้า</u>
다음 방학에 쏨잉은 늘상 외할머니 집에 놀러 갈 것이다.

2.2.3 동시상

동사가 표현하는 두 가지의 사건이 동시에 일어나는 것을 말한다.

(1) 과거 동시상 : 과거시제 부사구와 동사 후행어 **ไป**가 각각의 동사 뒤에 사용된다.

พ่ออ่านหนังสือไปพูดไป เมื่อเช้านี้
오늘 아침에 아버지는 책을 읽으시며 말씀하셨다.

เมื่อคืน แม่ล้างชามไปคุยไป
어제 밤에 어머니는 설거지를 하시며 이야기를 하셨다.

ตอนที่เป็นนักเรียน ฉันมักจะกินขนมไปอ่านหนังสือไป
학생시절에 나는 과자를 먹으면서 책을 보곤 했다.

(2) 현재 동시상 : 현재시제 부사구와 동사 후행어 **ไป**가 각각의 동사 뒤에 사용된다.

ขณะนี้ พ่ออ่านหนังสือไปพูดไป
지금 아버지는 책을 읽으시며 말씀하신다.

ตอนนี้ แม่ล้างชามไปคุยไป
지금 어머니는 설거지를 하시며 이야기를 하신다.

ในปัจจุบัน นักเรียนบางคนต้องเรียนไปทำงานไป
오늘날 어떤 학생은 일하면서 공부해야 한다.

(3) 미래 동시상 : 미래시제 부사구와 동사 후행어 **ไป**가 각각의 동사 뒤에 사용된다.

ปีหน้า ฉันจะเรียนไปทำงานไป
내년에 나는 공부하면서 일도 할 것이다.

คุณต้องไม่ทำงานไป คุยไป อีกต่อไป
앞으로는 일하면서 이야기하면 안돼요.

บ่ายวันนี้ ฉันเห็นจะต้องกินไปทำงานไป
오후에는 먹으면서 일해야할 것 같다.

2.2.4 완료상

동사가 표현하는 사건이나 상태가 발생하고 나서 종결된 것을 말한다.

(1) 과거 완료상 : 과거시제 부사구와 조동사 **ได้ แล้ว เพิ่ง** 그리고 **ได้...แล้ว** 등이 사용될 수 있다.

    แดงได้ซักผ้า เมื่อเช้า   댕은 빨래를 했다, 아침에.
    แดงซักผ้าแล้ว เมื่อเช้า   댕은 빨래를 했다, 아침에.
    แดงได้ซักผ้าแล้ว เมื่อเช้า   댕은 빨래를 했다, 아침에.
    แม่เพิ่งกลับมาจากต่างจังหวัด เมื่อเช้านี้
    오늘 아침에 어머니는 막 지방에서 돌아오셨다.

(2) 현재 완료상 : 현재시제 부사구와 조동사 **เสร็จ จบ** 등이 **เพิ่ง** 등과 함께 사용될 수 있다.

    ขณะนี้ แดงซักผ้าเสร็จ   댕은 지금 빨래를 마쳤다.
    ตอนนี้ น้อยอ่านหนังสือจบแล้ว   지금 너이는 책을 다 읽었다.
    วันนี้ เขาทำงานเสร็จเรียบร้อยแล้ว   오늘 그는 일을 끝냈다.
    แม่เพิ่งกลับมาจากตลาด เดี๋ยวนี้
    어머니는 지금 막 시장에서 오셨다.

(3) 미래 완료상 : 미래시제 부사구와 조동사 **เสร็จ จบ** 등이 **จะ** 와 함께 사용될 수 있다.

    เราจะสร้างบ้านเสร็จ เดือนหน้า
    우리는 내년에 집을 다 지을 것이다.

อีกชั่วโมงข้างหน้า รายการพิเศษจะจบลง
한 시간 후에 특별 프로그램이 끝날 것이다.
แดงจะเรียนจบในปีหน้า   댕은 내년에 학업을 마칠 것이다.

2.3 서법(mood)

서법이란 말하는 사람이 문장의 내용에 대해 가지는 정신적 태도를 나타내는 문법범주이다. 지금부터는 태국어의 서술법과 의문법, 명령법 그리고 청유법에 대해서 살펴 보기로 한다.

2.3.1 서술법

서술법은 특정한 서법을 나타내는 요소 없이 상태성 동사나 동작성 동사를 그대로 사용하여 나타낸다.

บ้านหลังนี้สวย   이집은 예쁘다.
วนิดาผมยาว   와니다는 머리가 길다.
เขาวิ่งทุกวัน   그는 매일 달리기를 한다.
ปัตตานีอากาศไม่ร้อน   빳따니는 날씨가 덥지 않다.
พ่อไม่ไปทำงาน   아버지는 출근하지 않으신다.
ฉันไม่กินผักซีเลย   나는 팍치를 먹지 않는다.

2.3.2 의문법

의문법은 의문대명사, 의문부사, 의문형용사, 의문어조사 그리고 선택 접속사를 사용하여 나타낸다.

(1) 의문 대명사를 사용한 의문법

<u>ใคร</u>เป็นคนสร้างบ้านหลังนี้	누가 이집을 지었습니까?
คุณไปหา<u>ใคร</u> เมื่อวานนี้	어제 누구를 찾아 갔었어요?
ไป<u>ไหน</u> แดง	어디 가세요? 댕씨.
โรงอาหารอยู่<u>ไหน</u>	구내식당이 어디 있습니까?
เขาทำ<u>อะไร</u>	그는 무엇을 합니까?
เกิด<u>อะไร</u>ขึ้น	무슨 일이 일어났습니까?

(2) 의문부사를 사용한 의문법

<u>ทำไม</u>เขาไม่มาโรงเรียน	왜 그는 학교에 오지 않았어요?
เด็กคนนั้นร้องไห้<u>ทำไม</u>	그 아이는 왜 울지요?
ถ้าตุ๊ก ๆ ไม่มา คุณจะไป<u>อย่างไร</u>	
뚝뚝이 오지 않으면 어떻게 가시지요?	
เรื่องนี้เขาจะว่า<u>อย่างไร</u>	이 일에 대해서 그가 뭐라고 할까요?
แหวนวงนี้ขาย<u>เท่าไร</u>	이 반지 얼마에 파십니까?
ไปสงขลา ใช้เวลานาน<u>เท่าไร</u>	쏭클라 가는데 시간이 얼마나 걸리지요?
แม่ไปวัด<u>เมื่อไร</u>	어머니는 언제 절에 가십니까?
<u>เมื่อไร</u>คุณจะไปหาดใหญ่	언제 핫야이에 가시겠습니까?

(3) 의문형용사를 사용한 의문법

คน<u>ไหน</u>เป็นน้องชายของคุณ	어느 사람이 당신의 동생입니까?
แดงจะไปกรุงเทพฯ วัน<u>อะไร</u>	댕은 무슨 요일에 방콕에 가지요?

(4) 의문어조사를 사용한 의문법 (1.2.12 참조)

สบายดี<u>หรือ</u>	편안하십니까?
เธอแต่งงานแล้ว<u>หรือยัง</u>	그녀는 결혼했나요?
ขอนั่งด้วยคน<u>ได้ไหม</u>	같이 좀 앉아도 되겠습니까?
ตอนนี้เกาหลีหนาว<u>ไหม</u>	지금 한국은 추운가요?

(5) 선택접속사를 사용한 의문법

คุณจะไปเรียนต่อหรือเข้าทำงานบริษัท
당신은 유학을 가시겠습까? 아니면 회사에 취직을 하시겠습니까?

แม่จะดื่มกาแฟหรือชา
어머니는 커피를 마시겠어요? 아니면 차를 마시겠습니까?

2.3.3 명령법

명령법은 동사와 전치 조동사, 동사 후행어 또는 어조사 등을 사용하여 나타낸다.

(1) 동사를 사용한 명령법

มานี่	이리와!
ไปให้พ้น	꺼져!

(2) 전치 조동사 **จง** 을 사용한 명령법

จงไปเดี๋ยวนี้	지금 당장 가시오!
จงเชื่อฟังพ่อแม่	부모님께 순종하시오!

(3) 동사 후행어 **เสีย ซิ เสียซิ** 등을 사용한 명령법

กินยาเสีย	약을 먹어라!
หลับตาเสีย	눈을 감아라!
พูดซิ	말해!
มาทางนี้ซิ	이쪽으로 와!
บอกความจริงซิ	사실을 말해!
อย่าลืมเสียซิ	잊지마!

2.3.4 청유법

청유법은 동사 선행어 또는 어조사를 사용하여 나타낸다.

(1) 동사 선행어를 사용한 청유법

<u>โปรด</u>เงียบ	조용히 해주세요.
<u>โปรด</u>ใช้ประตูหน้า	앞문을 이용하시기 바랍니다.
<u>กรุณา</u>รอสักครู่	잠시 기다리세요.
<u>กรุณา</u>รับโทรศัพท์ด้วย	전화 받으세요.
<u>เชิญ</u>รับประทานข้าว	식사하세요.
<u>เชิญ</u>เข้ามาข้างใน	안으로 들어 오세요.

(2) 어조사를 사용한 청유법

มา<u>ซิ</u>	오세요.
ดู<u>ซิ</u>	보세요.
ลองทำ<u>ซิ</u>	해보세요.
เห็นใจ<u>เถอะ</u>	봐주세요.
เข้ามา<u>เถอะน่า</u>	제발 오세요.
พูด<u>เถอะน่า</u>	말 좀 하세요.
ฟังผมก่อน<u>นะ</u>	제말 좀 먼저 들으세요.
กินด้วยกัน<u>น่า</u>	같이 좀 먹으세요.
อย่าอยู่เลย<u>น่า</u>	(여기) 있지 마세요.

2.3.5 부정법

태국어에서 부정문은 부정소 ไม่를 동사나 형용사 또는 부사 앞에 삽입하여 만든다.(1.2.13 참조)

(1) 동사 앞에 부정소 **ไม่**를 삽입하는 경우

  แดงไม่ชอบสีชมพู   댕은 핑크색을 좋아하지 않는다.
  วันนี้ พ่อไม่ไปทำงาน 오늘 아버지는 출근하지 않으셨다.
  มือไม่สะอาดเลย   손이 깨끗하지 못하다.

(2) 형용사 앞에 부정소 **ไม่**를 삽입하는 경우

  คนไม่รวยก็มีสิทธิ์เหมือนกัน
  부자가 아닌 사람도 마찬가지로 권리가 있어요.
  ของไม่ดีใช่ว่าถูกเสมอ
  좋지 않은 물건이라고 해서 항상 값이 싼 것은 아니다.
  สั่งอาหารไม่เผ็ด   맵지 않은 음식을 시키세요.

(3) 부사 앞에 부정소 **ไม่**를 삽입하는 경우

  เขาไปโรงเรียนไม่ทัน 그는 학교에 지각했다.
  วินัยกินข้าวไม่น่าอร่อย 위나이는 밥을 맛없게 먹었다.
  เขาพูดไม่ชัด   그는 명확하게 말하지 않았다.

(4) 지정사 **เป็น**의 경우 부정소 **ไม่**를 삽입하거나 **ไม่ใช่** 로 바꾸어 넣는다.

  พี่ชายไม่เป็นข้าราชการ 형은 공무원이 아니다.
  พ่อเขาไม่ใช่หมอ   그의 아버지는 의사가 아니다.
  ฉันไม่ใช่คนใจดำ   나는 인정머리 없는 사람이 아니다.

(5) 부정소 **เปล่า** 또는 **ไม่**를 대답으로 사용하는 경우

  A : **คุณจะไปด้วยหรือ** 당신도 같이 가시나요?
  B : **เปล่า** 또는 **ไม่**

A : ตุ๊กจะไปดูหนังหรือ   뚝은 영화구경 갈 건가요?
B : เปล่า 또는 ไม่

2.4 태(voice)

태는 일반적으로 능동태(active voice)와 수동태(passive voice)가 있다. 그리고 특정한 동사가 사용되면서 중동태(middle voice)가 나타날 수 있다. 지금부터는 태국어의 태에 대해서 알아보기로 한다.

2.4.1 능동태

동사 또는 술어의 주어가 목적어에 대해 일정한 행위를 가하는 행위자(agent)일 때 동사의 상태를 능동태라고 한다. 태국어에서 대부분의 타동사문은 능동태이다.

น้อยเขียนจดหมาย	너이는 편지를 쓴다.
สุดาออกจากบ้าน	쑤다는 외출을 한다.
กัญญากระโดดขึ้นรถเมล์	깐야는 버스에 뛰어 올라 탔다.
พ่อดื่มเหล้า	아버지는 술을 드신다.
ทวีวิ่งกลับบ้าน	타위는 뛰어서 집에 돌아 갔다.
ครูคนใหม่เข้าห้องเรียน	새로 오신 선생님이 교실에 들어 가셨다.

2.4.2 수동태

능동태의 목적어를 주어로 문장을 다시 쓰면 수동태가 된다. 따라서 능동태에서의 주어와 목적어의 역할이 수동태에서는 서로 바뀐다. 태국어에서 수동의 의미를 나타내는 방법에는 상태성 수동과 어휘적 수동 그리고 통사적 수동이 있다.

(1) 상태성 수동 : 중립동사(middle verb)가 사용된 타동사 구문에서 목적어를 주어로 다시 쓰면 상태성 수동의 의미를 나타낸다. 중립동사란 자동사문 구조와 타동사문 구조에 형태의 변화 없이 나타나며 자동사문의 주어와 타동사문의 목적어 사이에 동일한 명사 분포를 갖는 동사의 한 유형을 말한다.

แดง<u>เปิด</u>ประตู	댕은 문을 열었다.	(능동문)
ประตู<u>เปิด</u>	문이 열렸다.	(수동문)
แม่<u>ตำ</u>พริก	어머니는 고추를 빻으셨다.	(능동문)
พริก<u>ตำ</u>ละเอียด	고추가 곱게 빻아졌다.	(수동문)

(2) 어휘적 수동 : 수동의 의미가 특정한 어휘에 의해서 실현되는 것을 말한다. 태국어에서 **เป็น ต้อง ได้รับ** 등이 어휘적 수동을 실현시킬 수 있다.

เขา<u>เป็น</u>หวัดตั้งแต่เมื่อวาน 그는 어제부터 감기에 걸렸다.
ผู้ร้าย<u>ต้อง</u>โทษขังคุก 범인은 구금되었다.
แดง<u>ได้รับ</u>บาดเจ็บมาก 댕은 많은 부상을 입었다.
กาญจนา<u>ได้รับ</u>เชิญไปในงานคืนนี้
깐짜나는 오늘 밤 행사에 초대받았다.

(3) 통사적 수동 : 수동의 의미가 통사적 구조에 의해 실현되는 것을 말한다. 태국어에서 타동사 **ถูก** 과 **โดน** 이 목적어를 절로 취하면서 수동 구문을 만들 수 있다.

หนู<u>ถูก</u>แมวกิน 쥐가 고양이에게 먹혔다.
ควาย<u>ถูก</u>รถชน 물소가 차에 치였다.
ผู้ร้าย<u>ถูก</u>ตำรวจจับ 범인이 경찰에게 잡혔다.
พี่ชาย<u>โดน</u>มีดบาด 오빠가 칼에 베였다.
ชาวปัตตานี<u>โดน</u>น้ำท่วม 빳따니 주민들이 수해를 당했다.

수동화 타동사 **ถูก** 과 **โดน** 구문은 대개가 비자발적이고 부정적인 의미를 지닌 내용을 표현한다. 같은 수동의 의미를 자발적이고 긍정적인 내용으로 표현할 때는 타동사 **ได้รับ** 을 사용한다.

สุนทรี (เสียใจที่) ถูกแต่งตั้งให้เป็นหัวหน้าชั้น
쑨트리는 (속상하게도) 반장에 임명되었다.

สุนทรี (ดีใจที่) ได้รับการแต่งตั้งให้เป็นหัวหน้าชั้น
쑨트리는 (기쁘게도) 반장에 임명되었다.

2.5 사동 표현

사동이란 사동자(causer)가 피사동자(causee)로 하여금 어떤 행위를 하게 하는 것을 말한다. 태국어에서 사동을 실현시키는 유형에는 어휘적 사동과 통사적 사동이 있다.

2.5.1 어휘적 사동

어휘적 사동은 어휘 자체에 사동의 의미를 갖는 동사에 의해 사동을 실현하는 방법이다. 태국어에서 일부 타동사는 두 가지의 사건을 기술하는 경우가 있다. 이 때 문장의 내용이 사건의 원인과 결과를 표현하는 경우에 사동 표현이 될 수 있다.

สมหญิงหักกิ่งไม้	쏨잉은 나무가지를 부러뜨렸다. (원인)
กิ่งไม้หัก	나무가지가 부러졌다. (결과)
แม่ตำพริก	어머니는 고추를 빻으셨다. (원인)
พริกตำ(ละเอียด)	고추가 (곱게) 빻아졌다. (결과)

5장 문법범주와 기능 225

이러한 어휘적 사동은 일부 타동사가 지닌 의미에 의해 나타나는 사동 표현으로 문법장치에 의해 나타나는 사동구문은 아니다. 태국어에서 어휘적 사동을 실현시키는 타동사는 대부분이 중립동사의 성격을 갖는다.

2.5.2 통사적 사동

통사적 사동이란 특정한 동사가 통사적 분포에 따른 문장구조를 통해 사동의 의미를 나타내는 것을 말한다. 태국어에서 통사적 사동은 ทำ ให้ ทำให้ 등의 사동화 타동사가 목적어를 절로 취하면서 실현될 수 있다.

(1) ทำ 의 기능과 사동 표현

태국어의 **ทำ** 은 '만들다', '하다' 의 의미가 있으며 일반동사와 경동사 그리고 사동사로 사용된다. 그리고 특정 상황 동사 대행기능을 하기도 한다.

1) 비사동 표현의 **ทำ** 의 용법

ทำ이 사동 표현을 나타내지 않는 경우는 보충어를 절로 취하지 않고 명사구를 취하는 경우이다.

① 일반동사 **ทำ**의 용법

ทำ이 일반동사로 사용되는 경우에는 '만들다' 의 의미가 있으며 타동사로서 명사구를 목적어로 취하게 된다.

แม่ทำขนมปัง   어머니는 빵을 만드신다.
แดงทำขนมไม่เป็น   댕은 과자를 만들 줄 모른다.

② 경동사 **ทำ**의 용법

ทำ이 경동사로 사용되는 경우에는 **ทำ**+명사구의 형태로 나타나며 주된 의미는 명사구에 있고 **ทำ**은 단지 이에 대한 서술 형식을 갖도록 하는 기능을 한다.

น้อง<u>ทำ</u>การบ้านอยู่   동생은 숙제를 하고 있다.
แดง<u>ทำ</u>ความสะอาดห้องเรียน   댕은 교실 청소를 하고 있다.
เราจะ<u>ทำ</u>พิธีเปิดพรุ่งนี้   우리는 내일 개회식을 한다.

③ 특정 상황 동사 대행 용법

태국어의 **ทำ**이 특정 상황을 나타내는 동사를 대행하는 경우가 있다. 이 때 **ทำ**+명사구의 형태로 나타나며, 이 명사구는 동작성이나 상태성 의미를 전혀 지니고 있지 않다. **ทำ**은 후행어를 서술적 기능을 갖도록 해주는 동시에 태국어 사용자들이 공감하는 특정한 상황에서 **ทำ**+명사구가 갖는 의미와 관련된 "추상적 동사"를 대신한다.

พ่อ<u>ทำ</u>สวนอยู่ที่ต่างจังหวัด
아버지는 지방에서 과수원을 하고 계신다.
แม่จะไป<u>ทำ</u>ผมที่ร้านเสริมสวย
어머니는 미장원에 머리를 하러 가신다.
ย่าไป<u>ทำ</u>ฟันตอนเย็น
할머니는 저녁에 이를 하러 가신다.

2) 사동사 용법

태국어의 **ทำ**이 가진 중요한 기능 중의 하나는 사동문을 만든다는 것이다. 이 때의 **ทำ**은 보충어로서 반드시 절을 요구한다.

น้อย<u>ทำ</u>กระเป๋าหาย   너이는 가방을 잃어 버렸다.
น้อง<u>ทำ</u>ต้นไม้หัก   동생은 나무를 부러뜨렸다.

(2) ให้의 기능과 사동 표현

태국어의 ให้는 통사적 분포에 따라 이중 목적어 동사, 부동사, 부사화소, 보문소, 사동사 등의 다양한 기능을 수행하는 다기능어이다.

1) 비사동 표현의 ให้ 용법

ให้가 사동 표현을 나타내지 않는 경우는 타동사로서 목적어를 절로 취하지 않는 경우이다.

① 이중 목적어 동사 용법

ให้가 이중 목적어 동사로 기능하는 경우에 '주다'의 의미를 나타내며 직접 목적어와 간접 목적어를 보충어로 취한다.

NP1　V1　　NP2　　　NP3
ครู　ให้　รางวัล　นักเรียน
선생님이 학생에게 상을 주신다.

แดง ให้ เงินน้อง
댕은 동생에게 돈을 준다.

② 부동사 용법

ให้가 부동사로 기능하는 경우에 '봉사'의 의미를 나타내며 본동사 뒤에 위치한다.

NP1　V1　NP2　　hâj　NP3
แม่　ดุ　น้อง　ให้　ฉัน
어머니는 나를 위해 동생을 야단치셨다.

```
NP1    V1         hâj      (NP2)
ฉัน    จะบอก     ให้
```
내가 말해줄 게.

③ 부사화소 용법

ให้가 부사화소로 기능하는 경우에 동사와 동사 사이에 위치한다.

```
(NP1)   V1        hâj     V2
(คุณ)   ทาน      ให้    หมด   นะ
```
(당신) (남기지말고) 다 드세요.

แต่งตัว ให้ สวยซิ

옷을 예쁘게 입으세요.

④ 보문소 용법

ให้가 보문소로 기능하는 경우에 주절과 종속절 사이에 위치한다.

```
NP1    V1        hâj    NP2     V2     (NP3)
แม่   ต้องการ   ให้   แดง    นอน
```
어머니는 댕이 자기를 원하신다.

```
NP1    V1    NP2     hâj    NP3    V2    (NP4)
แม่   ดุ   น้อง    ให้   ฉัน   หาย   โกรธ
```
어머니는 내가 화가 풀어지게 동생을 야단치셨다.

2) 사동 표현의 ให้ 용법

ให้가 목적어로 절을 취하면 사동사로 기능하여 사동의 의미를 나타낸다.

(NP1)　V1　　NP2　　V2　　(NP3)
(คุณ)　ให้　　ผม　　มา　　กี่โมง พรุ่งนี้
내일 몇시에 올까요?

นิด ให้ เด็กกวาดบ้าน
닛은 아이에게 방을 쓸게 했다.

(3) **ทำให้**의 기능과 사동 표현

일반적으로 태국어의 **ทำให้**는 **ทำ** 이나 **ให้** 와 더불어 사동 표현을 실현시키는 중요한 사동사로 다루어져 왔다. **ทำให้** 구문은 **ทำ** 구문과 마찬가지로 목적어를 절로 요구한다. 형태상 **ทำ**과 **ให้** 가 결합된 형태로 되어 있으므로 **ทำ** 과 **ให้** 사이에 다른 요소가 개입할 수 없다.

NP1　　V1　　NP2　　V2　　(NP3)
ครู　　ทำให้　วินัย　　ตกใจ
선생님은 위나이를 놀라게 했다.

NP1　=　상위문의 주어 (사동자)
V1　=　**ทำให้**/thamhâj/ (사동사)
NP2　=　하위문의 주어 (피사동자)
V2　=　하위문의 술어 (피사동 행위)
NP3　=　하위문 술어의 보충어

위와 같은 문장 구조에서 **ทำให้**는 **ทำ** 과 **ให้** 가 결합된 구조가 아니라 **ทำให้** 라는 별개의 동사로 보는 견해가 있다. 그래서 이러한 경우에 **ทำให้** 를 또 하나의 다른 사동구문으로 다루어 왔다. 그러나 **ทำให้** 구문이 타동사 구문이라는 사실에 근거하여 이를 의문문으로 변형시켜 보면 **ทำให้** 가 **ทำ** 과 **ให้** 의 결합체라는 것을 알 수 있다.

ครูทำให้วินัยตกใจไหม
선생님은 위나이를 놀라게 했습니까?

위의 문장에 대한 답은 다음과 같이 나타날 수 있다.

- **a.** ทำ
  (놀라게) 했습니다.

- **b.** ทำให้ (วินัย) ตกใจ
  (위나이를) 놀라게 했습니다.

- **c.** *ทำให้
  하게 했습니다.

위와 같은 의문문 변형에서 태국어의 **ทำให้** 구문의 본동사는 **ทำให้**가 아니라 ทำ 이라는 것을 알 수 있다. 따라서 **ทำให้** 구문의 문장 구조는 다음과 같이 분석하는 것이 훨씬 더 타당성이 있다.

NP_1 V_1 COMP NP_2 V_2 (NP_3)
ครู   ทำ   ให้   วินัย   ตกใจ
선생님은 위나이를 놀라게 했다.

NP_1 = 상위문의 주어 (사동자)
V_1 = ทำ/tham/ (사동 행위)
COMP = ให้/hâj/ (보문소)
NP_2 = 하위문의 주어 (피사동자)
V_2 = 하위문의 술어 (피사동 행위)
NP_3 = 하위문 술어의 보충어

위의 분석결과에서 보는 바와 같이 태국어의 **ทำให้** 구문은 **ทำ** 사동구문이 보문소 **ให้**에 의해 유도되는 하위절을 보충어를 취하는 형태로 이루어지는 것이다. 그러나 다음과 같은 구조를 지닌 문장은 사동 표현을 실현시키는 **ทำให้** 구문과 유사한 구조를 가지고 있으나 사동구문으로 보기 어렵다.

    NP1   V1   COMP   NP2   V2   (NP3)
    แม่   **สั่ง**   **ให้**   **ฉัน**   **ไป**   **ตลาด**
    어머니는 내가 시장에 가도록 시키셨다.

    แดงเตือน ให้ เขามา
    댕은 그를 오도록 충고했다.

위와 같은 문장들은 형태상으로 **ทำให้** 구문과 유사하지만 사동의 의미 보다는 '명령'이나 '충고' 등의 의미가 작용하고 있다. 또한 위의 문장들은 본래 선행문동사 (V1)와 보문소(COMP) 사이에 선행문의 목적어인 명사구가 있던 것이 생략된 것으로 볼 수 있다. 위의 문장에 생략된 NP를 삽입시켜 나타내 보면 다음과 같이 된다.

    NP1   V1   NP2   COMP   NP2   V2   NP3
    แม่   **สั่ง**   **ฉัน**   **ให้**   **ฉัน**   **ไป**   **ตลาด**
    어머니는 나를 시장에 가게 시키셨다.

    แดงเตือน เขา ให้ เขามา
    댕은 그를 오도록 그에게 충고했다.

위에서 보는 바와 같이 **ทำให้**와 유사한 구조를 가지고 있는 다른 구문들은 절을 목적어로 취하여 사동의 의미를 나타내는 **ทำ** 구문과 유사한 것처럼 보인다. 그러나 이러한 문장들은 사동의 의미가 충실히 작용하지 못하므로 순수한 사동의 범위를 벗어나고 있다는 것을 알 수 있다.

이에 비해 **ทำให้** 구문은 순수한 사동의 의미만을 나타낸다. 태국어에서 이처럼 **ให้**와 결합하여 순수하게 사동의 의미만을 나타내는 단어는 **ทำ** 밖에 없다. 이는 **ทำให้**가 **ทำ**과 **ให้**의 결합으로 이루어지긴 했지만 두 단어가 특별한 관련성을 맺고 있기 때문이다. 그러므로 **ทำให้** 구문의 **ทำให้**가 **ทำ**과 **ให้**의 결합 관계가 아니라는 분석은 타당성이 없다. 그리고 **ทำ**과 **ให้** 사이에 명사구가 삽입될 경우에 생겨 나는 **ทำ**...**ให้** 구문도 **ทำให้** 구문과 구분되어야 한다.

    NP1   V1   NP2   hâj   V2
    เธอ   ทำ   ฉัน   ให้   เสียใจ
너는 나를 속상하게 대했다.

위의 문장에서와 같이 **ทำ**과 **ให้** 사이에 명사구 **ฉัน**이 삽입되는 경우에는 **ทำ**의 의미가 '나무라다, 비난하다, 대하다' 등의 의미로 해석된다. 이러한 경우에 사동의 기능이 아닌 다른 의미가 생겨나서 사동의 범위를 벗어 나게 된다. 또한 기능상으로도 **ทำ**은 **ฉัน**을 보충어로 취하는 일반 타동 구문이 되며 **ให้**는 **ทำ**을 수식하는 **เสียใจ**를 유도하는 보문소의 기능을 하게 된다.

2.5.3 사동 표현의 특성과 제약

태국어의 여러 가지 사동 표현은 다음과 같은 의미적 특성과 제약을 가지고 있다.

종류	특성	직/간접성	의도/비의도성	사동자	피사동자
어휘 사동		직접성	의도성	사람/동물	사람/동물/사물
통사적 사동	ทำ	직접성	비의도성	사람/동물	사람/동물/사물
	ให้	간접성	의도성	사람	사람
	ทำให้	직/간접성	의도/비의도성	사람/동물/사물	사람/동물/사물

(1) 태국어의 사동 표현에 있어서 사동문의 주어로 나타나는 사동자는 **ทำ** 구문에서는 유정성을 지닌 사람이나 동물만이 될 수 있으며 **ให้** 구문에

서는 사람만이 사동자의 역할을 수행할 수 있다. 그러나 **ทำให้** 구문에서는 특별한 제약이 없다.

นิด <u>ทำ</u> **ถ้วยตกลง** 닛은 사발을 떨어뜨렸다.
หนู <u>ทำ</u> **บ้านสกปรก** 쥐가 집을 더럽혔다.
*****ตู้เย็น** <u>ทำ</u> **อาหารเย็น** 냉장고가 음식을 차게 한다.

พ่อ <u>ให้</u> **แม่ชงกาแฟ** 아버지는 어머니께 커피를 타게 하셨다.
*****หมา** <u>ให้</u> **หนูหนีไป** 개가 쥐를 도망가게 했다.

คน <u>ทำให้</u> **แมวจับหนู** 사람들은 고양이가 쥐를 잡게 했다.
แมว <u>ทำให้</u> **เราสนุก** 고양이는 우리를 즐겁게 했다.
ความกตัญญูของเขา <u>ทำให้</u> **แม่หายป่วย**
그의 효성이 어머니를 낫게 하였다.

(2) 피사동자는 **ทำ** 구문과 **ทำให้** 구문에서는 특별한 제약이 없다. 그러나 **ให้** 구문에서는 사람만이 피사동자의 역할을 수행할 수 있다.

ครู <u>ให้</u> **นักเรียนเปิดหนังสือ** 선생님은 학생에게 책을 펴게 했다.
*****คน** <u>ให้</u> **แมวจับหนู** 사람들은 고양이가 쥐를 잡게 했다.
*****สักกะ** <u>ให้</u> **กระจกแตก** 싹까는 거울이 깨지게 했다.

(3) **ทำ** 구문에서는 인식양상(epistemic modality)의 의미를 나타내기 때문에 의무의 의미를 나타내는 양태 조동사 **ต้อง** 이나 의지의 의미를 나타내는 조동사 **จะ** 등의 사용에 제약이 있다. 그러나 **ให้** 구문의 경우에는 의무양상(deontic modality)의 의미를 나타내기 때문에 추측의 의미를 나타내는 양태 조동사 **อาจ** 이나 필요성을 나타내는 조동사 **ควร** 등의 사용에 제약이 있다. 그리고 **ทำให้** 구문에서는 인식양상과 의무양상의 의미를 모두 나타내며 양태 조동사의 제약도 없다.

น้อยอาจ ทำ กระเป๋าหาย　너이는 아마 가방을 잃어버릴 것이다.
*น้อยต้อง ทำ กระเป๋าหาย　너이는 가방을 꼭 잃어버려야 한다.
*ฉันจะ ทำ กระเป๋าหาย　나는 가방을 잃어버리겠다.

ฉันต้อง ให้ ลูกไปโรงเรียน
나는 아이가 학교에 가게 하여야 한다.
*ฉันอาจ ให้ ลูกไปโรงเรียน
나는 아마 아이가 학교에 가게 할 것이다.
*ฉันควร ให้ ลูกไปโรงเรียน
나는 아이가 학교에 가게 할 필요가 있다.

แม่อาจ ทำให้ ลูกไปโรงเรียน
엄마는 아마 아이가 학교에 가게 할 것이다.
แม่ต้อง ทำให้ ลูกไปโรงเรียน
엄마는 꼭 아이가 학교에 가게 해야 한다.
ฉันจะ ทำให้ ลูกไปโรงเรียน
나는 아이가 학교에 가게 할 것이다.
แม่ควร ทำให้ ลูกไปโรงเรียน
엄마는 아이가 학교에 가게 할 필요가 있다.

(4) 태국어의 ทำ 구문은 사동자의 의도성이 없이 우연이나 사고에 의해 일어나는 사동 사건을 나타낸다. 이에 비해 ให้ 구문은 사동자가 의도성을 가지고 행하는 사동 사건을 나타낸다. 그리고 ทำให้ 구문은 사동문의 사동자가 의도적으로 혹은 비의도적으로 행하는 사동 사건을 모두 나타낼 수 있다.

*นิด ทำ ฉันล้มโดยตั้งใจ　닛은 일부러 나를 넘어뜨렸다.
*แดง ให้ น้องกวาดบ้านโดยไม่ได้ตั้งใจ
댕은 모르고 동생에게 집을 쓸게 했다.

*ทำ ฉันล้มสิ   나를 넘어뜨려라.
ให้ น้องกวาดบ้านสิ   동생에게 집을 쓸게 해라.
ทำให้ ฉันเสียใจสิ   나는 속상하게 해라.

เขา ทำให้ ฉันเสียใจโดยตั้งใจ
그는 일부러 나를 속상하게 했다.
เขา ทำให้ ฉันเสียใจโดยไม่ได้ตั้งใจ
그는 모르고 나를 속상하게 했다.

(5) 태국어의 **ทำ** 구문은 사동자의 행위가 피사동 사건에 직접 개입하는 직접 사동을 나타낸다. 이에 비해 **ให้** 구문은 사동자의 행위가 피사동자에게 영향을 주어서 피사동자가 피사동 행위를 수행하도록 하는 간접 사동을 나타낸다. 그리고 **ทำให้** 구문은 **ทำ** 구문과 **ให้** 구문의 성격을 포함하는 포괄적인 성격을 가지고 있어서 상황에 따라 직접 사동과 간접 사동을 모두 나타낼 수 있다.

ปรีดา ทำ โต๊ะล้มแล้ว   쁘리다는 탁자를 넘어뜨렸다.
***ปรีดา ทำ โต๊ะคงล้ม**
쁘리다는 탁자를 넘어뜨려서 아마 탁자가 넘어졌을 것이다.

เขา ให้ ฉันล้างจาน   그는 내가 접시를 닦게 했다.
***เขา ให้ ฉันผอม**   그는 나를 홀쭉하게 했다.

ฉัน ทำให้ แดงเดิน   나는 댕이 걷게 했다.
เขา ทำให้ เรากินข้าว   그는 우리가 밥을 먹게 했다.

(6) 어휘적 사동은 조작의 의미를 나타내며 **ให้** 구문의 경우는 상황에 따라서 강요와 지시 또는 허락의 의미를 표현한다. 이에 비해 **ทำให้** 의 구문을 사용하게 되면 조작이나 강요, 지시 또는 허락의 의미 뿐만 아니라 동기나 원인의 의미까지 모두 나타낼 수 있다. 그리고 **ทำ** 구문은 원

인의 의미를 나타낸다.

1) 조작 [+통제력, -통제력]

사동자가 통제력이 있고 피사동자가 통제력이 없는 경우에는 사동문이 조작의 의미를 나타내게 된다. 이 때 사동자는 의도성을 가지게 되며 사동 사건은 피사동자의 의지와는 무관하게 나타난다.

สมหญิง หัก กิ่งไม้	쏨잉은 나무가지를 부러뜨렸다.
*ฉัน ทำ นิดกินข้าว	나는 닛이 밥을 먹게 했다.
เขา ทำให้ งานเสียหมด	그는 일이 모두 그르치게 했다.

2) 강요 [+통제력 〉 +통제력]

사동자와 피사동자 모두가 통제력을 가지고 있고 사동자의 통제력이 피사동자의 통제력보다 강한 경우에는 강요의 의미를 나타낸다.

แดง ให้ น้องกวาดบ้าน	댕은 동생이 집을 쓸게 했다.
แดง ทำให้ น้องกวาดบ้าน	댕은 동생이 집을 쓸게 했다.

3) 지시 [+통제력 =+통제력]

사동자와 피사동자 모두가 통제력을 가지고 있고 사동자의 통제력이 피사동자의 통제력과 비슷한 경우에는 지시의 의미를 나타낸다.

แดง ให้ นิดมา	댕은 닛이 오게 했다.
แดง ทำให้ นิดมา	댕은 닛이 오게 했다.

4) 허락 [+통제력 〈 +통제력]

사동자와 피사동자 모두가 통제력을 가지고 있고 사동자의 통제력보다 피사동자의 통제력이 큰 경우에는 허락의 의미를 나타낸다.

แดง ให้ ฉันมา   댕은 내가 오게 했다.
ฉันจะ ทำให้ แดงเปิดประตู   나는 댕이 문을 열게 하겠다.

5) 동기 [-통제력, +통제력]

사동자가 통제력이 없고 피사동자가 통제력을 갖는 경우에는 동기의 의미를 나타내게 된다.

หมาป่า ทำให้ เขารีบกลับ
늑대는 그를 서둘러 돌아오게 했다.
ความกตัญญูของเขา ทำให้ แม่ผ่าตัด
그의 효성은 어머니가 수술하게 했다.

6) 원인 [-통제력, -통제력]

사동자와 피사동자 모두가 통제력이 없는 경우에는 원인의 의미를 나타내게 된다.

นิด ทำ ประตูเปิด   닛은 문을 열게 했다.
ลม ทำให้ ประตูเปิด   바람은 문이 열리게 했다.

제 6 장 대우법

대우법이란 말하는 사람이 듣는 사람 또는 이야기 하고 있는 다른 사람에게 대하여 사회적 지위나 그 사람과의 관계에 따라 알맞는 말씨를 골라 쓰는 어법을 말한다. 태국어의 대우법에는 일반인에게 사용하는 일반 대우법과 왕실과 승려 계층에게 사용하는 왕실 대우법이 있다.

1. 일반 대우법

왕실 가족이나 승려가 아닌 일반 사람이 사용하는 대우법을 말한다. 일반 대우법은 비존대말보다는 존대말을 사용하거나 비격식체의 말보다는 격식체의 말을 사용하여 높여 부르는 것이다.

1.1 높임말 사용법

1) 예사말보다는 존대말을 사용한다.

예사말		높임말	
เรียกหา	부르다	ให้หา	호출하다
บอกให้รู้	알려주다	เรียนให้ทราบ	말씀드리다
พ่อแม่	어머니 아버지	บิดามารดา	부모
กิน	먹다	รับประทาน	잡수시다
หัว	머리	ศีรษะ	두
ตีน	발	เท้า	족
เอา	가지다	รับ	취하다

2) 문말 어조사 **ค่ะ   นะคะ   ครับ   ครับผม   ขอรับ   ขอรับกระผม** 등을 사용한다.

3) 사투리나 중의성을 지닌 말 또는 비꼬는 듯한 말 등, 듣는 사람에게 거북한 말을 사용하지 않는다.
4) 상황에 따라 문어와 구어를 올바르게 사용한다.

구어		문어	
ไฟไหม้	불	เพลิงไหม้	화재
เรือบิน	비행기	เครื่องบิน	비행기
เนื้อหมูเนื้อวัว	돼지고기와 소고기	เนื้อสุกรเนื้อโค	돈육과 우육
หมา	개	สุนัข	견

1.2 높임말의 형태

태국어의 높임말은 주로 명사와 동사에서 나타난다. 별개의 어휘를 사용하거나 존대의 의미를 더해주는 특정한 요소를 예사말의 앞에 위치시켜 높임말로 만들어 준다.

1.2.1 명사의 높임말

1) 사람을 높여 부르거나 지칭하는 말

บิดา	부	**มารดา**	모
สามี	남편	**ภรรยา**	부인
บุตร	아드님	**ธิดา**	여식

2) 친인척 호칭이나 지칭 앞에 **คุณ**을 붙여 높이는 말

คุณพ่อ	아버님	**คุณแม่**	어머님
คุณปู่	할아버님	**คุณย่า**	할머님
คุณลุง	큰아버님	**คุณป้า**	큰어머님

| คุณอา | 숙부님 | คุณน้า | 숙모님 |
| คุณพี่ | 형님 | | |

3) 직업이나 직위 앞에 **คุณ** 을 붙여 높이는 말

คุณนาย	부인	**คุณผู้หญิง**	마님
คุณครู	선생님	**คุณตำรวจ**	경찰관님
คุณหมอ	의사 선생님	**คุณหนู**	아기씨, 도련님

4) 사람의 이름 앞에 **คุณ** 을 붙여 높이는 말

| **คุณมนตรี** | 몬뜨리님 | **คุณนฤมล** | 나르몬님 |
| **คุณแดง** | 댕씨 | **คุณเจี๊ยบ** | 찌압씨 |

5) 신체와 관련된 부분을 높여 부르는 말

예사말		높임말	
หัว	머리	ศีรษะ	두
ตีน	발	เท้า	족
เลือด	피	โลหิต	혈

6) 동물이나 사물을 격식체로 부르는 말

예사말		높임말	
วัว	소	โค	우
หมู	돼지	สุกร	돈
หมา	개	สุนัข	견
ไฟ	불	เพลิง	화
เหล้า	술	สุรา	약주
หนัง	영화	ภาพยนตร์	영화

1.2.2 동사의 높임말

예사말		높임말	
กิน	먹다	รับประทาน	잡수시다
ตาย	죽다	ถึงแก่กรรม	돌아가시다
เรียก	부르다	ให้หา	호출하다
รู้	알다	ทราบ	알다

1.2.3 형태사의 높임말

예사말		높임말	
คน	사람	ท่าน	분
คน	사람	นาย	인
ลูก (ผลไม้)	알	ผล	알
ลูก/ใบ (ไข่)	알	ฟอง	알

1.2.4 어조사의 높임말

| ค่ะ | เจ้าค่ะ | จ๊ะ |
| ครับ | ขอรับ | ขอรับผม |

1.2.5 대명사의 높임말

1) 말하는 사람을 낮추는 존대 형태

① 1인칭 대명사를 사용한다.

| ฉัน | 나 | ดิฉัน | 저 |

ข้าพเจ้า	본인	ผม	저
กระผม	저	เรา	우리

② 말하는 사람 대신에 친인척 호칭이나 지칭을 사용한다.

พ่อ	아버지	แม่	어머니
ลุง	큰아버지	ป้า	큰어머니
อา	삼촌	น้า	이모
พี่	형/언니	น้อง	동생/아우
ลูก	자녀	หลาน	조카/손자
ยาย	외할머니	ย่า	할머니
ตา	외할아버지	ปู่	할아버지

③ 말하는 사람이 자신의 이름을 사용한다.

แดง จะกลับบ้าน   댕(나)은 집에 갈게요.
น้อย ไม่ชอบเขา   너이(나)는 그 사람 싫어요.

④ 말하는 사람 대신에 직위나 직책을 사용한다.

ครู	선생님	หมอ	의사 선생님

2) 듣는 사람을 높이는 존대 형태

① 2인칭 대명사를 사용한다.

เธอ	너	หล่อน	그대
คุณ	당신	ท่าน	당신
ใต้เท้า	족하		

② 친인척 호칭이나 지칭 또는 그앞에 **คุณ** 을 붙여 사용한다.

พ่อ	아버지	คุณพ่อ	아버님
แม่	어머니	คุณแม่	어머님
ลุง	큰아버지	คุณลุง	큰아버님
ป้า	큰어머니	คุณป้า	큰어머님
อา	삼촌	คุณอา	숙부
น้า	이모	คุณน้า	이모님
พี่	형/언니	คุณพี่	형님

③ 듣는 사람의 이름 또는 그앞에 **คุณ** 을 붙여 사용한다.

แดง	댕	คุณแดง	댕씨
น้อย	너이	คุณน้อย	너이씨
มนตรี	몬뜨리	คุณมนตรี	몬뜨리씨
วนิดา	와니다	คุณวนิดา	와니다씨

④ 직위나 직책 앞에 **คุณ** 이나 **ท่าน** 을 붙여 사용한다.

ครู	선생	คุณครู	선생님
ครูใหญ่	교장	คุณครูใหญ่	교장선생님
อาจารย์	교수	ท่านอาจารย์	교수님
หมอ	의사	คุณหมอ	의사 선생님
ประธาน	의장/사장	ท่านประธาน	의장님, 사장님

⑤ 귀족 호칭을 사용한다.

| คุณหญิง | 부인 | เจ้าคุณ | 프라야 이상의 작위에 있는 사람 |
| คุณพระ | 부처님 | คุณหลวง | 작위에 있는사람 |

3) 다른 사람을 높이는 형태

① 3인칭 대명사를 사용한다.

เขา	เธอ	ท่าน
그	그녀	그분, 당신

② 친인척 호칭이나 지칭 또는 그앞에 **คุณ**을 붙여 사용한다.

พ่อ	아버지	คุณพ่อ	아버님
แม่	어머니	คุณแม่	어머님
ลุง	큰아버지	คุณลุง	큰아버님
ป้า	큰어머니	คุณป้า	큰어머니
อา	삼촌	คุณอา	숙부
น้า	이모	คุณน้า	이모님
พี่	형/언니/오빠/누나	คุณพี่	형님

③ 그사람의 이름 또는 그앞에 **คุณ**을 붙여 사용한다.

แดง	댕	คุณแดง	댕씨
น้อย	너이	คุณน้อย	너이씨
มนตรี	몬뜨리	คุณมนตรี	몬뜨리씨
วนิดา	와니다	คุณวนิดา	와니다씨

④ 직위나 직책 앞에 **คุณ** 이나 **ท่าน**을 붙여 사용한다.

ครู	선생	คุณครู	선생님
ครูใหญ่	교장	คุณครูใหญ่	교장선생님
อาจารย์	교수	ท่านอาจารย์	교수님
หมอ	의사	คุณหมอ	의사 선생님
ประธาน	의장/사장	ท่านประธาน	의장님/사장님

2. 왕실 대우법

태국이 입헌군주국가이면서 불교국가인 까닭에 태국어에는 왕실과 승려 계층에 대한 대우법이 발달하였다. 태국어의 왕실용어는 순수 태국어 앞에 다른 요소를 붙여 높이는 방법과 외래어를 사용하는 방법이 있다.

2.1 명사

왕실 대우법에서 사용되는 명사는 왕에게 사용하는 어휘와 왕족에게 사용하는 어휘가 구분되어 사용된다.

2.1.1 왕에게 사용하는 말

(1) 산스크리트어나 크메르어 등에서 온 외래어와 일부 태국어 고어 앞에 **พระบรม พระบรมราช พระราช พระ** 등을 붙여서 사용한다.

예사어		왕실어	
ที่อยู่	거처	พระบรมมหาราชวัง	왕궁
คำสั่ง	명령	พระบรมราชโองการ	칙령
คำพูด	말	พระราชดำรัส	왕의 말씀
ที่นั่ง	좌석	พระที่นั่ง	용좌

(2) 일반 태국어를 왕실어로 사용하는 경우에 **หลวง** 또는 **ต้น** 을 뒤에 붙여 사용한다.

예사어		왕실어	
เรือ	배	เรือหลวง	용선
ม้า	말	ม้าหลวง	어마
ช้าง	코끼리	ช้างต้น	왕이 타는 코끼리

2.1.2 왕족에게 사용하는 말

왕족에게 사용하는 말 중에서 명사는 **พระราช** 또는 **พระ**를 앞에 붙여서 사용한다.

예사어		왕실어	
กุศล	자선	พระราชกุศล	왕족이 하는 자선
ศรัทธา	믿음	พระราชศรัทธา	왕족이 가진 믿음
รถที่นั่ง	승용차	รถพระที่นั่ง	왕족이 타는 승용차

2.2 동사

왕실 대우법에서 사용되는 동사는 왕에게 사용하는 말이나 왕족에게 사용하는 말 대부분이 동일하다.

2.2.1 왕실어의 형태가 예사말의 형태와 일치하지 않는 동사

예사어		왕실어	
กิน	먹다	เสวย	(왕이) 잡수시다
บวช	출가하다	ผนวช	(왕이) 출가하다
ไป	가다	เสด็จ	납시다
โกรธเคือง	화내다	(ทรง)กริ้ว	노여워 하시다

2.2.2 예사말 앞에 ทรง 을 붙여 사용하는 동사

예사어		왕실어	
ฟัง	듣다	ทรงฟัง	(왕이) 들으시다.
ยินดี	기뻐하다	ทรงยินดี	(왕이) 기뻐하시다
รับ	받다	ทรงรับ	(왕이) 받으시다
เลี้ยง	키우다	ทรงเลี้ยง	(왕이) 키우시다

2.2.3 왕실어 앞에 ทรง 을 붙여 사용하는 동사

예사어		왕실어	
มีเมตตา	자비롭다	ทรงพระเมตตา	(왕이) 자비롭다
มีกรุณา	친절하다	ทรงพระกรุณา	(왕이 친절을 베푸시다
มีความคิด	생각이 있다	ทรงมีพระราชดำริ	어고가 있으시다.

제 7 장 의미·화용론

1. 의미와 의미연구

언어는 형태와 의미의 두 가지 측면을 가지고 있다. 음성·음운론, 형태론, 통사론은 언어의 형태를 연구하는 분야인데 비해 의미·화용론은 단어와 문장의 의미를 과학적으로 연구하는 분야이다. 일반적으로 하나의 언어를 모국어로 사용하는 사람들은 그 언어속의 단어나 문장의 의미가 어떤 것인지를 알고 있다. 또 이를 적절한 상황과 맥락에 맞게 사용할 줄도 알고 있으며 어떠한 표현들이 무의미한 문장이 되는 지도 알고 있다. 의미론은 이와 같이 말하는 사람이 단어나 문장의 의미에 대해 알고 있는 지식을 체계적이고 과학적으로 연구하고 규명하는 학문의 한 분야이다.

의미에 대한 접근 방식은 크게 분석적(analytical) 방법과 조작적(operational) 방법의 두 가지로 나눌 수 있다. 전자는 의미를 그 구성성분 또는 변별적 의미자질(semantic features)로 분석하여 의미를 연구하는 방식이고 후자는 의미가 어떤 주어진 문맥이나 상황에 언어기호가 사용될 때 존재하게 된다는 전제 아래 언어가 실제로 사용되는 문맥과 상황에서 드러나는 의미의 작용을 연구하는 방식이다.

2. 단어의 의미

단어의 의미에 대한 연구는 주로 단어의 형태와 의미 사이의 관계 즉, 시그니피앙과 시그니피에의 관계를 연구하며 나아가 언어 내에서 단어와 단어가 맺는 관계에 대해서도 연구한다.

2.1 단일 단어의 의미관계

단어의 형태와 의미의 관계에 대한 논의는 오래 전부터 있어 왔다. 일반적으로 단어의 형태와 의미의 결합은 필연적이 아니라 자의적인 경우가 대부분이다. 태국어에서 단어의 형태가 의미와 직접적인 관계가 있는 것처럼 보이는 부분적인 현상들이 있다.

(1) 모음 -ออ 다음에 종자음 -ม 가 오면 '둥근', '굽은', '휘어진' 등의 의미가 있다.

เด็กตัวป้อม   **เดินค้อมตัว**   **ค้อมหัว**
둥근 체구의 아이   몸을 굽혀 걷다   머리를 숙이다

(2) 모음 -เอ 는 주로 '비뚤어진', '똑바르지 않은' 의 의미가 있다.

คนตาเข   **ฟันเก**   **ขาเป๋**
사팔뜨기   뻐드렁이   절름발이

เดินเซ   **เหไปทางเหนือ**   **บ้านโย้เย้**
비틀거리며 걷다   북으로 방향을 틀다   기울어진 집

(3) 모음 -แอะ 는 주로 '빼다', '분리하다' 등의 의미가 있다.

ชำแหละศพ   **แบะอก**   **แหวะท้อง**
부검하다   가슴을 풀어 헤치다   배를 가르다

แกะกระดุม   **แคะหู**   **แงะตะปู**
단추를 풀다   귀지를 파다   못을 뽑다

그러나 위의 특정한 요소들이 그 자체적으로 문법적인 형태소가 되지 못하고 생산성이 지극히 낮으므로 형태와 의미간의 일정한 규칙을 만들어 내지 못한다. 따라서 이러한 현상들은 우연히 일어난 것으로 보는 것이 마땅하다.

2.1.1 투명과 불투명

단어의 의미와 형태사이에 밀접한 연관성이 있어서 단어의 형태를 통해 의미를 충분히 포착할 수 있는 것을 투명한 관계라고 하고 단어의 형태와 의미 사이에 직접적인 연관성이 없어서 그 형태를 보고 의미를 예측할 수 없는 것을 불투명한 관계라고 한다. 투명한 관계는 다음과 같이 세 가지 층위에서 일어날 수 있다.

(1) 음성적 측면

의성어 대부분이 형태와 의미사이에 투명한 관계를 맺고 있다. 의성어는 언어에 따라 서로 유사하지만 말하는 사람에 따라 주관적인 색채를 띨 수 있다. 돼지 우는 소리는 한국어에서는 '꿀꿀'이지만 태국어에서는 **อู๊ด ๆ** 으로 나타나고 닭이 우는 소리가 한국어에서는 '꼬끼오'이지만 태국어에서는 **โอ๊กอีโอ๊กโอ๊ก** 으로 표현된다.

(2) 형태론적 측면

형태소의 형태와 의미를 파악하게 되면 그 형태소가 결합하여 생겨나는 복합어의 의미를 알 수있다. 태국어의 **เครื่องขยายเสียง**(확성기) **คนขับรถ**(운전사) **ถังขยะ**(쓰레기통) 등의 단어는 이들 단어를 구성하고 있는 형태소들의 의미를 바탕으로 그 의미를 쉽게 유추해낼 수 있다.

เครื่อง(기계) + **ขยาย**(확대하다) + **เสียง**(소리)
                                                          = **เครื่องขยายเสียง** 확성기
คน(사람) + **ขับ**(운전하다) + **รถ**(차) = **คนขับรถ** 운전사
ถัง(통) + **ขยะ**(쓰레기) = **ถังขยะ** 쓰레기통

(3) 의미적 측면

의미적 측면에서의 투명성은 은유에 의해서 생기는 투명성이다. **ปากกา ปากไก่**(펜)의 의미는 까마귀 부리 또는 닭의 부리와 같은 외관상 유사성에 기초를 두고 있으며 **สวยแต่รูป จูบไม่หอม**(모양은 예쁘나 입맞춤하면 향기롭지 못하다)의 의미는 비유적 표현에서 생기는 투명한 관계를 맺고 있다.

2.1.2 다의(polysemy)

하나의 단어 형태가 상호 관련성이 있는 두 가지 이상의 의미를 가진 단어를 다의어라고 부른다.

คับ ที่ อยู่ได้ คับใจอยู่ยาก   (명사)
장소가 좁은 곳에서는 살 수 있지만 마음이 좁은 곳에서는 살 수 없다.

ขอน้ำชาสอง ที่   (형태사)
차 2인분 주세요.

ดีแล้ว ที่ มาวันนี้   (접속사)
오늘 오기를 잘했다.

ความพยายามอยู่ ที่ ไหน ความสำเร็จอยู่ ที่ นั่น   (전치사)
노력이 있는 곳에 성공이 있다.

พ่อ อยู่ กรุงเทพฯ   (동사)
아버지는 방콕에 계시다.

แม่กำลังซักผ้า อยู่   (조동사)
어머니는 빨래하고 있다.

ฉันลูบ หลัง ปลอบเขาอยู่นาน   (명사)
나는 오랫동안 그의 등을 쓸어 주며 위로 했다.

ต้นมะม่วง <u>หลัง</u> บ้านออกลูกแล้ว　　(전치사)
집 뒤의 망고나무가 열매를 열었다.

อย่าไปเอา <u>อย่าง</u> เขา　　(명사)
그를 흉내내지 마라.

เขามีความคิดหลาย <u>อย่าง</u>　　(형태사)
그는 여러 가지 생각이 있다.

대부분의 언어에서 일상적으로 자주 사용하는 기초어휘 들은 대개가 다의어들이다.

2.1.3 동형(homonymy)

단어의 형태는 동일하나 그 의미가 상호간에 전혀 관련성이 없는 단어를 동형어라고 한다. 이들의 형태는 우연히 동일한 것으로 의미적인 상관성은 없다.

ไก่ <u>ขัน</u> ตอนเช้าตรู่　　아침 일찍 닭이 울었다.
เขาใช้ <u>ขัน</u> ตักน้ำล้างหน้า　　그는 바가지로 물을 퍼서 세수를 했다.
คุณสมจารีเป็นคนน่า <u>ขัน</u>　　쏨짜리는 웃기는 사람이다.
ช่างไม้กำลัง <u>ขัน</u> เกลียว　　목수가 나사못을 조이고 있다.
ทหาร <u>ขัน</u> สู้ข้าศึก　　군인이 적과 용감히 싸운다.

ฉันทำงานไม่ <u>เป็น</u>　　나는 일을 할 줄 모른다.
เธอตีหน้าไม่ <u>เป็น</u> จนเขาจับได้
네가 표정관리를 제대로 못하니까 그가 알아챘다.
ตาย <u>เป็น</u> ตาย <u>เป็น</u> <u>เป็น</u> <u>เป็น</u>　　죽기 아니면 살기다.
คุณจะใช้เศษผ้าทำ <u>เป็น</u> อะไรนะ
천 조각으로 무엇을 만들려고 그러십니까?
เขาต้อนวัวมา <u>เป็น</u> ฝูง ๆ　　그는 소를 떼로 몰고 왔다.

다의어와 동형어의 경계는 뚜렷하게 구별되지 않는 경우가 있다. 일반적으로 다의어는 하나의 단어로 간주하는 반면에 동형어는 두 개의 단어로 간주하여 사전에 별개의 표제어로 등재된다.

2.2 단어들 사이의 의미관계

단어 사이의 의미관계에는 계열관계(paradigmatic relation)와 통합관계(syntagmatic relation)가 있다. 계열관계란 한 언어단위가 연상에 의해서 동일한 부류에 속하는 다른 부류와 맺는 관계를 말한다. 이에 비해 통합관계는 발화체에 실현된 요소들이 상호간에 맺는 실재적인 관계를 말한다.

위의 문장에서 ฉัน 대신에 สมชาย 나 คุณตา 를 대치시켜 이들 요소를 서로 대립시킬 수 있다. 또한 หัว 대신에 ท้อง 이나 ฟัน 을 대치시켜 서로 대립시킬 수가 있다. 따라서 이들 요소 상호간에 계열관계를 맺고 있으며 같은 계열체를 구성한다. 한편 ฉัน 과 ปวด, ปวด 과 หัว 등이 맺는 관계는 통합관계이다.

2.2.1 동의(synonymy)

동의어는 두 단어가 유사한 의미를 가지고 있어서 문장의 의미를 변경하지 않고 상호 교체가 가능한 단어를 말한다.

บ้าน (표준어)	집	เรือน (북동부 방언)
อร่อย (표준어)	맛있는	แซบ (북동부 방언)
สวย (표준어)	예쁜	งาม (북동부 방언)

ใครอยากจะ <u>สน</u> คนนี้
누가 이 사람에게 관심갖고 싶겠어요?
ใครอยากจะ <u>สนใจ</u> คนนี้
누가 이 사람에게 관심을 가지고 싶겠어요?

เขาติดจะคุย <u>อวด</u> อยู่สักหน่อย   그는 좀 과장해서 이야기한다.
เขาติดจะคุย <u>โม้</u> อยู่สักหน่อย   그는 좀 허풍스레 이야기다.

เขามี <u>ลูก</u> สองคน   그는 아이가 둘이다.
ท่านมี <u>บุตร</u> สองคน   그는 자녀가 들이다.

일반적으로 모든 문맥에서 상호 교체가 가능한 절대적 의미의 동의어는 있을 수 없다. 대부분의 경우 동의어는 사용영역이 다르거나 방언적인 차이가 있다.

2.2.2 반의(antonymy)

단어의 의미가 서로 양립될 수 없는 단어를 반의어라고 한다. 반의어에는 다음과 같은 네 가지의 유형이 있다.

(1) 상보적 반의

상보적 반의는 한 의미가 적용되면 다른 의미가 적용될 수 없는 관계로 한 의미의 부정은 다른 의미의 긍정을 가져온다. 따라서 이 두 의미 외의 다른 의미는 모두 배제된다.

แพ้ ↔ ชนะ   ตาย ↔ เป็น
패하다   승리하다   죽다   살다

ชาย ↔ **หญิง**　　　**จริง** ↔ **เท็จ**
남　　　여　　　　　참　　　거짓

สมชายเป็นผู้ชาย = สมชายไม่ใช่ผู้หญิง　　(부정)
쏨차이는 남자이다.　쏨차이는 여자가 아니다.

สมชายเป็นทั้งผู้หญิงและผู้ชาย　　　　　(모순)
쏨차이는 남자이기도 하고 여자이기도 하다.

สมชายเป็นผู้ชายหรือไม่ก็เป็นผู้หญิง　　(상보적)
쏨차이는 남자가 아니면 여자이다.

(2) 상호적 반의

상호적 반의는 두 단어의 의미관계가 관점의 차이에 의해서 상호 반대 방향에서 기술될 때 성립되는 단어의 의미관계를 말한다.

ไป ↔ **มา**　　　　**ขึ้น** ↔ **ลง**
가다　　오다　　　　오르다　　내리다

ซื้อ ↔ **ขาย**　　　**ให้** ↔ **ขอ**
사다　　팔다　　　　주다　　　청하다

เข้า ↔ **ออก**　　　**ผลัก** ↔ **ดึง**
들어가다　나오다　　밀다　　　당기다

สุดา <u>ซื้อ</u> รถต่อจากสมชาย　　쑤다는 쏨차이로부터 차를 샀다.
สมชาย <u>ขาย</u> รถต่อให้สุดา　　쏨차이는 쑤다에게 차를 팔았다.

แดง <u>ขอ</u> ยืมหนังสือนิด　　댕은 닛에게 책을 빌렸다.
นิด <u>ให้</u> แดงยืมหนังสือ　　닛은 댕에게 책을 빌려주었다.

(3) 계층적 반의

계층적 반의는 기준이 절대적이 아니라 상대적이어서 두 의미가 척도의 양극에 위치하는 반의 관계이다. 따라서 두 의미사이에 연속적 가치를 나타내는 여러 등급의 의미가 있을 수 있다.

หนา ↔ บาง	สูง ↔ ต่ำ
두껍다 얇다	높다 낮다

ใหญ่ ↔ เล็ก	ยาว ↔ สั้น
크다 작다	길다 짧다

ร้อน ↔ เย็น	กว้าง ↔ แคบ
뜨겁다 차다	넓다 좁다

이들의 등급은 절대적인 것이 아니기 때문에 정도를 나타내는 정도부사나 의문부사와의 결합이 가능하다.

ห้องนี้กว้าง<u>มาก</u>	이 방은 무척 넓다.
สาวคนนี้ผมยาว<u>มาก</u>	이 처녀는 머리가 매우 길다.
บ่อนี้ลึก<u>เท่าไร</u>	이 우물은 얼마나 깊지?
น้องชายคุณอ้วนขนาด<u>ไหน</u>	당신의 동생은 얼마나 뚱뚱합니까?

(4) 관계적 반의

관계적 반의는 친인척 관계나 사회적 관계에 따라 상대적으로 생겨나는 반대의 의미를 말한다.

สามี ↔ ภรรยา	พ่อแม่ ↔ ลูก
남편 아내	부모 자식

| ครู | ↔ | นักเรียน | หมอ | ↔ | คนไข้ |
| 선생님 | | 학생 | 의사 | | 환자 |

| หัวหน้า | ↔ | ลูกน้อง | ลูกหนี้ | ↔ | เจ้าหนี้ |
| 반장 | | 부하 | 빚진이 | | 빚쟁이 |

이들의 의미관계는 환언(paraphrase)이 가능하다.

วินัยเป็น สามี ของสุดา ↔ **สุดาเป็น ภรรยา ของวินัย**
위나이는 쑤다의 남편이다.   쑤다는 위나이의 아내이다.

ประจวบเป็น เจ้าหนี้ ของสมจารี
쁘라주업은 쏨짜리에게 빚을 준 사람이다.
↔**สมจารีเป็น ลูกหนี้ ของประจวบ**
쏨짜리는 쁘라쭈업에게 빚을 진 사람이다.

2.2.3 하의(hyponymy)

하의어란 하나의 의미가 다른 의미에 포함될 수 있는 관계이다. 한 단어의 의미가 다른 단어의 의미 속에 포함될 때 포함되는 단어는 하의어(hyponym) 또는 하위어(subordinate)가 되고 포함하는 단어는 상위어(superordinate)가 된다.

| เครื่องเรือน | ⊃ | เตียง | โต๊ะ | เก้าอี้ |
| 가구 | | 침대 | 탁자 | 의자 |

| ผัก | ⊃ | ถั่ว | ฟักทอง | ผักกาด |
| 채소 | | 콩 | 호박 | 배추 |

이 두 관계에서 하위어는 상위어를 함의하지만 상위어는 반드시 하위어를 함의하지 않는다.

เขาซื้อเตียง → เขาซื้อเครื่องเรือน
그는 침대를 샀다.   그는 가구를 샀다.

เขาซื้อผัก ↮ เขาซื้อถั่ว
그는 채소를 샀다.   그는 콩을 샀다.

2.2.4 병치(collocation)

병치란 어떤 어휘가 다른 어휘들과 전형적이고 습관적으로 결합될 때 이들 어휘사이의 의미관계를 말한다. 한 어휘가 수 많은 다른 어휘들과 통합적으로 결합이 가능하나 이들 결합체 중에서 전형적으로 결합하는 어휘들의 상관적 의미관계를 기술함으로써 이들 의미를 일부를 기술할 수 있다.

<u>ผู้ชาย</u> คนนี้ <u>หล่อ</u>   이 남자는 미남이다.
<u>ผู้หญิง</u> คนนี้ <u>สวย</u>   이 여자는 예쁘다.

<u>ช้าง</u> <u>เชือกนี้</u> ตัวโต   이 코끼리는 크다.
<u>วัว</u> <u>ตัวนี้</u> ตัวโต   이 소는 크다.

이러한 각 어휘가 맺는 병치의 관계를 넘어서게 되면 그러한 어휘결합체는 무의미하거나 이해할 수 없는 언어표현이 된다.

*ผู้ชาย คนนี้ สวย   이 남자는 예쁘다.
*ผู้หญิง คนนี้ หล่อ   이 여자는 미남이다.
*ช้าง ตัวนี้ ตัวโต   이 코끼리는 크다.
*วัว เชือกนี้ ตัวโต   이 소는 크다.

태국어의 병치는 형태사 사용과 일부 부사에 있어서 두드러지게 나타난다. 태국어의 명사는 특정한 형태사와 함께 사용되어야 하며 일부 정도를 나타내는 부사는 특정한 형용사만을 수식할 수 있다.

ลำ :	เครื่องบินลำนี้	เรือลำนี้	*รถไฟลำนี้
대	이 비행기	이 배	이 기차

คัน :	รถยนตร์คันนี้	ร่มคันนี้	*บ้านคันนี้
대	이 자동차	이 우산	이 집

แท่ง :	ปากกาแท่งนี้	ดินสอแท่งนี้	*ผ้าแท่งนี้
자루	이 만년필	이 연필	이 옷감

ปี๋ :	ดำปี๋	*ขาวปี๋	*สวยปี๋
아주/매우	새까만	새하얀	새예쁜

จู๋ :	สั้นจู๋	*ยาวจู๋	*อ้วนจู๋
아주/매우	아주 짧은	아주 긴	아주 뚱뚱한

3. 성분분석

성분분석이란 음운을 변별자질로 분석하는 것과 마찬가지로 의미를 일련의 의미자질(semantic feature)로 분석하는 것이다. 음운론에서 음소를 변별자질의 묶음으로 보는 것처럼 성분분석에서는 단어의 의미를 의미자질의 총화로 간주한다. 태국어의 พ่อ 의 의미자질은 [생물], [사람], [남성], [어른], [기혼], [자녀있음] 등으로 분석할 수 있으며 แม่ 는 [생물], [사람], [여성], [어른], [기혼], [자녀있음] 등으로 분석할 수 있다. 따라서 태국어의 พ่อ 와 แม่ 의 의미차이는 พ่อ 는 [남성], แม่ 는 [여성]이라는 차이에 의해서 의미가 서로 달라지는 것임을 알 수 있다. 태국에서 '사람'을 가리키는 어휘들을 성분분석한 모형을 다음과같이 제시할 수 있다.

		〔생물〕	〔사람〕	〔어른〕	〔남성〕	〔기혼〕	〔자녀있음〕
พ่อ	아버지	+	+	+	+	+	+
แม่	어머니	+	+	+	−	+	+
หนุ่ม	청년	+	+	+	+	−	−
สาว	처녀	+	+	+	−	−	−
เด็กชาย	소년	+	+	−	+	−	−
เด็กหญิง	소녀	+	+	−	−	−	−

위의 단어들은 모두 생물이며 사람이다. 그러나 어른인지 아닌지, 남성인지 여성인지, 그리고 자녀가 있는지 없는지에 따라서 의미가 구분된다. 이러한 성분분석을 이용하여 앞에서 살펴 본 여러 가지 단어의 의미 관계를 명확히 설명할 수 있다.

(1) 다의어 : **โทรศัพท์**

	〔실체〕	〔동사〕	〔명사〕	〔동작〕	〔도구〕
โทรศัพท์$_1$	−	+	−	+	−
โทรศัพท์$_2$	+	−	+	−	+

두 단어의 성분분석을 통하여 **โทรศัพท์**$_1$은 '전화하다' 라는 의미를 지닌 동사로 사용되는 경우이며 **โทรศัพท์**$_2$는 '전화' 라는 의미를 지닌 명사로 사용되는 경우이다. 따라서 태국어의 **โทรศัพท์**은 동사와 명사로 사용되는 다기능어임을 알 수 있다.

(2) 동형어 : **ตา**

	〔명사〕	〔생물〕	〔사람〕	〔신체기관〕
ตา$_1$	+	+	+	−
ตา$_2$	+	−	−	+

두 단어의 성분분석을 통하여 ตา₁은 '외할아버지'를 뜻하는 명사이며 ตา₂는 '눈'의 의미로 신체 일부를 나타내는 명사임을 알 수 있다.

(3) 동의어 : หล่อ, สวย

	〔사람〕	〔남성〕	〔여성〕	〔칭찬〕	〔외모〕
หล่อ	+	+	-	+	+
สวย	+	-	+	+	+

두 단어의 성분분석을 통하여 หล่อ는 남성에게 사용하는 외모를 칭찬하는 말이며 สวย는 여성의 외모를 칭찬하는 말임을 알 수 있다.

(4) 반의어 : พ่อ แม่

	〔생물〕	〔사람〕	〔어른〕	〔남성〕	〔여성〕	〔자녀있음〕
พ่อ	+	+	+	+	-	+
แม่	+	+	+	-	+	+

두 단어의 성분분석을 통하여 พ่อ 자녀를 가지고 있는 성인 남성를 뜻하는 말이며 แม่ 자녀를 가지고 있는 성인 여성을 뜻하는 말임을 알 수 있다.

(5) 하의어 : แกงส้ม ผัดผัก ลาบ

	〔음식〕	〔반찬〕	〔찌개〕	〔볶음〕	〔무침〕
แกงส้ม	+	+	+	-	-
ผัดผัก	+	+	-	+	-
ลาบ	+	+	-	-	+

위 단어들의 성분분석을 통하여 모두가 반찬으로 먹는 음식이지만 찌개와 볶음, 무침 등에서 서로 다른 의미차이가 나는 것을 알 수 있다.

(6) 병치 : **เชือก　เส้น**

	〔명사〕	〔형태사〕	〔도구〕	〔길이〕
เชือก	+	-	+	+
เส้น	-	+	-	+

두 단어의 성분분석을 통하여 **เชือก**은 길이가 있는 작은 물건이면서 명사로 사용되지만 **เส้น**은 길이가 있는 작은 물건이지만 형태사로 사용되는 단어임을 알 수 있다.

4. 문장의 의미

우리가 일상생활에서 사용하는 정상적으로 문장들은 모두 유의미한 문장들이다. 문장의 유의미성은 문장 안에서 사용된 단어의 의미와 그 단어들의 의미관계가 일정한 방식으로 상호 잘 결합되기 때문이다.

หนังสือพิมพ์ โจมตี รัฐบาล　　신문이 정부를 공격했다.
ลูกชาย ไม่กลับ บ้านเลย　　아들은 집에 돌아오지 않았다.

위의 두 문장은 유의미한 문장이지만 다음의 문장들은 비록 문법적이기는 해도 유의미한 문장이 되지 못한다.

***หนังสือพิมพ์ ไปซื้อ รัฐบาล**
신문은 정부를 사러 갔다.
***บ้าน เลย ไม่กลับ ลูกชาย**
집은 그래서 아들에게 돌아오지 않았다.

위의 두 문장이 무의미한 문장이 되는 것은 문장 안에 있는 단어간의 의미관계가 부적절하기 때문이다. 동사 **ไปซื้อ**는 동작성 동사로 그 앞에 오는 행위자가 반드시 사람을 뜻하는 명사가 주어로 와야 올바른 의미관계를 맺을 수 있다. 또 **กลับ** 은 동작성 동사로 앞에 생물인 명사가 주어로 오고 뒤에는 장소를 나타내는 명사가 목적어로 와야 비로소 올바른 의미관계를 맺을 수 있다.

하나의 언어를 모국어로 사용하는 사람들이 누구나 그 언어의 정상적인 유의미한 문장과 비정상적인 무의미한 문장의 차이를 알 수 있는 의미적 지식을 가지고 있다.

4.1 양립가능성과 양립불가능성

문장을 이루는 단어들의 의미관계가 서로 양립이 가능한(compatible) 것일 때는 유의미한 문장이 되지만 양립이 불가능한 때는 무의미한 문장이 된다.

เมืองไทยอากาศร้อน　　　태국은 날씨가 덥다.
พี่ตุ๊กอ่านหนังสือที่ห้องสมุด　　뚝언니는 도서관에서 공부한다.

위의 문장들은 문장내의 단어들이 상호 양립이 가능하기 때문에 모두 유의미한 문장이 되었다. 우리가 의사전달을 위해 일상생활에서 사용하는 문장들은 이러한 유의미한 문장들이다. 그러나 다음의 문장들은 서로 양립이 불가능한 단어들로 이루어져서 무의미한 문장이 된다.

*****กระต่ายบินไปกรุงเทพฯ**　　토끼가 방콕으로 날아갔다.
*****พี่แดงแต่งงานกับตัวเอง**　　댕언니는 자신과 결혼했다.

언어에는 의미적 문장을 만들어내는 일련의 의미적 규칙이 있으며 그 언어를 사용하는 사람들은 이에 대한 지식을 가지고 있다고 할 수 있다. 위의 유의미한 두 문장을 논리적으로 판단한다면 **เมืองไทยอากาศร้อน** 은 항상 참인 진리값을 가지고 있어 분석적(analytic) 문장인 반면에 **พี่ตุ๊กอ่านหนังสือที่ห้องสมุด** 은 상황에 따라서 참도 되고 거짓도 될 수있는 종합적(synthetic)

문장이 된다. 또한 양립불가능한 무의미한 문장은 항상 거짓인 진리값을 가지고 있다. 이러한 문장을 모순적(contradictory) 문장이라고 한다.

우리가 일상생활에서 의사전달을 위해 사용하는 문장은 대부분이 종합적 문장이다. 진리값이 항상 참인 분석적 문장이나 항상 거짓인 모순적 문장은 의미적 정보 전달이 거의 없기 때문이다.

4.2 중의성

하나의 문장이 두 가지 이상의 의미로 해석되는 것을 문장의 중의성(ambiguity)이라고한다. 문장의 중의성은 문장 내의 단어가 동형어거나 다의어인 경우에 발생하는 어휘적 중의성과 문장의 구조 분석이 달라짐에 따라 생겨나는 문법적 중의성 또는 구조적 중의성이 있다.

วินัยจับ ผม แน่น
① 위나이는 나를 꽉 잡았다.
② 위나이는 머리카락을 꽉 잡았다.

น้อยไม่มาเรียน เพราะ ตา ไม่สบาย
① 너이는 눈이 아파서 결석했다.
② 너이는 외할아버지가 편찮으셔서 결석했다.

위의 두 문장에서 ผม은 '나' 또는 '머리카락'의 의미를 지닌 동형어이다. 또, ตา는 '눈' 또는 '외할아버지'의 의미를 지닌 동형어이다. 이렇게 동형어가 두 가지의 의미를 지님으로써 문장의 중의성이 발생할 수 있다. 이런 형태의 중의성을 어휘적 중의성이라고 한다.

ฉันจะไปวัดที่ในเมือง
① 나는 시내에 있는 절에 가겠다.
② 나는 시내에 측량하러 가겠다.

มนตรีขับรถชนควายตาย
① 몬뜨리는 차로 물소를 치어 죽게했다.
② 몬뜨리는 차로 죽은 물소를 치었다.
③ 몬뜨리는 물소를 치어 죽인 차를 몰았다.
④ 몬뜨리는 죽은 물소를 치었던 차를 몰았다.

위의 두 문장은 문장구조를 두 가지 이상으로 분석할 수 있는 문장들이다. 이렇게 문장의 구조적 차이에 따라 문장의 의미가 달라질 수 있다. 이런 유형의 중의성을 구조적 중의성 또는 문법적 중의성이라고 한다.

4.3 환언과 모순

환언관계(paraphrase)라 함은 한 문장의 의미 내용이 다른 또 하나의 문장의 의미 내용과 같은 관계를 말한다. 문장의 환언관계는 단어의 동의관계에 상응한다.

วีระเป็นพี่ชายของอารยา   위라는 아라야의 오빠이다.
อารยาเป็นน้องสาวของวีระ 아라야는 위라의 여동생이다.

모순관계(contradiction)라 함은 한 문장의 의미 내용이 다른 또 하나의 의미 내용과 동일한 상황에서 동시에 참이 될 수 없는 관계를 말한다. 문장의 모순관계는 단어의 반의관계에 상응한다.

ปลาตัวนี้ตายแล้ว   이 물고기는 죽었다.
ปลาตัวนี้ยังเป็นอยู่   이 물고기는 아직 살아 있다.

위의 두 문장의 의미내용 중 어느 하나가 참이면 다른 하나는 반드시 거짓이 되어야 한다. 따라서 두 문장은 특정한 시간에 동일한 지시 대상에 대해서 양립할 수 없다.

4.4 함의와 전제

한 문장 X의 의미 내용이 참이고 이 문장에서 파생된 문장 Y가 참일 때 두 문장의 의미관계는 문장 X가 문장 Y를 함의(entailment) 한다고 한다.

สมศรีฆ่าแมว   쏨씨는 고양이를 죽였다.
แมวตายแล้ว   고양이는 죽었다.

위의 두 문장에서 쏨씨가 고양이를 죽인 것이 참이라면 고양이가 죽은 것이 참이 될 수 밖에 없다. 이때 문장 **สมศรีฆ่าแมว** 는 문장 **แมวตายแล้ว** 를 함의한다고 한다. 문장내에 서술어들 사이에는 상위/하위 관계가 성립되면 문장의 함의 관계가 있을 수 있다.

สมศรีซื้อผักกาด   쏨씨는 배추를 샀다.
สมศรีซื้อผัก   쏨씨는 채소를 샀다.

위의 문장에서 **ผักกาด** 은 **ผัก** 의 하위어이다. 따라서 문장 **สมศรีซื้อผักกาด** 은 문장 **สมศรีซื้อผัก** 을 함의한다. 그러나 상위어가 사용된 문장이 하위어를 사용한 문장을 함의하지는 않는다. 즉 '배추를 샀다' 는 의미 내용은 '채소를 샀다' 는 의미 내용을 함의하지만 '채소를 샀다' 는 의미 내용이 반드시 '배추를 샀다' 는 의미 내용을 함의하지는 않는다. 문장의 함의관계는 단어의 동의관계에 상응한다.

이에 비해 한 문장 (X)의 의미내용의 진위 여부에 상관없이 문장 (Y)의 의미내용이 항상 참일 때 문장 (X)는 문장 (Y)를 전제한다고 한다.

หญิงสาวที่วินัยไปพบเป็นสาวผมยาว
위나이가 만난 숙녀는 긴 머리를 가진 처녀이다.
วินัยไปพบหญิงสาว
위나이는 숙녀를 만났다.

위의 문장에서 위나이가 만난 여자가 긴 머리이건 짧은 머리이건 간에 위나이가 여자를 만난 것은 사실이다. 위나이가 짧은 머리의 여자를 만났다 하더라도 위나이가 여자를 만난 것은 여전히 사실로 참인 것이다. 따라서 문장 **หญิงสาวที่วินัยไปพบเป็นสาวผมยาว** 는 문장 **วินัยไปพบหญิงสาว** 를 전제로 하고 있는 것이다. 그러나 함의 관계에 있어서는 반드시 이와 같은 관계가 성립하지 않는다.

สมศรีซื้อผักกาด　　쏨씨는 배추를 샀다.　　(T)
สมศรีซื้อผัก　　　　쏨씨는 채소를 샀다.　　(T)

위의 문장에서 쏨씨가 배추를 산 것이 사실이라면 쏨씨가 채소를 산 것이 항상 참이 된다. 그러나 쏨씨가 배추를 산 것이 사실이 아니라면 쏨씨가 채소를 산 것이 사실이 될 수 없다.

สมศรีไม่ซื้อผักกาด　쏨씨는 배추를 사지 않았다. (T)
สมศรีซื้อผัก　　　　쏨씨는 채소를 샀다.　　(F)

쏨씨가 배추를 사지 않았다면 그녀가 채소를 샀다고 말할 수는 없다. 따라서 문장의 함의관계에서는 함의하는 문장이 반드시 참이어야 하는 반면에 전제관계에서는 제시되는 명제 문장이 반드시 참이 되지 않아도 된다. 함의와 전제 관계의 진리표를 만들어 보면 다음과 같이 된다.

함의 관계		전제 관계	
p	q	p	q
T → T		T → T	
F → T or F		F → T	
F ← F		T or F ← T	
T or F ← T		?(T v F) ← F	

5. 언어수행

우리는 언어를 사용하면서 그 언어사용으로써 특정한 유형의 행위를 동시에 수행한다. 예컨대, **อารยาเป็นนักเรียน**(아라야는 학생이다)이라고 말하면서 단언(assertion)의 언어행위를 수행하며 **อารยาไปไหน**(아라야는 어디 갔니?)라고 말하면서 동시에 질문의 언어행위를 수행한다. 또, **กลับบ้านเถอะ**(집에 가시지요)라고 말하는 경우에는 말하는 동시에 청유의 행위를 수행하는 것이 된다. 이렇게 말하는 사람이 적절한 상황에서 발화를 함으로써 행하는 어떤 종류의 행위를 언어행위 또는 화행(speech act)이라고 한다.

화행은 일반적으로 세 가지로 나뉘어진다. 첫째는 하나의 문장을 발화하는 것으로 언표적 행위(locutionary act)라 하고 둘째는 문장을 발화함으로써 결과적으로 어떤 행위를 가져 오는 것인데 이를 언향적 행위(perlocutionary act)라고 한다. 그리고 셋째로 문장을 발화하는 것이 곧 특정한 행위를 하게 되는데 이를 언표내적 행위(illocutionary act)라고 한다. 예건대 **คุณต้องไปกรุงเทพฯ**(당신은 방콕에 가야 한다)이라고 말하는 그 자체는 언표적 행위이며 그 결과 듣는 사람이 방콕에 갔으면 이는 언향적 행위가 된다. 그리고 방콕에 가야 한다고 말하는 것은 다른 측면에서 충고하는 행위를 하게 되는데 이는 언표내적 행위가 된다. 모든 발화는 이러한 세 가지 언어행위로 구분되기보다는 오히려 세 가지면을 어느 정도 포함하고 있다. 화행이론에서 언표내적 행위의 특성을 명확히 가진 발화를 수행발화라고 한다.

5.1 서술발화와 수행발화

수행발화(performative utterance)는 어떤 행위를 수행하면서 그 행위를 서술하는 발화를 말한다. **ฉันสัญญาว่าจะมาอีก**(나는 다음에 다시 올 것을 약속한다)이라는 문장을 발화하는 경우에 실제로 약속한다고 말하면서 동시에 약속의 행위를 하는 것이다. 이러한 발화를 수행발화라고 한다. 이에 비해 서술발화(constative utterance)는 단언을 하나 실제로 그 행위를 수행하지는 않는 발화를 말한다. **น้องทำการบ้านอยู่**(동생은 숙제를 하고 있다)라는 문장은 동생이 숙제를 하고 있다는 상태를 단언하고 서술하기는 하나 서술하는 언어행위를 실제로 수행하지는 않는다.

수행발화를 실현시키는 수행문이 되기 위해서는 발화하는 문장이 다음과 같은 조건을 갖추고 있어야 한다.

(1) 수행문의 동사는 수행동사이어야 한다. 수행동사는 **สัญญา**(서약하다) **ประกาศ**(공포하다) **ยอมรับ**(인정하다) **ขอบคุณ**(감사드리다) **พิพากษา**(판결하다) 등과 같은 것들이다.

ฉันสัญญาว่าจะเลิกสูบบุหรี่
나는 담배를 끊기로 약속한다.

เรายอมรับว่าการกระทำของเขาถูกต้อง
우리는 그의 행동이 옳다고 인정한다.

(2) 주어의 인칭은 발화자를 나타내는 1인칭이어야 한다.

คุณพ่อสัญญาว่าจะเลิกสูบบุหรี่
아버지는 담배를 끊기로 약속했다.

คุณครูยอมรับว่าการกระทำของเขาถูกต้อง
선생님은 그의 행동이 옳다고 인정했다.

위와 같은 문장은 수행동사가 사용되기는 했으나 주어가 3인칭이다. 따라서 수행효과가 상실되고 일반 서술문이 된다.

(3) 수행문의 동사의 시제는 현재시제이어야 한다.

ฉันจะสัญญาว่าจะเลิกสูบบุหรี่
나는 담배를 끊기로 약속할 것이다.

เราเคยยอมรับว่าการกระทำของเขาถูกต้องแล้ว
우리는 그의 행동이 옳다고 인정한 적이 있다.

위와 같은 문장은 수행동사가 사용되고 주어가 1인칭이다. 그러나 시제가 미래 또는 과거시제로 나타났기 때문에 수행효과가 상실되고 일반 서술문이 된다.

5.2 언표내적 행위

언표내적 행위(illlocutionary act)는 발화를 함으로써 동시에 수행되는 어떤 유형의 행위를 가리킨다. 따라서 수행발화와 밀접한 관계를 지닌다. 일반적으로 언표내적 행위는 일차적으로 서법과 관련하여 이루어진다. 즉 서술문의 문장을 발화하게 되면 단언 행위를 하게 되며, 의문문의 문장을 발화하게 되면 질문의 행위를, 그리고 명령문의 문장을 발화하게 되면 명령의 행위를 수행하게 된다.

그러나 서법에 따른 행위 외에도 다음과 같은 여러 가지 언표내적 행위가 발화를 통하여 수행될 수 있다.

ห้องมืดแล้ว 방이 어둡다.	〔서술문〕	불을 켜달라는 요청 행위
ถังขยะเต็มแล้ว 휴지통이 다 찼다.	〔서술문〕	휴지통을 비우라는 명령 행위
คุณต้องไปเดี๋ยวนี้หรือ 지금 당장 가셔야 해요?	〔의문문〕	더 있다 가라는 요청 행위
เคยตายไหม 죽고 싶어요?	〔의문문〕	위험하다는 경고 행위
อย่าลืมนะ 잊지 마세요.	〔명령문〕	잊지 말라는 강조 행위
ห้ามเข้ามา 들어오지 마시오.	〔명령문〕	들어오지 말라는 경고 행위

말하는 사람이 특정한 제약 속에서 발화함으로써 언표내적 행위를 실현하는 수행문은 사회적인 관습과 문화적 요소를 바탕으로 그 의미가 파악되며 말하는 사람이 발화를 통하여 듣는 사람에게 전달하고자 하는 잠재적인 의도가 담겨져 있다. 따라서 수행발화의 올바른 이해를 위해서는 일차적으로 언어체계에 대한 이해와 더불어 그 언어가 사용되는 사회의 제 환경과 문화적 조건에 대한 지식이 필요하다.

5.3 직접화행과 간접화행

언표내적 행위에 있어서 명시적 또는 비명시적이으로 의도하는 수행력을 직접적으로 문자에 나타내는 것을 직접화행(direct speech act)이라고 하고 관련된 다른 문장을 말함으로써 목적하는 수행력을 간접적으로 나타내는 것을 간접화행(indirect speech act)이라고 한다.

5.3.1 직접화행

직접화행은 문장의 서법과 직접적인 연관성이 있다. 태국어에 나타나는 직접화행을 단언 행위와 질문 행위 그리고 명령 행위로 나누어 살펴 보기로 한다.

(1) 단언 행위

직접 화행에 의한 단언 행위는 서술문과 부정문을 통해 이루어진다. 이러한 단언 행위는 다시 서술과 추측, 부정 그리고 설명 등으로 나뉘어 진다.

1) 서술 : 말하는 사람이 새로운 사실을 서술하는 것으로 문말 어조사 ละ 또는 นะ를 사용하거나 두 개의 어조사가 함께 사용될 수 있다.

เขาไปห้องสมุด (ละ)   그는 도서관에 간다.
แม่ไปตลาดแล้ว (นะ)   어머니는 시장에 가셨다.

แขกกลับไปกันหมดแล้ว (ละนะ)　손님들은 모두 돌아갔다.

2) 추측 : 말하는 사람이 어떠한 사실에 대한 추측을 하는 것으로 문말 어조사 **ละซิ กระมัง ละมัง ชิท่า** 등을 사용할 수 있다.

　เขาคงไม่สบายใจ (ละซิ)
　그는 아마도 마음이 편하지 않을 것이다.
　ป่านนี้พ่อคงไปถึงกรุงเทพฯ (แล้วมั้ง)
　지금쯤 아버지는 방콕에 도착하셨을 것이다.
　ฝนจะตกอีกแล้ว (มั้ง)
　비가 또 올 것 같다.
　เราได้รางวัลแน่ ๆ อีกแล้ว (ชิท่า)
　우리는 분명히 또 상을 받게 될 것 같다.
　เขาคงรักเธอมาก (ละมัง)
　그는 아마 너를 무척 사랑하고 있을 거야.

3) 부정 : 부정소를 사용하지 않더라도 문말 어조사 **หรอก** 이나 **ต่างหาก** 을 사용하여 부정의 의미를 나타낼 수 있다.

　เธอเป็นคนเชียงใหม่<u>หรอก</u>　　너는 치앙마이 사람이야.
　　　　　　　　　　　　　　　(다른 지방 사람이 아니야)
　พี่ชายเป็นคนซื้อมา<u>ต่างหาก</u>　　형이 사온 거야.
　　　　　　　　　　　　　　　(다른 사람이 사온 게 아니야)

4) 설명 : 어떤 상황에 대한 설명이나 결론을 나타내는 것으로 문말 어조사 **น่ะซิ** 를 사용한다.

　องุ่นคงไม่มาหาคุณน่ะซิ
　앙운은 아마 너를 찾아오지 않을 거야.

คุณคงไม่เข้าใจคำพูดของเขาน่ะซิ
당신은 아마 그의 말을 이해하지 못한 것 같다.

(2) 질문 행위

일반적으로 의문문은 질문 행위를 나타내게 되어 있다. 태국어에서 질문 행위를 나타내는 의문의 형태에는 다음과 같은 것들이 있다(2.3.2 참조).

1) 일반 의문문 : 전혀 알지 못하는 상황이나 사실에 대하여 묻는 의문문으로 **ไหน อะไร ใคร เมื่อไร อย่างไร ทำไม** 등을 사용한다.

  คุณจะโทรมาเมื่อไร   언제 전화하시겠습니까?
  เขาชอบอะไร   그는 무엇을 좋아합니까?
  ใครบอกว่าฉันไม่กินหมู
  누가 내가 돼지고기를 먹지 않는다고 했지요?

2) 부가 의문문 : 어느 정도 알고 있는 상황이나 사실에 대해여 확인을 위해 묻는 의문문으로 **ใช่ไหม หรือ หรือเปล่า** 등을 사용한다.

  คุณรักเขาใช่ไหม   당신은 그를 사랑하지요?
  แดงไม่ไปด้วยหรือ   댕은 같이 가지 않습니까?
  นี่คือกระเป๋าของคุณใช่หรือเปล่า   이것이 당신 가방이지요?

3) 선택 의문문 : 제시하는 조건 중에 선택을 요구하는 의문문으로 **หรือ** 를 사용한다.

  เขาเป็นคนเกาหลีหรือคนจีน   그는 한국사람입니까? 중국사람입니까?
  พ่อจะทานไก่หรือปลา   아버지는 닭고기를 드시겠어요?
            아니면 생선을 드시겠어요?

(3) 명령 행위

명령문은 듣는 사람이 말하는 내용대로 수행하도록 하는 것이다. 태국어의 명령문은 문말 어조사 **นะ ซิ เถอะ** 등을 사용하여 명령이나 청유의 의미를 나타낸다(2.3.3 및 2.3.4 참조).

กลับบ้านก่อน 3 ทุ่ม (นะ)	저녁 아홉시 이전에 집에 돌아가세요.
ทำความสะอาดห้อง (เถอะ)	방 청소를 하세요.

태국어의 명령문에서 명령에 따라 수행되는 내용이 결과적으로 말하는 사람에게 유익하거나 듣는 사람이 반기지 않는 일이면 동사 앞에 **กรุณา โปรด ช่วย** 등을 사용한다.

กรุณารับโทรศัพท์ด้วย	전화 받으세요.
โปรดจ่ายค่าผ่านประตูด้วย	입장료를 지불하세요.
ช่วยเช็ดโต๊ะหน่อยนะ	탁자 좀 닦아 주세요.

이에 비해 명령에 따라 수행되는 내용이 결과적으로 듣는 사람에게 유익한 일이면 동사 앞에 **เชิญ** 이나 **ขอเชิญ** 사용한다.

เชิญทานข้าวซิครับ	식사하세요.
ขอเชิญมาร่วมงานกันนะครับ	행사에 참석들 하세요.

5.3.2 간접화행

우리는 일상생활에서 요청이나 명령 또는 약속이나 제의 등의 의도를 단언이나 질문의 형식을 가지고 말하는 경우가 있다. 이처럼 발화의 의도와 문장의 형식이 일치하지 않는 형태의 언어수행을 간접화행이라고 한다.

(1) 서술문에 의한 간접화행 : 서술문의 형태를 사용하여 요청이나 명령 또는 약속이나 제의 등의 행위를 수행할 수 있다.

| มืดแล้ว | → | กลับบ้านเถอะ | (명령) |
| 어두워졌다. | | 집에 가라. | |

ช่วยเปิดไฟหน่อย (요청)
불 좀 켜주세요.

| หิวจัง | → | ไปทานข้าวกันเถอะ | (권유) |
| 배가 무척 고프다 | | 식사하러 가자. | |

ขอทานข้าวหน่อย (요청)
식사 좀 하겠습니다.

ฉันจะไม่มาสายอีกแล้ว → ฉันสัญญาว่าต่อไปนี้จะมาตรงเวลา (약속)
다시는 늦지 않을 게요.   앞으로는 제 시간에 오겠습니다.

ร้านนี้ทำอาหารอร่อย → ทานอาหารร้านนี้ดีกว่า (제의)
이집이 음식을 맛있게 해요.   이 집에서 먹읍시다.

(2) 의문문에 의한 간접화행 : 의문문의 형태를 사용하여 다음과같은 여러 가지 행위를 수행할 수 있다.

1) 인사

| ไปไหนมา | 어디 갔다 오세요? |
| ทานข้าวหรือยัง | 식사하셨습니까? |

2) 꾸중

| ทำไมคุณไม่มาเรียน | 왜 결석했지요? |
| คุณรู้ไหมว่าตอนนี้เวลาเท่าไร | 지금 몇 시인지 아세요? |

3) 거절

ทำไมฉันต้องบอกเรื่องนี้ให้คุณรู้ด้วย
내가 왜 이 이야기를 당신에게 해야 합니까?

เรื่องอะไรผมจะต้องขอบคุณเขา
왜 내가 그에게 고맙다고 해야 하지?

4) 확언

เราเป็นพี่น้องกัน จริงหรือเปล่า
우리는 형제지간이이야, 맞아 틀려?

เขาเป็นคนพูดเอง ไม่ใช่หรือ
그 사람 자신이 한 말이야, 안 그래?

5) 명령

ช่วยกวาดห้องนี้หน่อยได้ไหม
이 방 좀 쓸어 줄 수 있겠어요?

ช่วยถือกระเป๋าให้สักใบหนึ่งไม่ได้หรือ
가방을 하나 쯤 들어 줄 수 없어요?

제 8 장 **역사 · 비교언어학**

언어는 시간의 흐름에 따라 끊임 없이 변화하고 있다. 이러한 언어의 변화는 언어가 가진 중요한 본질 중의 하나이다. 언어의 변화는 음성 · 음운의 변화와 형태 · 통사의 변화, 그리고 어휘 또는 의미의 변화 등 다양한 층위에서 관찰할 수 있다. 자연언어는 이러한 변화로 인해 역사성을 갖는다. 따라서 언어의 변화를 분석하여 오늘날의 언어에 이르게 된 역사를 추적하고 그 기원을 밝혀볼 수 있다. 어떤 언어의 기원을 알 수 있다면 그 기원이 되는 시대의 언어 형태를 기술하고 분석하여 이를 바탕으로 각 시대의 변화된 언어 상태에 대한 기술과 분석이 가능하다. 나아가 이러한 분석을 통해 얻은 결과들을 서로 비교하고 대응시킴으로서 한 언어의 역사를 구축하고 나아가 언어 변화의 원리와 법칙을 체계적으로 수립할 수 있을 것이다. 역사 · 비교 언어학은 통시적 연구로서 언어가 시간의 흐름에 따라 변화해가는 일반적이고 보편적인 원리와 방법에 대해서 연구한다.

1. 언어변화의 원인과 해석

언어 체계가 어떠한 방식으로 변화했는가를 연구하는 역사언어학에서는 언어변화의 과정과 조건을 세밀히 기술하고 변화를 일으키는 원인을 규명함으로서 언어의 변화를 설명한다. 언어는 왜 변화하는 것일까? 언어가 변화하는 데에는 여러 가지 원인이 있다. 그러나 그 원인을 명확히 설명하기란 쉬운 일이 아니다. 언어학자들은 언어변화의 원인을 다음과 같이 여러 가지로 설명하고 있다.

(1) 언어의 차이 : 언어는 같은 언어라 할지라도 사용되는 시기와 지역에 따라 차이가 있기 마련이다. 또 같은 시기에 같은 지역에서 사용되는 언어라도 언어 사용자의 성별이나 교육정도 또는 생활환경에 따라 달라진다. 또 한 사람이 사용하는 언어도 언어를 사용하는 상황에 따라 차이가 있을 수 있다. 이

러한 언어의 차이는 언어를 변화시키는 요인이 된다. 예컨대 현재 방콕의 젊은 세대들은 어두 자음 [p] 음을 [ph] 음으로 발음 하는 경향이 있는데 아직까지는 [p] 음과 그 변이음 [ph] 음이 같이 사용되고 있지만 세월이 지나면서 [ph]음을 사용하는 사람들이 사회 구성원이 대부분이 된다면 [p]음은 사라지고 [ph] 음만이 사용될 것이다. 결과적으로 태국어의 어두자음 [p] 음이 [ph] 음으로 변화되는 것이다.

(2) 언어의 속성 : 언어는 경제성을 추구하는 속성을 지니고 있다. 만약에 하나의 단어가 있고 그와 의미가 유사한 또 하나의 단어가 차용되거나 새로 만들어 지게 되면 두 개의 단어는 동의어가 된다. 이 때 두 개의 동의어는 전체적인 의미는 유사할 지라도 부분적으로는 반드시 약간의 의미차이가 있기 마련이다. 만약에 두 개의 동의어의 의미가 완전히 같게 되면 둘 중의 하나는 더 이상 사용되지 않거나 한 단어의 의미가 달라지게 된다. 태국에 컴퓨터가 들어 오면서 초기에는 **คอมพิวเตอร์** 라는 차용어와 **สมองกล** 이라는 신조어를 같이 사용하였다. 그런데 두 개의 단어의 의미차이가 거의 없다 보니까 하나의 사물을 지칭하는 데 굳이 두 개의 기호를 사용해야 하는 비경제적 요소가 발생하게 되었다. 따라서 경제성을 지향하는 언어의 속성상 **สมองกล** 이라는 신조어는 버려지고 **คอมพิวเตอร์** 라는 외래어가 사용되게 되었다. 또, 태국어의 **ย่าง** 은 본래 '걷다' 는 의미였다. 그런데 나중에 크메르어에서 **เดิน** 이라는 단어가 차용되어 역시 '걷다' 라는 의미로 사용되게 되자 본래의 **ย่าง** 은 '들어서다' 의 의미로 바뀌었다. 예컨대 **ย่างเข้าสหัสวรรษใหม่** 는 '새 천년으로 접어들었다' 는 의미로 해석할 수 있다.

언어는 또한 균형잡힌 체계를 지향하려는 성향이 있다. 언어의 음성체계는 음운들 사이에 일정한 음성적 간격을 유지하기 위해서 대립 패턴을 형성한다. 어느 한 언어의 자음체계에서 [p], [t], [k] 의 [p] 음과 [t] 음이 각각 [ph] 음과 [th] 음으로 변화하게 되면 [k] 음도 [kh] 음으로 변화하여 균형을 맞추려는 경향이 있다.

```
p    →    (ph)   →   ph
t    →    (th)   →   th
k    →    (k)    →   kh
```

또 모음체계에서도 전설모음 i e ɛ 와 중설모음 a 그리고 후설모음 u 와 o 가 있는 언어의 경우에 조화 있는 균형을 위해 모음 ɔ 가 생겨나게 된다.

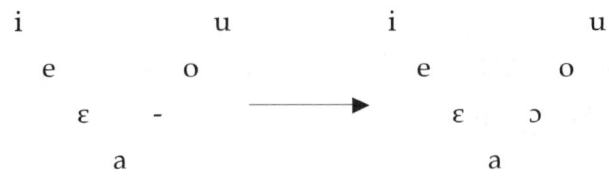

(3) 언어 사용자의 심리적 작용 : 하나의 언어를 사용하는 사회 안에는 여러 계층의 사람들이 있다. 그 중에서 상대적으로 하위 계층의 사람들은 보다 상위 계층의 언어 사용를 모방하려는 경향이 있다. 예컨대 태국의 음운체계상 어말자음의 자리에 [l] 음이 올 수 없다. 어두자음에 나타날 때 [l] 의 음가를 가진 자음들이 어말자음의 위치에 오는 경우 모두 [n] 음으로 발음된다. 그러나 영어에 익숙한 일부 학자나 식자 층에서는 이러한 자음이 어말자음에 나타는 경우 [n] 음으로 발음하는 대신에 [l] 음으로 발음한다. 상위 계층을 선망하는 다른 계층의 사람들이 이를 모방하여 점차적으로 그 숫자가 많아지게 되면 태국어의 어말자음에 [l] 음이 추가될 수 있는 것이다.

또한 태국어에서 **คนแก่**(늙은이)는 '무능력한 사람' 또는 '쓸모 없는 사람'의 부정적인 의미로 인식되면서 **ผู้สูงอายุ**(연로자)로 대치되었으며 **สลัม**(빈민가)도 부정적인 의미로 인식되면서 사회적으로 바람직하지않다하여 나중에 **ชุมชนแออัด**(밀집 주거지역)이라는 말로 바뀌어 사용되고 있다.

(4) 언어사용자의 성향 : 모든 사람들이 항상 올바른 문장을 사용하고 정확한 어휘를 선택하며 명확한 발음을 하는 것은 아니다. 발성기관들의 타성으로 인해 가급적 쉽게 발음하려는 경향이 있으며 자꾸만 새로운 단어를 만들어 사용하고자 하는 사람의 욕구도 있기 마련이다.

태국어에서 **วิทยาลัย** 는 본래 [wít-thá-jā:-lāj]로 네음절로 이루어진 단어이다. 그런데 일부 사람들은 이를 세 음절로 줄여서 [wít-cā:-lāj] 로 발음하는 경향이 있다. 또 태국어의 어두자음군으로 나타나는 복합 자음의 발음을 비교적 쉽게 발음하기 위해 앞 자음만 발음하는 경향이 있다. 예컨대 **ปลา**(생선)를 [plāː]로 발음하지 않고 [pāː] 라고 발음한다든가 **กระทรวง**(부)을 [kràʔ-suaŋ]으로 발음하지 않고 [kàʔ-sūaŋ]이라고 발음하는 따위가 바로 그것이다.

또한 젊은 세대의 언어 사용자들은 자신들의 의사나 감정을 자의적으로 표현하기 위해 여러 가지 신조어를 만들어 내기도 한다. 이러한 말들은 처음에는 어색하게 들리다가도 전체 언어 사용자들의 호응을 받게 되면 그 사회에서 정상적으로 통용된다. **บริกร** 이란 말은 **บริการ**(시중 들다)이라는 단어에 **พิธีกร**(사회자)이나 **กรรมกร**(노동자) 등에서 볼 수 있는 '행위자'를 나타내는 접미사 **-กร**을 붙여 만든 합성어이다. 이러한 합성어는 젊은 계층에서 통용되고 있는 신조어 중의 하나이다.

(5) 과학과 기술의 발달 : 우리는 우리가 살고 있는 현대 사회에서 눈부신 과학과 기술의 발달을 목격하고 있으며 이러한 과학기술의 발달은 우리의 삶과 생활을 많이 바꾸어 놓고 있다. 하나의 새로운 물건이나 개념이 생기면 이를 지시하는 단어가 생겨나기 마련이다. 태국어에서 **โรงเรียน**(학교), **โทรศัพท์**(전화), **เครื่องขยายเสียง**(확성기) 등은 물질 문명이 발달하면서 생겨난 단어들이며 **ประชาธิปไตย**(민주주의), **โลกาภิวัตน์**(세계화) 등은 새로운 제도와 개념이 생겨나면서 만들어진 단어들이다.

지금까지 살펴 본 바와 같이 언어의 변화를 일으키는 여러 가지 원인이 있다. 이러한 언어변화는 고유한 단일 요인에 의한 것이 아니라 복합적인 제 요인에 의해 일어나는 것이라고 보는 것이 타당하다. 이러한 언어변화는 아직도 그 언어를 사용하는 사람이 있는 한 계속해서 일어난다. 역사언어학에서는 언어변화에 어떠한 원리와 규칙이 있는지를 연구하고 분석한다.

2. 음성 변화

역사언어학에서는 음성변화는 규칙적으로 일어난다고 보고 있다. 특정한 지역에서의 한 음성은 외부에서 특별한 요인이 작용하지 않는 한 동일한 음성조건에서는 동일하게 변한다. 그러나 지리적으로 멀리 떨어져 있다거나 시간적으로 동일한 시기가 아닐 경우에는 동일한 음성이 동일한 음성환경에 있더라도 다르게 변한다. 또한 다른 언어권의 문화와 접촉이 있거나 사회적 또는 문화적인 변혁기의 음성변화는 일반적인 경우와 다르게 변할 수 있다.

2.1 태국어의 음성변화 분석과 고찰

역사언어학을 바탕으로 태국어의 음성변화를 분석 하는 데 있어서 음변화를 일으키는 음성환경과 조건을 비롯하여 다음과 같은 여러 가지 사항을 고려하여야 한다.

(1) 음성의 변화가 일정한 조건하에서 일정한 변화방식에 의해 일어나는 음성법칙(phonetic law)에 따른 변화인지 아니면 몇 개의 단어에 한정되어 일어나는 산발적 변화(sporadic change)인지 또는 하나의 단어에만 일어나는 고립 변화(isolate change)인지를 구분하여야 한다. ลางที 와 ลางคน 이 각각 บางที 와 บางคน 으로 변하였으나 다른 단어에서는 변하지 않고 그대로 있다. 이렇게 태국어의 [l] 음이 [b] 음으로 변한 것은 산발적 변화이다.

(2) 음성의 변화가 어느 지방의 방언과 관련되어 있는지를 고찰하여야 할 필요가 있다. 타이조어(proto tai)에는 ย่า ยี่(สอง) ย้อม 등에 [*ñ] 음이 사용되었으나 현대 방콕어에서는 [j] 음으로 바뀌어 사라졌다. 그러나 북동부 방언에서는 아직 남아 있다. 또, 타이조어의 [*x] 음은 ฅ 의 음가를 지니고 사용되었으나 현대의 방콕어에서는 사용되지 않는다. 그러나 북부지방의 방언에서는 아직 사용되고 있다.

(3) 음성의 변화 또는 변화의 조짐이 일어나는 사회 계층을 고려하여야 한다. 현재 รัก 을 ลัก 으로 발음하는 것처럼 태국어의 [r] 음이 대체적으로 [l] 음으로 발음되는 경향이 있다거나 ปลา 를 ปา 로 발음하는 것처럼 어두자음군의 발음에서 앞자음만 발음되는 경우, 또는 เด็ก 을 เหล็ก 으로 발음하는 것처럼

[d] 음이 [l] 음으로 바뀌어 가는 현상 등이 사회의 어느 계층에서 얼마만큼 확산되고 있는지를 파악하여야 한다. 만일 이러한 음성의 변화가 특정 집단에서 부분적으로 일어나는 경우에 태국어 음운체계에 영향을 미치지 않지만 전체적으로 광범위하게 일어나게 되면 태국어의 음운체계에 영향을 미칠 수 있기 때문이다.

(4) 음성변화가 일어나는 범위를 고려하여야 한다. 음성변화가 음성환경과 관련하여 조건적으로 일어나는 것인지 아니면 무조건적으로 일어나는 것인지를 파악하여야 한다. 예컨대 **อย่าง** [jàːŋ] 과 **นี้** [níː] 가 결합하여 **อย่างนี้** 로 되었을 때 발음은 [jàŋníː] 또는 [jàŋníː] 로 된다. 앞 형태소 **อย่าง** 의 발음에서 장모음이 단모음으로 변하고 뒷 형태소 **นี้** 의 발음은 [ní] 그대로거나 [ɲí] 로 변한다. 또, 앞 형태소의 성조가 일성 그대로 있거나 평성으로 바뀐다. 그러나 이러한 현상은 **สิ่งนี้ ทั้งนี้ พรุ่งนี้** 등에서는 일어나지 않는다. 따라서 특정한 조건에서만 일어나는 음운적 현상으로 볼 수 있다.

2.2 태국어 음성변화의 종류와 유형

음성변화는 특정한 음이 없어지거나 본래는 없던 음이 생겨나거나 아니면 기존의 음이 다른 음으로 변하는 형태로 나타난다. 지금부터는 태국어에서 나타나는 음성의 변화를 살펴 보기로 한다.

(1) 음의 축약 : 자음 또는 모음이 어두나 어중 또는 어말의 위치에서 축약되는 것을 말한다.

| แมลง [málɛ̄ːŋ] | → แลง [lɛ̄ːŋ] 곤충 (ไทถิ่น) |
| | → แมง [mɛ̄ːŋ] 곤충 (ไทถิ่น) |

같은 음절이 중복되어 나타나거나 외래어가 차용되면서 음절이 축약되는 경우도 있다.

มหาวิทยาลัย [má-hǎ:-wít-thá-jā:-lāj] → [má-hǎ:-lāj]   대학교
สุกียากี้ [sùkī:yā:kî:] → สุกี้   [sùkî:]   쑤끼

technology   → เทคโน [thēknō:]   기술
air-conditioner   → แอร์   [ʔɛ̄:]   에어컨
computer   → คอม   [khɔ̄:m]   컴퓨터

(2) 음의 첨가 : 자음이나 모음이 어두나 어중 또는 어말의 위치에 첨가되는 것을 말한다. 음의 첨가가 나타나는 현상은 음의 소실에 비해 지극히 낮다.

ยั่ว [jûa] "ยานพาหนะ" → ยวด [jûat]   탈것

วัด [wát] + อาราม [ʔā:rā:m]
  → วัดวาอาราม [wát-wā:-ʔā:rā:m]   사원
รบ [róp] + ฆ่าฟัน [khâ:fā:n]
  → รบราฆ่าฟัน [róp-rā:-khâ:fā:n]   살육하다

(3) 음의 변화 : 음의 변화는 여러 가지 요인으로 인하여 발생한다. 소실된 음을 보상하기 위해서 일어나는 경우도 있고 음성적 환경에서 동화로 일어나는 경우가 있는가 하면 동일한 음이 중복되는 것을 피하기 위해서 일어나는 경우도 있다. 이러한 음변화는 자음과 모음 또는 성조나 강세 등에서 다양하게 일어난다.

1) 탈마찰음화(de-spirantization) : 본래 마찰음이던 것이 폐쇄음으로 변하는 것을 말한다.

ขาว [*xǎ:w]   → ขาว [khǎ:w]   희다
ขวด [*xùat] → ขวด [khùat]   병

2) 유기음화(aspiration) : 본래는 무기음이던 것이 유기음으로 변하는 것을 말한다.

พ่อ	[*bɔ̂:]	→	[phɔ̂:]	아버지
พา	[*bā:]	→	[phā:]	동반하다
พ่าย	[*bâ:j]	→	[phâ:j]	패하다

ฝา	[*fǎ:]	→	[phǎ:]	뚜껑	(ลุงเจา)
ฝ้าย	[*fâ:j]	→	[phâ:j]	면화	(ลุงเจา)
ฝาก	[*fà:k]	→	[phà:k]	맡기다	(ลุงเจา)

3) 무기음화(de-aspiration) : 본래는 유기음이던 것이 무기음으로 변하는 것을 말한다.

| ผ่า | [*phà:] | → | [pà:] | 절개하다 | (โป้อ้าย) |
| ผู้ | [*phû:] | → | [pû:] | 사람 | (โป้อ้าย) |

4) 유성음화(voicing) : 본래는 무성음이던 것이 유성음으로 변하는 것을 말한다.

| บ้าน | [*ʔbâ:n] | → | [bâ:n] | 집 |
| บ่า | [*ʔbà:] | → | [bà:] | 어깨 |

| หมา | [*hmǎ:] | → | [mǎ:] | 개 |
| ใหม่ | [*hmàj] | → | [màj] | 새로운 |

5) 무성음화(de-voicing) : 본래는 유성음이던 것이 무성음으로 변하는 것을 말한다.

| ฟ้า | [*vá:] | → | [fá:] | 하늘 |
| ไฟ | [*vāj] | → | [fāj] | 불 |

| คา | [ɣā:] | → | คา | [khā:] | 달라붙다 | (ลุงเจา) |
| ค่ำ | [ɣâm] | → | ค่ำ | [khâm] | 저녁 | (ลุงเจา) |

6) 탈비음화(de-nasalization) : 본래는 비음이던 것이 비음성을 상실하는 것을 말한다.

    ยัง   [ñāŋ]   →   [jāŋ]   아직
    ย่ำ   [ñâm]   →   [jâm]   연타하다

    สอง   [sɔ̌ːŋ]   →   [sɔ̌ː?]   둘   (**ไทถิ่น**)
    โป้ง   [pôːŋ]   →   [pôː?]   뽐내다   (**ไทถิ่น**)

7) 경구개음화(palatalization) : 본래 경구개음이 아니었던 음이 경구개음으로 변하는 것을 말한다.

    แก่   [*kɛ̀ː]   →   [čɛ̀ː]   늙다   (**ลุงเจา**)
    เก็บ   [*kèp]   →   [čèp]   모으다   (**ลุงเจา**)

8) 간격동화(distinct assimilation) : 두 개음이 음이 인접해 있지 않고 적어도 하나의 분절음을 사이에 두고 영향을 끼쳐 음이 달라지게 하는 것을 말한다.

    ปู่ย่าตานาย [pùːjâːtāːnāːj] → **ปู่ย่าตายาย** [pùːjâːtāːjāːj]
    조부조모 외조부외조모

9) 이중모음의 단모음화(monophthongization) : 본래 이중모음이었던 것이 단모음으로 변하는 것을 말한다.

① [ua] → [a] : 이중모음 [ua] 가 단모음 [a] 로 변한 경우이다.
    หลวก [lùak] (**ไทยเก่า**) → **หลัก** [làk]   영리하다

② [ua] → [oː] : 이중모음 [ua] 가 단모음 [oː] 로 변한 경우이다.

| ตัว | [tūa] | → | โต | [tō:] | 몸 | (ไทถิ่น) |
| หัว | [hǔa] | → | โห | [hǒ:] | 머리 | (ไทถิ่น) |

③ [ia] → [i:] : 이중모음 [ia]가 단모음 [i:]로 변한 경우이다.

เกียด(กัน) [kìat] (ไทยเก่า) → กีด(กัน) [kì:t] 막다

④ [ia] → [e:] : 이중모음 [ia]가 단모음 [e:]로 변한 경우이다.

| เวียง | [wīaŋ] | → | เวง | [wē:ŋ] | 성벽 | (ไทถิ่น) |
| เมีย | [mīa:] | → | เม | [mē:] | 마누라 | (ไทถิ่น) |

⑤ [ɯa] → [ɤ:] → [ɯ] : 이중모음 [ɯa]가 단모음 [ɤ]를 거쳐 [ɯ]로 변한 경우이다.

เสือ	[sɯ̌a]	→	เสอ	[sɤ̌:]	호랑이	(ไทถิ่น)
ข้าเสือก	[khâ:sɯ̀ak]	→	ข้าเศิก	[khâ:sɤ̀:k]	(ไทยเก่า)
→ ข้าศึก	[khâ:sɯ̀k]	적

10) 기타 : 음의 변화가 일어나기는 하나 변화가 나타나는 단어의 숫자가 많지 않아 유형화 할 수 없는 것들이 있다.

① [*r] → [l]

| ไร่ | [râj] | → | [lâj] | 밭 | (โป้อ้าย) |
| รวง | [rūaŋ] | → | [lūaŋ] | 이삭 | (โป้อ้าย) |

② [*s] → [l]

| ใส | [*sǎj] | → | [lǎj] | 맑은 | (โป้อ้าย) |
| สาก | [*sà:k] | → | [là:k] | 절구공이 | (โป้อ้าย) |

③ [*pr] → [t]

| ตาก | [*prà:k] | → | [tà:k] | 쬐다 |
| แตก | [*prɛ̀:k] | → | [tɛ̀:k] | 깨지다 |

④ [*k] → [ʔ]

หก	[hò*k]	→	[hòʔ]	넘어지다
ออก	[ʔɔ̀:*k]	→	[ʔɔ̀:ʔ]	나가다
ปาก	[pà:*k]	→	[pà:ʔ]	입

⑤ [o:] → [ɔ:]

โสง	[sǒ:ŋ]	(ไทยเก่า)	→	สอง	[sɔ̌:ŋ]	둘
โนน	[nō:ŋ]	(ไทยเก่า)	→	นอน	[nɔ̄:n]	눕다
โอย	[ʔō:j]	(ไทยเก่า)	→	อวย	[ʔūaj]	질냄비

⑥ [+long] → [-long]

| สีน | [sǐ:n] | (ไทยเก่า) | → | สิน | [sǐn] | 금전 |
| พู่ง | [phû:ŋ] | (ไทยเก่า) | → | พุ่ง | [phûŋ] | 찌르다 |

11) 성조변화

ทัง	(ไทยเก่า)	→	ทั้ง	[táŋ]	모두
ญอม	(ไทยเก่า)	→	ย่อม	[jɔ̂:m]	마땅히...
แพ่	(ไทยเก่า)	→	แพ้	[phɛ́:]	패하다

ฉัน	[chǎn]	→	[chán]	나
เขา	[khǎw]	→	[kháw]	그
เสีย	[sǐa]	→	[sía]	상하다

3. 어휘 변화

언어의 변화가 어휘 즉 단어의 차원에서 이루어지는 경우가 있다. 어휘적 변화의 유형에는 단어의 소실과 단어의 첨가가 있다.

3.1 단어의 소실

단어소실의 유형에는 여러 가지가 있다. 과거에 사용되던 단어가 현재에는 사용되지 않는 경우가 있는가 하면 동의 합성어로 사용되던 것이 단순어로 사용되기도 하고, 단순어로 사용되던 것이 동의 합성어로 사용되는 경우도 있다.

(1) 과거에 사용되던 단어가 현재에는 사용되지 않는 경우

    แกงได   (글을 모르는 사람이) 부호를 사용하여 적어 놓다
    อำยวน   은폐하다
    อำแดง   여성 이름앞에 오는 말
    ทวน   때리다
    ท่าสบ   수구
    ขนหัว   머리털

(2) 방콕의 표준어에서는 사라지고 없으나 일부 방언에서는 아직 사용되고 있는 경우

    ดัง   코   (อีสาน)
    ท่า   기다리다   (เหนือ อีสาน ใต้)
    หับ   덮다   (ใต้)
    หยอน   두렵다   (เหนือ อีสาน)

(3) 단순어로 사용되던 것이 현재에는 동의 합성어로 사용되는 경우

ท่า	→	คอยท่า รอท่า	기다리다
เยียน	→	เยี่ยมเยียน	방문하다
โจม	→	จู่โจม โจมตี	습격하다
รา	→	เลิกรา ร้างรา	버리다

(4) 동의 합성어로 사용되던 것이 현재에는 단순어로 사용되거나 다른 형태의 동의 합성어로 사용되는 경우

ยำกลัว	→	ยำเกรง	경외하다	กลัว		무섭다
ยุดหน่วง	→	ยื้อยุด	잡아채다	หน่วงเหนี่ยว	지연시키다
เคียดโกรธ	→	ขึ้งเคียด เคียดแค้น โกรธ	화내다
หยอนกลัว	→	กลัว	무섭다
ช้าหึงนาน	→	ช้า ช้านาน นานช้า	느리다
ต่อด่าต่อว่า	→	ต่อว่า ด่าว่า ด่า ว่า	나무라다

(5) 동의 합성어로 사용되던 것이 각 형태소가 분리되어 각각 단순어로 사용되는 경우

ถึงแก่กรรมตาย	→	ถึงแก่กรรม	돌아가시다	ตาย	죽다
ช่องโอกาส	→	ช่อง	틈	โอกาส	기회
เบาะเมาะ	→	เบาะ	방석	เมาะ	깔개

(6) 관용어에서 일부 단어가 사라지는 경우

ภูมิในใจ	→	ภูมิใจ	긍지를 갖다
ขอบน้ำใจ	→	ขอบใจ	고맙다
เป็นปัจจุบันกาล	→	ในขณะนั้น	그때
วันหลังที่สุด	→	วันสุดท้าย	마지막 날
ใจขาวใจดำ	→	ใจดำ	인색하다
เพ้อเป็นเปลือก	→	ใจความ	내용

คลายวิตกเหมือนยกภูเขา → เหมือนยกภูเขาออกจากอก
앓던 이가 빠진듯이.

เดินเร็วเหมือนหาวัว → ควายหาย
물소를 잃어버린 것처럼.

โตก็โตนักไป เล็กก็เล็กนักไป
→ โตก็โตเกินไป เล็กก็เล็กเกินไป
큰 것은 너무 크고 작은 것은 너무 작다.

이 밖에도 옛날에 중요한 행사에 비유하여 생겨난 관용구가 그러한 행사가 없어지면서 동반하여 사라지는 경우가 있다. 사람이 붐비는 것을 나타내는 관용구 **เหมือนดูโนราท์ห้าโรง** 또는 **เหมือนดูพระยายืนชิงช้า** 등은 현재 사용되지 않고 있다.

3.2 단어의 첨가

과학과 기술의 발달로 새로운 생각이나 개념, 또는 사물이 등장하면서 신조어의 형태로 새로운 단어가 생겨난다. 또, 사용하고 있던 어휘에서 일부 즐겨 사용되지 않는 단어가 새로운 단어로 대치되는 경우도 있다.

บาดช้ำน้ำใจ → เจ็บช้ำน้ำใจ 마음이 아프다
ปากยังไม่หายกลิ่นน้ำนม
→ ปากยังไม่สิ้นกลิ่นน้ำนม 젖비린내 나다
หักไฟหัวลม → ตัดไฟต้นลม 미연에 방지하다
เรียกลมให้เรือเสีย → ชักใบให้เรือเสีย 나쁜 길로 끌어들이다
วัวสันหลังขาด → วัวสันหลังหวะ
항상 죄책감을 갖고 사는 사람

4. 문법 변화

문법적 변화는 단어의 문법적 기능이 변하거나 문법범주가 바뀌는 것을 말한다. 따라서 어순이나 문법적 규칙이 변하는 경우도 있다.

4.1 단어의 기능 변화

어떤 단어가 문장 안에서 하던 기능이 변하는 것을 말한다. ฟอง 은 ฟักฟอง (부화하다)이나 ฟองไก่(달걀)에서와 같이 명사로 사용되던 것이 현재에는 형태사로 사용된다.

(1) 과거에는 동사와 명사로 사용되던 것이 현재에는 명사로만 사용되는 단어

ช่อง (ส้อง)	←	명사	ช่องโจร	도적의 소굴
		동사	ช่องสุม	패거리를 불러 모으다
บก	←	명사	เล่นบนบก	육지에서 놀다
		동사	น้ำจึงบก	물이 마르다

(2) 과거에 명사와 형태사로 사용되던 것이 현재에는 명사로만 사용되는 단어

| ช้าง | ← | 형태사 | ทุกตัวช้าง | 모든 코끼리 |
| ม้า | | 형태사 | ม้า 2 ม้า | 말 두 마리 |

(3) 과거에 명사와 동사로 사용되던 것이 현재에는 동사로만 사용되어 명사로 사용될 경우 명사화소 การ- 이나 ความ- 을 붙여야 하는 단어

อาย → ความอาย 부끄러움

เสียหาย	→	ความเสียหาย	손실
เคารพ	→	ความเคารพ	존경
วิจารณ์	→	การวิจารณ์	비평

4.2 통사 변화

(1) 어순의 변화 : 합성어에서 형태소의 어순이 변하거나 구 또는 절에서 단어의 순서가 변하는 경우를 말한다.

ถอยท้อ	→	ท้อถอย	체념하다
ขู่ข่ม	→	ข่มขู่	위협하다
ค่าคุณ	→	คุณค่า	가치
แคบคับ	→	คับแคบ	좁은
ใจกลับ	→	กลับใจ	회개하다
แผ่เผื่อ	→	เผื่อแผ่	관대하다
มัดผูก	→	ผูกมัด	묶다
ร้ายชั่ว	→	ชั่วร้าย	나쁜

สูงกำแพง 6 ศอก → กำแพงสูง 6 ศอก
담의 높이가 여섯 석(**ศอก**)이다

ทรุดมากลง → ทรุดลงมาก
많이 쇠퇴하다

อยู่ตรงโรงพยาบาลเซนต์หลุยส์ข้าม
→ อยู่ตรงข้ามโรงพยาบาลเซนต์หลุยส์
세인트 루이스 병원 맞은 편에 있다

ดูกระลาการถูก → ดูถูกกระลาการ
판사를 낮추어 보다

(2) 문법규칙의 변화 : 문법규칙의 변화는 구나 절의 구조 변화를 가져온다. 옛날에 태국어의 일부 동사는 그 목적어 앞에 전치사 **แก่**를 사용하였다. 그러나 현대에 이르러 전치사 없이 바로 목적어가 따라 나온다.

โกรธแก่ใคร	→ โกรธใคร	누구에게 화를 내세요?
ทำร้ายแก่นายเงิน	→ ทำร้ายเจ้าของเงิน	'돈주인을 해치다'
สงสัยแก่อำแดงมา	→ สงสัยนางมา	'마여인을 의심하다'

이러한 규칙의 변화를 다음과 같이 나타낼 수 있다.

โกรธ		โกรธ	
ทำร้าย + แก่ + นาม	→	ทำร้าย + นาม	
สงสัย		สงสัย	

5. 의미 변화

언어의 형태와 의미결합 즉 시그니피앙과 시그니피에의 결합 관계는 자의적이다. 따라서 역사적으로 볼 때 하나의 형태에 대응되는 의미가 변할 수 있다. 이러한 의미의 변화는 본래의 의미보다 좁아지는 의미의 축소와 본래의 의미보다 넓어지는 의미의 확대, 그리고 전혀 다른 의미로 변하는 의미의 변화 등의 다양한 유형이 있다.

5.1 의미의 축소

본래의 의미보다 좁아지는 의미적 변화를 말한다. 태국어에서 **ดัดจริต** 은 '다른 사람이 원하는대로 뜻을 굽혀주다' 는 의미였으나 그 후에 '지나치게 양보하다' 는 의미로 부정적인 의미에 한하여 사용되면서 의미가 축소되었다.

낱말	본래의 의미	축소된 의미
นิสิต	학생	특정 대학교의 학생
กรรมกร	행위자	노동자
ร่ำเรียน	① 청원하다 ② 배우다	배우다
ขี่	탈 것을 타다	(발로 구동할 수 없는 것은 제외한) 타다
ห่ม	① 옷을 입다 ② 천을 두르다	천을 두르다
โชค	운수, 재수	행운
สันดาน	타고난 성질	좋지 않은 기질

본래는 좋고 나쁨의 의미가 없던 말들이 존재사 **มี**와 함께 쓰여 좋은 의미 또는 나쁜 의미를 지닌 말로 그 의미가 축소되는 경우가 있다.

낱말	본래의 의미	มี + 낱말	축소된 의미
กิริยา	행실	มีกิริยา	행실이 좋은
มารยาท	예의	มีมารยาท	예의 바른
เคราะห์	운	มีเคราะห์	불운의
กรรม	업	มีกรรม	업보가 있는

본래는 합성어로서의 의미와 구로서의 의미 등, 두 가지의 의미를 가지고 있던 말이 그 중에서 구로서의 의미가 사라져버리고 합성어로서의 의미만 남아 있는 경우도 있다.

낱말	구조	본래의 의미	축소된 의미
รับ + สั่ง	합성어구	명령, 명령하다 명령을 받다	명령을 받다
ต้อง + การ	합성어구	원하다 ถูกต้อง + การ (เหมาะสม) (กับ) (งาน)	원하다
โรง + พัก	합성어구	경찰서 โรง + พัก (สถานที่) (สำหรับ) ( )	경찰서
ชอบกล	합성어구	이상한, 괴상한 ชอบ + กล (เหมาะ) (กับ) ( )	이상한, 괴상한

5.2 의미의 확대

본래의 의미보다 넓어지는 의미적 변화를 말한다. 태국어의 บ่าว 는 เจ้าบ่าว 에서 '남자'의 의미만을 지니고 있었다. 그 후에 의미가 확대되어 일반적으로 남녀를 불문하고 '하인'을 뜻하는 말이 되었다.

낱말	본래의 의미	확대된 의미
สวน	과수원	과수원, 놀이공원
สะดม	수면제를 먹이고 물건을 훔치다	물건을 훔치다
อา	숙부	숙부, 아버지 손아래 고모
สูสี	관계가 있다	관계가 있다, 비슷비슷하다

이밖에도 낱말의 의미가 비유(metaphor)적으로 사용되어 의미가 확대되거나 의인법(personification)으로 사용되면서 본래의 의미보다 의미영역이

확대되는 경우도 있다.

เขามี<u>ไฟ</u>ในการเขียนหนังสือ	그는 책을 쓰는데 열정이 있다.
หมู่บ้านนี้มี 20 <u>หลัง</u>คาเรือน	이 마을에는 20 가구가 산다.
เธอนี้<u>หิน</u>จริง ๆ	그녀는 정말 강한 여자이다.
ทะเล<u>ร้องไห้</u>อยู่	바다가 울고 있다.
กรุงศรีอยุธยาก็จะ<u>ผอม</u>ลงไป	아유타야는 쇠퇴해갔다.
เขาเป็น<u>แขนขวา</u>ของฉัน	그는 나의 오른팔이다.

5.3 의미의 변화

본래의 의미와 다른 의미로 변하는 것을 말한다. 태국어의 **เบียดเสียด** 은 '횡령하다' 의 의미로 사용되었으나 나중에는 '붐비다', '밀리다' 의 의미로 변하였다.

낱말	본래의 의미	변화된 의미
เบียดเบียน	횡령하다	억압하다
แต่งตั้ง	꾸미다	임명하다
ภัย	두려움	위험
ลูกค้า	물건을 파는 사람	물건을 사는 사람
เพื่อ	…때문에	…위하여
อาสา	희망하다	자원하다
อัตโนมัติ	자신의 의견	자동
วิถาร, วิตถาร	자세한, 넓은	이상한, 괴상한
ซ่อง	모임장소	사창가
แพ้	승리하다	패하다
โกฏิ	천만	긴 세월

6. 비교언어학

하나의 언어가 오랜 세월이 흐르는 동안 지역적 변동을 보이게 되면 서로 다른 언어로 분화되는 경우가 있다. 이러한 언어분화는 처음에는 방언적 차이를 지니게 되지만 상황에 따라 동질성이 점차 사라지면서 많은 차이를 보이는 언어로 분화될 수 있다. 이러한 언어를 친족어라고 하는데 친족어들은 다른 언어에 비해 상호간에 많은 유사점을 가지고 있다.

이러한 친족어들을 확실한 언어자료를 토대로 서로 비교하여 옛날 본래의 모습이었으리라고 생각되는 언어상태, 즉 조어(proto-language)로 재구성하는 일을 재구라고 한다. 재구를 하는데 있어서 사용되는 비교방법(comparative method)은 19세기에 이르러 엄격하고 정밀하게 구성되어 과학적으로 타당하고 확실한 역사연구의 일반적인 방법으로 확립되었다. 이러한 연구를 수행하는 언어학의 연구분야가 비교언어학(comparative linguistics)이다.

6.1 대응

같은 어족으로 추측되는 언어들 사이의 유사성을 바탕으로 친근관계를 밝히는 일은 쉬운 일이아니다. 각 언어들이 언어접촉을 통하여 언어차용이 일어나고 이러한 차용어와 우연에 의한 유사성이 체계적이고 규칙성을 찾아내는데 장애가 되기 때문이다. 언어비교에서 유사성이 체계적이고 규칙성을 띠는 것을 대응(correspondence)이라고 한다. 다음의 언어자료체에서 음운대응을 살펴보기로 하자.

라틴어	불어	이탈리아어	스페인어	루마니아어
fe'num	foin	fieno	heno	fin

위의 표를 통해서 라틴어의 /f/에 대해서 스페인어에서는 /h/로 대응되고 다른 언어에서는 모두 /f/로 대응되는 것을 알 수 있다.

라틴어	불어	이탈리아어	스페인어	루마니아어
/f/	/f/	/f/	/h/	/h/

 이러한 음운의 대응관계가 한 두가지 예로써 옳다고 단정하기 어려울 때는 더 많은 언어자료를 조사하여야 한다.

라틴어	불어	이탈리아어	스페인어	루마니아어
filius	fils	figlio	hijo	fiu
ferrum	fer	ferro	hierro	fier

 위의 추가된 언어자료에서도 라틴어의 어두자음 /f/에 대해서 스페인어에서는 /h/로 대응되고 다른 언어에서는 모두 /f/로 대응되는 것을 알 수 있다. 따라서 이러한 음운대응이 우연이라기 보다는 규칙적으로 이루어지는 것이라는 것을 확인할 수 있다.
 이와 같이 음운론적 관련성은 음운의 변화가 규칙적이라는 것과 단어의 발음과 의미의 관계가 자의적이라는 원칙을 바탕으로 하는 것이다. 이러한 음운변화의 규칙성으로 인해 친족어들의 음운대응도 규칙적으로 이루어진다. 언어의 친근관계를 확인하고 조어를 재구하는 작업은 이러한 언어변화의 규칙성과 대응의 규칙성을 바탕으로 이루어진다.

6.2 재구(reconstruction)

 비교언어학에서 사용하는 비교방법의 원리와 음운 변화의 규칙성 개념을 이용하여 친근관계에 있는 언어들을 서로 비교할 수 있다. 그리하여 선사시대에 존재했던 언어의 원형을 추정하여 그 언어형태를 복원하는 것을 재구(reconstruction)라고 한다. 그러나 재구된 형태는 과학적으로 완벽하게 입증된 것이 아니라 어디까지나 현존하는 언어자료체를 바탕으로 추정하는 것이기 때문에 재구형태 앞에 별표 *를 붙인다.

재구에 있어서 먼저 친근관계가 있다고 생각되는 언어에서 의미가 같거나 연관성이 있는 언어자료를 수집한다. 주로 하나에서 열까지의 숫자를 나타내는 말이나 신체부위의 명칭, 친인척의 호칭, 대명사 그리고 자연속에 있는 사물 이름 등의 기초어휘를 그 대상으로 한다. 그러나 차용어는 분석대상에서 제외한다. 재구에 있어서 기본적인 원리는, 첫째 주로 많이 나타나는 음성을 기초로 하여 재구형을 구성하고, 둘째 일반적인 음운변화와 일치되게 재구형을 구성하며 셋째 제시된 변화 방향이 그것과 관련된 전체 언어의 변화 패턴과 일치하는지를 관찰하는 것이다. 둣싸디펀 참니록싼(**ดุษฎีพร ชำนิโรคศานต์**)이 제시하는 가상언어에서 재구하는 방법의 예를 보기로 하자.

어휘 언어	1 ตา	2 บิน	3 โต	4 ปาก	5 กา	6 พ่อ	7 ฟ้า
A	ta	bul	topa	pɛ	ke	por	fa
B	tha	bul	thopa	phɛ	khe	phor	fa
C	ta	bul	topa	pɛ	ke	por	fa
D	tha	bul	thoba	phɛ	khe	phor	ha

위의 언어자료체에서 음운을 대응시켜 보면 다음과 같다.

(가) 자음의 음운대응

	A언어	B언어	C언어	D언어
(1)	t	th	t	th
(2)	b	b	b	b
(3)	l	l	l	l
(4)	p	p	p	b
(5)	p	ph	p	ph
(6)	k	kh	k	kh
(7)	r	r	r	r
(8)	f	f	f	h

(나) 모음의 음운대응

(9)	a	a	a	a
(10)	u	u	u	u
(11)	o	o	o	o
(12)	ɛ	ɛ	ɛ	ɛ
(13)	e	e	e	e

언어자료체에 나타난 음운대응표에서 많이 나타나는 음성을 재구형으로 삼으면 된다. 모든 언어에서 동일하게 나타나는 자음은 그 음운을 재구형으로 삼으면 된다.

b	b	b	b	→	*b
l	l	l	l	→	*l
r	r	r	r	→	*r

언어자료체에 나타난 모음은 모두 동일한 형태로 나타나므로 모든 모음이 곧 재구형이 된다.

a	a	a	a	→	*a
u	u	u	u	→	*u
o	o	o	o	→	*o
ɛ	ɛ	ɛ	ɛ	→	*ɛ
e	e	e	e	→	*e

음운대응이 동일하게 나타나지 않는 음운대응 (1), (5), (6)에서 A언어와 C언어에서는 동일하게 나타나지만 B언어와 D언어에서는 다르게 나타난다. 이러한 경우의 기저음은 다음과 같이 결정한다.

| t | th | t | th | → | *t/th |

```
p   ph   p   ph   →   *p/ph
k   kh   k   kh   →   *k*/kh
```

위의 음운대응에서 대응되는 음성의 나타나는 비율이 같으므로 많이 나타나는 음성을 결정하기 어렵다. 이러한 경우에는 우선 두 개의 음운 모두를 재구형으로 설정해 놓고 언어자료를 보충하여 다른 단어들에서는 어떻게 나타나는지를 알아보고 결정하여야 한다.

음운대응(4)는 음운대응(2) 그리고 (5)와 비슷한 부분이 있다. 이러한 경우에 재구형을 어떻게 결정하는지를 알아보자.

```
(4)  p   p    p   b    →   *p
(2)  b   b    b   b    →   *b
(5)  p   ph   p   ph   →   *p/ph
```

음운대응(4)의 재구형은 *p로 하는 것이 마땅하다. 만약에 *b로 재구형을 삼는다면 현대의 언어자료가 b - b - b - b 의 형태로 나타나야 하기 때문이다. 만약 음운대응(4)의 재구형을 *p로 하는 경우에 음운대응(5)의 재구형은 *ph로 하여야 한다. 마찬가지로 음운대응(1)의 재구형은 *th으로 하고 음운대응(6)의 재구형은 *kh으로 결정할 수 있다. 이는 제시된 변화 방향이 전체 언어의 변화 패턴과 일치하여야 하기 때문이다.

```
(8)  f   f   f   h   →   *f
```

음운대응(8) f - f - f - h의 경우에는 *f 음으로 재구형을 삼아야 한다. 이는 여러 언어자료체에서 음운변화의 방향이 f → h 가 h → f 보다 많은 것이 일반적이기 때문이다.

지금까지 구성한 재구형은 제한된 언어자료를 바탕으로 제한된 범위안에서 이루어진 것이다. 만약 새로운 언어자료가 추가되었을 때 그 내용이 수정될 수가 있다. 만약 아래와 같은 언어자료가 추가되는 경우에 재구형의 구성이 어떻게 수정되는지를 살펴보기로 하자.

언어\단어	8 ถ้ำ	9 เด็ก	10 กิน	11 มัน	12 นอน
A	tham	deʔ	khetha	man	natɛr
B	tham	deʔ	khetha	man	natɛr
C	thã	dek	khetha	mã	natɛr
D	tham	dek	kheda	man	nadɛr

위의 언어자료에서 음운대응을 살펴 보면 다음과 같다.

(가) 자음의 음운대응

(14)	th	th	th	th
(15)	m	m	Ø	m
(16)	d	d	d	d
(17)	ʔ	ʔ	k	k
(18)	kh	kh	kh	kh
(19)	th	th	th	d
(20)	m	m	m	m
(21)	n	n	Ø	n
(22)	n	n	n	n
(23)	t	t	t	d

(나) 모음의 음운대응

(24)	a	a	ã	a

음운대응(14)에서는 재구형을 *th 음으로 삼아야 할것이나 이미 음운대응 (1) t - th - t - th 에서 재구형으로 정한 바 있다. 같은 재구형이 되려면 음운 대응이 같아야 한다. 예컨대 언어자료의 단어 6과 12에서 나타난 음운대응 (7)에서처럼 r - r - r - r 로 동일하게 나타나야 *r 음으로 재구형을 결정할 수

있는 것이다. 그런데 음운대응이 다음과 같이 나타나면 쉽게 재구형을 결정할 수 없다.

(1)	t	th	t	th
(14)	th	th	th	th
(16)	d	d	d	d
(19)	th	th	th	d
(23)	t	t	t	d

음운대응이 위와 같이 나타나는 경우에는 조어에서 형태가 다르거나 아니면 음이 달랐을 가능성이 있다. 또는, 조어에서의 형태는 같은데 나타나는 위치가 다르거나 음의 음성적 환경이 달랐을 수도 있다. 이러한 경우에 일단 음운대응(14)에서는 *th 음으로 재구형을 삼고 음운대응(16)에서는 *d 음으로 재구형을 삼을 수 있다.

음운대응(14)에서 *th 음으로 재구형을 결정함에 따라서 음운대응(1)에서는 *th 음으로 재구형을 삼을 수 없다. 이들의 음운대응을 살펴 보면 모두 어두자음의 위치 (#____)에서 나타난다. 따라서 음운대응(1)에서는 음운대응(14)와의 중복을 피해 *t 음으로 재구형을 결정할 수 있다.

한편, 음운대응(19)와 (23)의 경우에 이를 자세히 관찰해 보면 어두자음의 자리에 나타나는 것이 아니라 모음과 모음사이 (V____V)에 나타나고 있음을 알 수 있다. 따라서 음운대응(14)와 (16)의 재구형과 같은 형태로 재구형을 구성할 수 있다.

위의 음운대응(1), (14), (16), (19) 그리고 (23)의 재구형 구성을 다음과 같이 정리할 수 있다.

*t ┬ 어두자음 : 음운대응 (1) t - th - t - th
   └ 모음사이 : 음운대응 (23) t - t - t - d

*th ┬ 어두자음 : 음운대응 (14) th - th - th - th
    └ 모음사이 : 음운대응 (19) th - th - th - d

*d ── 어두자음 : 음운대응 (16) d - d - d - d

위와 같은 재구형 구성원리를 다른 음운대응에도 적용시켜 보면 다음과 같이 된다.

  음운대응 p - ph - p - ph → *p (어두자음)
  음운대응 p - p - p - b → *p (모음사이)
  음운대응 b - b - b - b → *b (어두자음)
  음운대응 k - kh - k - kh → *k (어두자음)
  음운대응 kh - kh - kh - kh → *kh (어두자음)

위와 같은 분석을 통해서 모음사이에 나타나는 *k 음과 관련하여 음운대응 (25) k - k - k - g 의 언어자료가 있을 수 있고 역시 모음사이에 나타나는 *kh 음과 관련하여 음운대응 (26) kh - kh - kh - g의 언어자료가 있을 수 있다.

한편, 음운대응(17) ? - ? - k - k 에 나타나는 연구개 폐쇄음의 재구형은 *?/k 음이 될 수 있다. 만약 *k 음을 재구형으로 한다면 음운변화가 k → ? 로 된 것으로 볼수 있으며 *? 음을 재구형으로 삼는다면 음운변화가 ? → k 로 일어난 것으로 보아야 한다. 그러나 C언어와 D언어에서의 음성변화를 살펴보면 k → ? 의 가능성이 ? → k 의 가능성보다 훨씬 크다는 것을 알 수있다.

음운대응(17)에서 재구형을 *k 음으로 삼는다면 음운대응(6), (25)와 중복이 되는데 이들이 나타나는 위치를 관찰해보면 다음과 같은 설명이 가능하다.

    ┌─ 어두자음 : 음운대응(6) k - kh - k - kh
 *k ──┼─ 어말자음 : 음운대응(17) ? - ? - k - k
    └─ 모음사이 : 음운대응(25) k - k - k - g

언어자료에 나타나는 양순음 비음은 음운대응(20)과 (15)에서 나타난다.

  (20) m m m m
  (15) m m Ø m

위의 언어자료를 토대로 음운대응(20)과 (15)에서 모두 재구형을 *m 음으로 삼을 수 있다. *m 음은 네 개의 언어에서 모두 어두자음의 위치에 나타나고 있으며 A언어와 B언어 그리고 D 언어에서 어말자음의 위치에 나타나지만 C언어에서는 사라지고 나타나지 않는다. 그런데 언어자료의 단어 8에서 살펴 보면 어말자음 m 음이 사라진 C언어의 모음이 비음화 되어 ã 로 나타나는 것을 알 수 있다. 재구형을 *m 음으로 결정하게 되면 이를 바탕으로 언어자료의 단어 12에서는 n 음이 나타나는데 비해 11에서는 나타나지 않는 현상을 설명할 수 있다. 재구형 *n 음은 음운대응(22) n - n - n - n 에서 보는 바와 같이 언어 A, B, C, D 에서 어두자음 n 음으로 발전하여 온 것으로 볼 수 있다. 그러나 어말자음에서는 음운대응(21) n - n - Ø - n 에서 보는 것처럼 언어 A, B, D 에서 어말자음 n 음으로 발전하였으나 C언어에서는 어말자음이 소실되면서 앞에 있는 모음을 비음화시켜 ã 로 변화시킨 것으로 설명할 수 있다. 앞의 언어어자료에서 음운대응(9)와 (24)를 다시 살펴보기로 하자.

(9)   a   a   a   a
(24) a   a   ã   a

언어자료의 음운대응(9)에서 *a 재구형으로 삼을 수 있다. 또한 음운대응(24)에서도 *a 를 재구형으로 삼을 수 있다. 언어 A, B, D 에서는 a 로 발전하여 왔으나 C언어에서는 어말자음이 n 의 영향을 받아 비음화되면서 ã 로 변화된 것으로 설명할 수 있다. 이러한 변화는 *a → ã / ____N# 로 나타낼 수 있다. 그후에 어말자음이 소실되어 현재와 같은 형태로 발전한 것이다.

지금까지의 재구과정에서 보는 바와같이 우선은 음운대응을 통하여 재구가 이루어지기는 하지만 그밖에도 다음과 같은 여러 가지 조건을 살펴 보아야 한다.
첫째, 음운이 나타나는 위치가 어두자음인지 아니면 어말자음인지 또는 모음사이인지를 살펴보아야 한다. 그리고 음성적 환경도 아울러 관찰하여야 한다. 예컨대 뒤따라 나타는 자음이 비음성을 지니지는 않았는지 혹은 모음이 고모음은 아닌지 하는 것 등이다.
둘째, 언어의 일반적이고 공통적인 성격을 고려하려야 한다. 예컨대 음운체계에서 n 음과 m 음이 있으면서 ŋ 음이 없는 것은 일반적이다. 그러나 ŋ 음이 있는 언어에서 n 음이 없는 언어는 거의 없다.

셋째, 음성변화의 일반적인 속성을 고려하여야 한다. 다른 마찰음이 h 음으로 변하는 것은 h 음이 다른 마찰음으로 변하는 것보다 훨씬 음성변화의 속성에 부합된다.

지금까지의 재구형을 정리하여 나타내보면 아래와 같이 된다.

재구형	위치	음운대응
*p	#___	p - ph - p - ph
	V___V	p - p - p - b
*b	#___	b - b - b - b
	V___V	
*t	#___	t - th - t - th
	V___V	t - t - t - d
*th	#___	th - th - th - th
	V___V	th - th - th - d
*d		d - d - d - d
*k	#___	k - kh - k - kh
	V___V	ʔ - ʔ - k - k
*kh	#___	kh - kh - kh - kh
*f		f - f - f - h
m	#___	m - m - m - m
	___#	m - m - Ø - m

```
n  ───── #___        n - n - n - n
    ╲___ ___#        n - n - Ø - n

*l                   l - l - l - l
*r                   r - r - r - r

*e                   e - e - e - e
*ɛ                   ɛ - ɛ - ɛ - ɛ
*a ───── ___N        a - a - a - a
    ╲─── 기타        a - a - a~ - a
*u                   u - u - u - u
*o                   o - o - o - o
```

위의 재구형을 바탕으로 언어자료의 단어를 조어 당시의 언어상태로 표기하여 나타내보면 다음과 같이 된다.

번호	의미	표기
1	ตา	*ta
2	บิน	*bul
3	โต	*topa
4	ปาก	*pɛ
5	กา	*ke
6	พ่อ	*por
7	ฟ้า	*fa
8	ถ้ำ	*tham
9	เด็ก	*dek
10	กิน	*khetha
11	มัน	*man
12	นอน	*natɛr

다음에는 재구된 언어자료를 바탕으로 각 언어에서 일어난 음성변화를 알아보기로 한다. 음성변화는 언어마다 다르게 나타난다.

(1) A언어의 음성변화 : *k 음이 어말자음의 위치에 나타날때 ʔ 음으로 변화되었다.

    k → ʔ / ___#

(2) B언어의 음성변화 : *p *t *k 음이 각각 ph th kh 음으로 유기음화 되고 *k 음이 어말자음의 위치에 나타날때 ʔ 음으로 변화되었다.

$$\begin{vmatrix} p \\ t \\ k \end{vmatrix} \rightarrow \begin{vmatrix} ph \\ th \\ kh \end{vmatrix} \ / \_\_\_\#$$

    k → ʔ / ___#

(3) C언어의 음성변화 : 모음 *a 가 비음 *m 또는 *n 음이 뒤에 나오는 경우에 비음화 되고 나서 뒤에 있는 비음 *m 음과 *n 음은 소실되었다.

  1) V → Ṽ / ___ N
  2) N → ∅ / ___#

(4) D언어의 음성변화 : *p *t *k 음이 각각 ph th kh 음으로 유기음화 되고 *p *t *kh 음이 모음사이에 나타나는 경우에 각각 b d g 음으로 유성음화 되었다. 그리고 마찰음 f 음이 h 음으로 바뀌었다.

$$\begin{vmatrix} p \\ t \\ k \end{vmatrix} \rightarrow \begin{vmatrix} ph \\ th \\ kh \end{vmatrix} \ / \_\_\_\#$$

$$\begin{vmatrix} p \\ t \\ kh \end{vmatrix} \rightarrow \begin{vmatrix} b \\ d \\ g \end{vmatrix} \quad / V \underline{\quad} V$$

$$f \rightarrow h$$

지금까지의 분석자료를 보면 네 언어 중에서 D언어가 가장 많은 음성변화가 일어났다. 이는 D언어가 가장 먼저 조어에서 갈라져 나왔으리라는 추측을 가능케 한다. 반면에 A언어에서는 음성변화가 가장 적게 일어났고 따라서 조어에서 가장 늦게 갈라져 나와 아직까지도 원형의 모습을 가장 많이 보존하고 있는 것으로 볼 수 있다.

6.3 타이조어

현재 태국에서 표준어로 사용되고 있는 태국어를 비교언어학적 방법에 의해 재구하여 구성한 타이조어(proto tai)의 자음을 분류하여 보면 다음과 같다.

무성음	유기음	마찰음	*f	*s	*x	*h	고자음
		유음 및 반모음	*hl	*hr	*hw		
		비음	*hm	*hn	*hň	*hŋ	
		폐쇄음	*ph	*th	*čh	*kh	
	무기음	폐쇄음	*p	*t	*č	*k	중자음
		성문폐쇄음	*ʔb	*ʔd	*ʔj	*ʔ	
유성음		마찰음	*v	*z	*ɣ		저자음
		유음 및 반모음	*l	*r	*w	*j	
		비음	*m	*n	*ň	*ŋ	
		폐쇄음	*b	*d	*j	*g	

타이조어에서 어두자음의 위치에 나타날 수 있는 자음을 자음분류표로 나타내보면 다음과 같이 된다.

조음방식 \ 조음위치	양순음	치조음	경구개음	연구개음	성문음
폐쇄음	*p *ph *ʔb *b	*t *th *ʔd *d	*č *čh *ǰ	*k *ʔ *g	
비음	*m *hm	*n *hn	*ň *hň	*ŋ *hŋ	
마찰음	*f *v	*s *z		*x *ɣ	*h
유음 및 반모음	*hw *w	*hl *hr *l *r	*ʔj *j		

색인

간격동화 ·· 286
간접목적어 ······································ 171
간접화행 ·· 275
감탄사 ····································· 133, 174
강세 ·· 24, 71
격 ··· 206
경구개음 ·· 38
경구개음화 ······································ 286
계층적 반의 ···································· 257
고립어 ·· 15
고모음 ·· 41
고유명사 ·· 120
고자음화 ·· 30
고자음 ·· 29
고자음화 ·· 29
과거시제 ·· 210
관계대명사 ······································ 123
관계적 반의 ···································· 257
구 ··· 175
구주조의 문법 ································· 135
기본문형 ·· 164

남성 ·· 202
높임말 사용법 ································· 239
능동태 ·· 223
다의 ·· 252
다의어 ·· 261
단수 ·· 205
단순문 ······································ 80, 161
단어 ·· 80

단어부류 ·· 117
단어의 소실 ···································· 289
단어의 첨가 ···································· 291
단어접속사 ······································ 159
단언행위 ·· 272
단일명사 ·· 171
단일성분 문장 ································· 169
대등접속사 ······································ 130
대등문 ·· 162
대명사 ······································ 122, 136
대우법 ······································· 22, 239
대응 ·· 298
대조접속 ·· 130
독립성분 ·· 174
동명사 ·· 125
동사 ·· 124, 140
동사선행어 ······································ 142
동사후행어 ······································ 143
동사구 ·· 182
동사선행요소 ··································· 183
동사성 합성어 ·························· 91, 93
동사후행요소 ··································· 184
동시상 ·· 215
동의 ·· 254
동의어 ·· 262
동의합성어 ·· 96
동작, 상태접속 ································ 131
동형 ·· 253
동형어 ·· 261

마찰음 ······ 39	반복합성어 ······ 99
머리동사부 ······ 182	반복상 ······ 214
머리명사부 ······ 175	반의 ······ 255
명령법 ······ 220	반의어 ······ 262
명령행위 ······ 275	병렬접속 ······ 130
명사 ······ 118, 136	병립관계 ······ 91
명사구 ······ 175	병치 ······ 259, 263
명사성 합성어 ······ 90, 93	보충자음 ······ 28
명사절 ······ 194	복수 ······ 205
명사절 접속소 ······ 198	부가성분 ······ 173
모순 ······ 266	부동사 ······ 143
모음 ······ 31	부르는 말 ······ 174
모음의 분류 ······ 41	부사 ······ 152
모음의 위치 ······ 56	부사성 합성어 ······ 94
무기음화 ······ 285	부사절 ······ 196
무동사 문장 ······ 170	부사절 접속소 ······ 200
무성음 ······ 38	부정법 ······ 221
무성음화 ······ 285	부정소 ······ 146, 157
무전제문 ······ 161	부정칭 대명사 ······ 123
무주어 문장 ······ 169	분석적 방법 ······ 249
무형모음 ······ 32	분할대명사 ······ 123
무형성조 ······ 47	불완전한 문장 ······ 168
문법규칙 변화 ······ 294	비교접속 ······ 133
문법변화 ······ 292	비교언어학 ······ 298
문법형태소 ······ 77	비대등 접속사 ······ 131
문장론 ······ 160	
문장부사 ······ 153	사동표현 ······ 225
문장부사구 ······ 173, 188	사음 ······ 47, 62
문장의 구성성분 ······ 170	상 ······ 212
문장의 구조 ······ 164	상보적 반의 ······ 255
문장의 종류 ······ 160	상태성 수동 ······ 224
문장접속사 ······ 159	상호적 반의 ······ 256
문체접속 ······ 133	생음 ······ 47, 62
문형의 확대 ······ 165	서법 ······ 218
미래시제 ······ 211	서수사 ······ 138

서술발화 ····· 269	어순의 변화 ····· 293
서술법 ····· 218	어조사 ····· 23, 154
선택접속 ····· 131	어휘변화 ····· 289
선택접속사 ····· 220	어휘적 사동 ····· 225
성 ····· 202	어휘적 수동 ····· 224
성분부사 ····· 152	어휘형태소 ····· 77
성분분석 ····· 260	언어수행 ····· 269
성문음 ····· 38	언어의 변화 ····· 278
성조 ····· 43, 68	언어의 속성 ····· 279
성조변화 ····· 288	언표내적행위 ····· 271
성조어 ····· 15	여성 ····· 203
수 ····· 205	역행이화 ····· 67
수동태 ····· 223	연결문 ····· 164
수동화 타동사 ····· 225	연구개음 ····· 38
수사 ····· 137	완료상 ····· 217
수사 뒷 성분 ····· 138	왕실대우법 ····· 246
수사 앞 성분 ····· 138	운율론 ····· 67
수사부 ····· 177	원수사 ····· 137
수식사 ····· 125	원순모음 ····· 41
수식사부 ····· 185	원유자음 ····· 28
수행문 동사 ····· 270	원인접속 ····· 132
수행발화 ····· 269	유기음화 ····· 284
순수형용사 ····· 151	유성음 ····· 38
순치음 ····· 37	유성음화 ····· 285
순행이화 ····· 67	유음 ····· 38
시간접속 ····· 132	유전제문 ····· 161
시간부사구 ····· 174, 191	유형성조 ····· 45
시제 ····· 209	음문론 ····· 52
	음성결합 ····· 53
안긴 부사구 ····· 179	음성변화 ····· 281, 282
양순음 ····· 37	음성학 ····· 37
어근형태소 ····· 77	음소분석 ····· 53
어두자음군 ····· 54	음소의 소실 ····· 67
어말자음 ····· 18, 55	음운규칙 ····· 63
어순 ····· 16	음의 첨가 ····· 284

음의 축약 ⋯⋯⋯⋯⋯⋯⋯⋯ 283	전치사 ⋯⋯⋯⋯⋯⋯⋯⋯ 126, 158
음절 ⋯⋯⋯⋯⋯⋯⋯⋯ 61	전통주의 문법 ⋯⋯⋯⋯⋯⋯ 117
의문대명사 ⋯⋯⋯⋯⋯⋯ 124, 218	절 ⋯⋯⋯⋯⋯⋯⋯⋯⋯⋯ 194
의문법 ⋯⋯⋯⋯⋯⋯⋯⋯ 218	접두사 ⋯⋯⋯⋯⋯⋯⋯⋯ 78
의문부사 ⋯⋯⋯⋯⋯⋯⋯⋯ 219	접두파생어 ⋯⋯⋯⋯⋯⋯ 83
의문어조사 ⋯⋯⋯⋯⋯⋯ 155, 219	접미사 ⋯⋯⋯⋯⋯⋯⋯⋯ 78
의문형용사 ⋯⋯⋯⋯⋯⋯⋯ 219	접미파생어 ⋯⋯⋯⋯⋯⋯ 83
의미변화 ⋯⋯⋯⋯⋯⋯⋯⋯ 294	접사형태소 ⋯⋯⋯⋯⋯⋯ 77, 78
의미의 변화 ⋯⋯⋯⋯⋯⋯⋯ 297	접속사 ⋯⋯⋯⋯⋯⋯ 129, 159, 175
의미의 축소 ⋯⋯⋯⋯⋯⋯⋯ 294	접속소의 위치 ⋯⋯⋯⋯⋯ 197
의미의 확대 ⋯⋯⋯⋯⋯⋯⋯ 296	접요사 ⋯⋯⋯⋯⋯⋯⋯⋯ 78
의사 2음절어 ⋯⋯⋯⋯⋯⋯ 72	접요파생어 ⋯⋯⋯⋯⋯⋯ 83
의사파생어 ⋯⋯⋯⋯⋯⋯⋯ 83	정도, 수량접속 ⋯⋯⋯⋯⋯ 132
이중모음 ⋯⋯⋯⋯⋯⋯⋯ 42	조동사 ⋯⋯⋯⋯⋯⋯ 125, 145
이중목적어 동사 ⋯⋯⋯⋯ 141, 172	조어법 ⋯⋯⋯⋯⋯⋯⋯⋯ 20
이화규칙 ⋯⋯⋯⋯⋯⋯⋯⋯ 66	조작적 방법 ⋯⋯⋯⋯⋯⋯ 249
인과접속 ⋯⋯⋯⋯⋯⋯⋯ 131	존재사 ⋯⋯⋯⋯⋯⋯⋯⋯ 17
인과관계 접속 ⋯⋯⋯⋯⋯ 132	종속관계 ⋯⋯⋯⋯⋯⋯⋯ 89
인칭대명사 ⋯⋯⋯⋯⋯⋯⋯ 122	주성분 ⋯⋯⋯⋯⋯⋯⋯⋯ 170
일반대우법 ⋯⋯⋯⋯⋯⋯⋯ 239	주어 ⋯⋯⋯⋯⋯⋯⋯⋯ 171
일반명사 ⋯⋯⋯⋯⋯⋯⋯ 118	주절 ⋯⋯⋯⋯⋯⋯⋯⋯ 196
일반합성어 ⋯⋯⋯⋯⋯⋯⋯ 86	중간자음 ⋯⋯⋯⋯⋯⋯⋯ 28
	중립동사 ⋯⋯⋯⋯⋯⋯⋯ 224
자동사 ⋯⋯⋯⋯⋯ 124, 141, 172	중성 ⋯⋯⋯⋯⋯⋯⋯⋯ 203
자음 ⋯⋯⋯⋯⋯⋯⋯⋯ 26	중의성 ⋯⋯⋯⋯⋯⋯⋯⋯ 265
자음의 분류 ⋯⋯⋯⋯⋯⋯⋯ 37	중자음화 ⋯⋯⋯⋯⋯⋯⋯ 30
자음의 위치 ⋯⋯⋯⋯⋯⋯⋯ 53	중자음 ⋯⋯⋯⋯⋯⋯⋯⋯ 28
장소부사구 ⋯⋯⋯⋯⋯⋯ 173, 190	지시사 ⋯⋯⋯⋯⋯⋯⋯⋯ 154
재구 ⋯⋯⋯⋯⋯⋯⋯⋯ 299	지시사부 ⋯⋯⋯⋯⋯⋯⋯ 178
저모음 ⋯⋯⋯⋯⋯⋯⋯⋯ 41	지정사 ⋯⋯⋯⋯⋯⋯⋯⋯ 125
저자음 ⋯⋯⋯⋯⋯⋯⋯⋯ 29	직접목적어 ⋯⋯⋯⋯⋯⋯⋯ 171
전설모음 ⋯⋯⋯⋯⋯⋯⋯⋯ 41	직접화행 ⋯⋯⋯⋯⋯⋯⋯ 272
전성형용사 ⋯⋯⋯⋯⋯⋯⋯ 151	진성 2음절어 ⋯⋯⋯⋯⋯⋯ 72
전제 ⋯⋯⋯⋯⋯⋯⋯⋯ 267	진성 파생어 ⋯⋯⋯⋯⋯⋯ 82
전치 조동사 ⋯⋯⋯⋯⋯⋯ 145	진행상 ⋯⋯⋯⋯⋯⋯⋯⋯ 212

질문행위 …… 274	평순모음 …… 41
집합명사 …… 120	폐쇄음 …… 38
짝음자음 …… 29	포유문 …… 162
	표기법 …… 33
첨가 접속 …… 133	품사분류 …… 117
청유법 …… 221	
치음 …… 37	하의 …… 258
치조음 …… 37	하의어 …… 262
	함의 …… 267
캄싸맛 …… 95	합성어 …… 86
	현재시제 …… 210
타동사 …… 124, 141, 172	형용사 …… 151
타이문자 …… 14, 26	형용사부 …… 176
타이제어 …… 12	형용사성 합성어 …… 92, 93
타이조어 …… 310	형용사절 …… 195
탈마찰음화 …… 284	형용사절 접속소 …… 199
탈비음화 …… 286	형태론 …… 76
태 …… 223	형태사 …… 121, 139
태국문화 …… 12	형태소 …… 76
태국어 …… 11	형태소의 분류 …… 76
태국어의 특징 …… 14	홑음자음 …… 29
통사론 …… 117	환언 …… 266
통사변화 …… 293	활음 …… 39
통사적 사동 …… 226	후설모음 …… 41
통사적 수동 …… 224	후치조동사 …… 150
투명과 불투명 …… 251	휴지 …… 74
파생어 …… 82	

정환승

한국외국어대학교 태국어과를 졸업하고
태국 쏭클라대학교 대학원에서 문학석사 학위를 받았으며
한국외국어대학교 대학원에서 언어학 박사학위를 받았다.
한국학술재단의 지원으로 1990년부터 1995년까지
태국 쏭클라대학교 인문사회대학 객원교수를 지냈으며
1996년부터 한국외국어대학교 태국어과에 재직하고 있다.

저서   한국어 (Thai Version) (1993)
 한국어회화 (Thai Version) (1994)
 태국인을 위한 한국어 입문 (Thai Version) (1998)
 한태 · 태한 학습 사전 (2000)
 초급한국어 (Thai Version) (2000)
 중급한국어 (Thai Version) (2000)

논문   태국 속담에 나타난 물의 연구
 태국어 명사구의 위치에 관한 연구
 태국어 태국어 haj의 위치와 기능에 관한 연구
 태국어 사동구문의 유형에 관한 재고 외 다수

현대태국어 문법론

발 행   2020년 11월 20일
저 자   정환승
발행인   이재명
발행처   삼지사

등록번호   제406-2011-000021호
주 소   경기도 파주시 산남로 47-10
Tel   031)948-4502, 948-4564
Fax   031)948-4508

책값은 뒤표지에 있습니다.

이 책의 내용을 전재 및 무단 복제할 경우 법적인 제재를 받게 됩니다.
잘못된 책은 구입하신 서점에서 교환해 드립니다.